한국어로 내려온
New Bible

새로운
성 경

제27권

2부 | 총10부

하얀마음

하나님 말씀 중에서

1. 사랑의 하나님

- 세상을 창조하신 하나님은 모두를 사랑하신다. 인간만 특별히 더 사랑하지 않고, 우주 만물을 다 똑같이 사랑하신다. 그러니 하나님이 창조하신 천지 만물과 화친하고, 미물까지도 소중히 대하라.

- 하나님은 특정 종파나 민족만을 더 사랑하지 않으신다. 자기 자신만 구원받겠다는 욕심을 버리고, 자기 종파만 구원받는다는 편협한 교리에서 벗어나야 한다. 종파를 초월해서, 모두를 사랑하라.

- 원수까지 사랑하라 했으니, 이 세상에 사랑하지 못할 자가 누가 있겠는가? 종파가 다르다고 해서 부모 형제와 원수처럼 지내는 자는 인간의 근본을 모르는 자다. 가장 가까운 가족부터 사랑할 때 남도 진심으로 사랑할 수 있다.

- 한 사람을 원수같이 생각하던 마음에서 사랑하는 마음으로 돌리면, 자기 자신의 마음이 가장 기쁘고 행복하다. 하나님께서는 인간의 마음속에 무거움이 없이 기쁘고 행복한 삶을 살기를 바라신다.

- 이웃을 "내 몸처럼" 사랑하라 했으니, 마지막 한 장 남은 천국의 티켓도 이웃에게 양보하라. 자기 중심적인 신앙에서 벗어나서 남을 위해 살아야 한다.

- 독초도, 약초도, 이단도 사탄도 천사도 다 필요하기에 존재한다. 독초일지라도 극소량을 사용해서 생명을 살릴 수 있고, 약초라 하더라도 남용하면 생명을 잃을 수 있다.

- 세상 모든 것을 명약으로 활용하는 것은 인간의 지혜에 달렸다. 어떤 것이든 어떤 사람이든 적재적소에 꼭 필요한 명약으로 승화시키라.

- 사탄도 이단도 천사도 모두 하나님의 주관하에 존재한다. 진정한 하나님의 백성은 사탄과 마귀까지도 감화시켜서 천사로 거듭나게 한다.

2. 기도

- 하나님은 인간의 생각까지 모두를 다 알고 계신다. 우리의 소원도 이미 알고 계시기에, 소원의 기도를 할 필요가 없다. 우리가 받을 자격이 되면 내려 주신다.

- 죄를 짓고 아무리 회개를 해도 용서받지 못한다. 도둑질한 자는 용서해 달라고 기도하고, 도둑맞은 자는 도둑을 잡게 해 달라고 기도하면, 공의의 하나님은 누구의 편에 서시겠는가?

- 자기가 잘못한 것은 그 사람에게 직접 갚고 용서를 구하라. 그가 용서하면 하나님도 용서하신다. 땅에서 매면 하늘에서도 매이고, 땅에서 풀리면 하늘에서도 풀리는 이치다.

- "회당에서 기도하지 말고 골방에서 기도하라" 했다. 눈에 보이는 골방이 아니라, 골방과 같이 고요한 마음이다. 잡념을 버리고 하나님을 향해 마음을 집중하며, 사랑하고 용서하는 아름다운 생각만 나오도록 하라.

- "두드리면 열릴 것이다." 하는 것은 육의 소원을 위해 두드리라는 것이 아니라, 진리의 깨달음을 얻기 위해 두드리라는 것이다.

- 기도하는 방법: 생활 속에서 수시로 기도하는 삶을 살아야 한다.

- "저의 죄를 용서하여 주옵소서." 하는 회개의 기도를 하라.
- 범사에 "하나님! 감사합니다." 하라. 현재 가진 것에 감사하며, 과욕하지 말라. 자기 노력 이상의 것을 더 갖고자 기도하는 것은 도둑놈심보다. 공의의 하나님은 각자 노력한 만큼 주신다.
- "하나님 뜻대로 살아가겠나이다." 하며 마음의 각오를 다지라.

- 기도는 하나님의 말씀을 받아서 "행하는 것"이다. 하나님이 계심을 굳건히 믿고, 하늘을 향하여 한 점 부끄럼 없이 사는 삶 자체가 가장 위대한 기도이며, 삶이 곧 예배다.

3. 지도자

- 똑같이 사랑한다는 말을 해도, 순수하게 하는 말은 천사의 말이지만, 사기 쳐서 재산을 가로채려고 하는 말은 사탄의 말이다.

- 종교 지도자가 아무리 훌륭한 설교를 해도, 신도의 재물은 거둬서 더 큰 교회를 짓고 자기의 부귀영화를 바라며 설교하면 사탄의 가르침이 된다.

- "저희 교회는 만원사례요, 믿음은 다 같으니 이웃의 개척 교회에 가서 예배를 드리시오." 하며, 이웃 교회의 부흥을 먼저 생각하여 제 신도를 보내는 종교 지도자가 있다면 그를 따르라. 그가 하나님의 사랑을 실천하는 자다.

- "부자가 천국에 들어가는 것은 낙타가 바늘구멍을 통과하는 것보다 더 힘들다" 하였거늘, 지금의 교회에서는 부자가 되기만을 기도하고 소원하니, 이는 곧 천국을 포기하고 지옥 행 열차의 티켓을 사는 것과 같다.

- 예수는 빈손이었다. 종교 지도자가 예수보다 더 호화롭고 편안하게 살아간다면 잘못된 것이다. 부귀영화와 명예를 바라는 자는 절대로 갈 수 없는 좁고 협착한 길이 종교 지도자의 길이다.

- 종교 지도자는 유리로 비춰 봐 한 점의 부끄러움이 없이 살아야 한다. 의식주도 직접 일해서 해결하고, 예수의 가르침과 행함을 그대로 따라야 한다.

- 종말은 없다. 지금의 잘못 가는 종교 집단에게만 종말이 있다. 보이지 않는 하나님은 보이는 육의 종말은 관여하지 않으신다. 환경 파괴로 인간이 스스로 멸망을 자초하는 것이다. 종파끼리 싸우기 전에, 무너진 인성을 바로잡고 지구의 몸살을 해결하는 데 뜻을 모으는 게 급선무다.

4. 성전이란

- 이 세상 자체가 하나님께서 만드신 성전이다. 자연보다 더 아름다운 성전이 있는가? 보이는 건물이 성전이 아니라, 성스러운 마음가짐이 성전이다.

- 반석 위에 교회를 지으라 했다. 지상의 단단한 돌은 인간이 쪼갤 수 있으나, 마음속의 굳은 결의는 세상 무엇으로도 쪼갤 수 없다. 바르고 굳건한 믿음으로 성경의 가르침을 실천하는 것이 마음의 반석 위에 교회를 짓는 것이다.

- 손으로 지은 건물의 교회에 모여서 복음을 전하는 것이 아니라, 교회를 개인과 가정에 심어 주어야 한다. 무너지고 부서지는 건물을 짓지 말고, 마음속에 영원히 불변하는 참진리의 교회를 지으라.

5. 십계명

- 십계명은 인간이 죽어서 반드시 통과해야만 하는 열 개의 관문이다.

- 부모를 공경하지 아니한 자는 "네 부모를 공경하라." 하는 제5계명의 관문이 열리지 않으니 구원받을 수 없다.
- 살인, 간음, 거짓, 우상 등의 나머지 계명도 마찬가지다.

- 십계명은 하나님의 친필이다. 모기소리만 한 하나님의 음성이라도 들어 보겠다고 여기저기 찾아 헤매지 말고, 십계명부터 암송하고 지키라.

- 십계명은 영혼을 구원하는 양식이며, 십계명을 지키는 것이 구원을 받는 길이다. 인간이기에 지키고자 노력하고 또 노력한다면 지킬 수 있다.

- 십계명을 지키고 천사처럼 아름답게 살아가는 그 마음 하나면 세상에 이루어지지 않는 것이 없다.

6. 보물

- 하나님은 재물이 아니라 우리의 마음을 받으신다. 사랑을 실천하며 천사처럼 변하는 마음이 하나님께 바치는 보물이다.

- 보이지 않는 하나님께 재물을 바치려 하지 말고, 너희를 길러 준 부모에게 용돈 드리고, 찾아뵙고, 효성을 다하라. 그것이 하나님께 효도하는 것이다.

- 하늘에는 선과 악의 창고가 있다. 자기 창고에 선이 많으면 천국으로 구원을 받고, 악이 많으면 심판받아 지옥으로 간다. 그것이 바로 "선한 일을 행한 자는 생명의 부활로, 악한 일을 행한 자는 심판의 부활로" 나오는 것이다.

- "선악과를 따먹지 말라"는 것은 양심을 지키라는 것이다. 선과 악을 구분할 수 있는 양심을 최초에 인간에게 주셨다. 선한 열매는 취하고, 악한 열매는 버리며, 양심에 비추어 부끄럼 없는 삶을 살아가라.

- 가장 작은 거짓말을 하지 않고, 가장 작은 죄를 짓지 않으며, 가장 작은 선행을 하고, 가장 작은 악행을 멀리하는 것이 율법의 일점 일획도 빠뜨리지 말고 다 지키는 삶을 사는 것이다.

7. 우상

- 박물관에 있는 불상은 하나의 예술품이다. 그 조각품에 대고 제 소원을 빌 때 우상숭배가 된다. 십자가라 하여도 그 앞에서 소원을 빈다면 우상숭배하는 것이며, 하나님께 소원을 빈다면 하나님을 우상으로 전락시키는 것이다.

- 지금 기복신앙에 젖어 있는 모든 사람이 우상 앞에 절을 하고 있다. 조각품을 우상이라며 파괴하지 말고, 네 마음속에 있는 욕심의 우상을 무너트리라.

- 생수를 약초가 먹으면 약을 만들고 독사가 먹으면 독을 만든다. 같은 성경을 봐도 선한 지도자는 신도를 천사로 만드는 데 활용한다. 그러나 욕심이 가득한 지도자는 재물을 거두어들여 제가 부귀영화를 누리는 데 악용한다. 그가 바로 성경을 우상숭배의 도구로 전락시키는 거짓 선지자다.

- 성경을 한 획도 빼거나 더하지 말라는 것은, 그 가르침을 빠트리지 말고 온전히 지키라는 것이다. 성경 속에서 자기에게 유리한 구절만 보는 것은, 자기에게 불리한 구절들을 빼 버리는 것이다. 믿음이 제일이요, 행함은 구원과는 관계없다는 것은 자신에게 유리한 쪽으로 성경을 악용하는 것이다.

- 진정한 종교 지도자는 종파에 관계없이 어떤 종파든 어떤 책이든 접하고 보고 깨우쳐 견문을 넓히도록 인도한다. 참진리를 모르고 자신이 없는 자가 남을 이단이라며 배척하고, 신도들의 눈과 귀를 가린다.

8. 예수

- 예수의 재림은 없다. 예수가 다시 온다 해도, 과연 누가 그를 예수라고 믿겠는가? 예수와 같은 삶의 행함이 곧 예수의 재림이다. 각자 모두가 "재림 예수"가 되는, 차원 높은 믿음으로 가야 한다.

- 예수는 "주여 주여 하지 말고, 아버지의 뜻대로 행하라"고 했다. 예수가 전한 하나님의 뜻이 곧 "길이요, 진리요, 생명"이며, 그 가르침이 예수의 보혈처럼 소중한 것이다. 예수를 믿는 것은, 예수의 가르침을 믿고 따르는 것이다.

- 예수는 낮은 자로서 만백성을 섬기고자 했다. 만나는 모든 사람을 다 하나님이라 생각하라. 돈을 벌수록 겸손하고, 높은 지위를 얻을수록 낮아지라.

▪ 예수는 종파를 만들지 않았다. 인간이 만든 종교와 인간의 교리를 따르지 말고, 예수를 통해 전한 하나님의 참진리를 연구하고 따르라.

▪ 예수가 2천 년 전에 만백성을 위해 죽었으니, 지금 이 땅에는 예수의 가르침대로 사는 천사만 존재해야 한다. 예수가 죽어 가면서 바란 것은 만백성이 천사가 되어 예수의 자리를 채워 주는 것이지, 지금과 같이 재물을 바치면서 중언부언 제 소원만을 비는 백성들을 바란 것이 아니다.

9. 구원

▪ 천사가 사는 천국에는 천사만 갈 수 있으니, 천사 같은 마음을 길러야 한다.

- "천국 열쇠를 네게 주리니 땅에서 무엇이든지 매면 하늘에서도 매일 것이라" 했다. 땅에서 천사같이 사는 자가 하늘에서도 천사가 되어 천국에 들어간다. 모든 사람에게 천사같다는 말을 듣는 삶을 살아야 한다.

▪ 천사의 곱고 아름다운 마음은 부모를 공경하고 어른을 어른으로 대접하는 데에서 출발한다. 효도하는 자는 형제와 화목하게 지내기에 가정이 화목해지고, 이웃과 화목해지고, 국가가 화목해지고, 온 인류가 화목해진다.

- 그러므로 지상의 아름다운 소왕국은 가정에서부터 이루어야 한다.

▪ 선택된 14만 명만 구원받는 것이 아니라, 천사처럼 변하고자 하는 14만 명을 기초로 온 인류가 천사처럼 거듭나는 영적인 개혁이 시작되는 것이다.

▪ 천 년에 걸쳐서 하늘에서 이루어진 것같이 이 세상을 낙원으로 만들어, 만백성이 지상의 천국에서 살다가 죽어서 그대로 하늘의 천국으로 들어가는, 영원한 지상 낙원을 건설하는 것이 하나님의 계획이다.

- 이것이 구약과 신약에 이어 "새로운 성경"으로 역사하시는 하나님의 창조의 완성이다.

▪ 지금의 믿음으로 구원받을 수 있다면 그 길을 가라. 그러나 자신이 없다면 하나님께서 직접 내리신 160권의 "새로운 성경"을 읽고 구원의 길을 보라!

하나님 머리말씀

이 새로운 성경을 읽는 너희 모두는
이 율법에 따라 행하면 영원히 구원받을 것이니라.

너희 인간이 수년, 수십 년, 평생
성서를 공부하고 기도하는 것은
하늘나라 나의 곁으로 오고 싶은 소망일진대,

몇천 년 전의 너희 인성과 생각이
지금의 너희와는 판이하게 다르니,

꺾여 가고 병들어 가는 너희를 고칠 수 있는 길은,
오늘 내가 선지자에게 내리는 새로운 성경과 같이
너희가 변화되는 것뿐이니라.

나의 예수가 태어난 것처럼
내가 아들 선지자를 선택하여
나의 새로운 성경을 온 세계에 전하고자 하니,

묵은 것은 버리고 새로운 것은 취하여,
너희 모두는
'여호와 하나님! 저의 죄를 용서하여 주옵소서.'
하는 기도문으로 기도하고, 죄를 뉘우치라.

이 새로운 성경은
수천 년간 내려온 성서를 요약한 것이니,
너희는 이 책을 정독하여 쉽게 깨달음을 얻고,
이대로 실천하여 하늘에 오르라.

대역자 머리말

■ 하나님의 율법을 지키는 선지자로 선택을 받도다.

저는 남들처럼 그저 열심히 살아온 평범한 사람이었습니다. 그러나 50대 중반에 사업에 실패하여 많은 부채에 시달렸으며, 건강도 악화되어 눈이 잘 안 보이고, 걷기도 어렵고, 두통이 심해서 잠을 이룰 수 없는 고통의 나날을 보냈습니다. 그때 제가 선택할 수 있는 것은 육의 삶을 끝내는 길뿐이었습니다.

죽기 직전에 그동안에 죄를 지은 이들에게 용서를 빌고 인생을 끝내기로 작정하였습니다. 어려서부터 지은 죄를 빌고 빌다 보니 끝이 없었고, 죽음으로도 그 많은 죄를 용서받을 길이 없다는 생각에 하염없이 눈물이 흘렀습니다. 그 순간 '재래식 화장실의 구더기는 죄를 짓지 않는데, 나는 인간으로서 구더기만도 못한 삶을 살았구나.' 하는 생각이 들면서 괴로움에 몸부림칠 때, 갑자기 하나님의 음성이 들렸습니다.

"나는 여호와 하나님이니라. 너는 십계명을 암송하고 내가 내려 주는 메시지를 받아 책으로 만들어 만백성을 구하라." 하시며, 제 눈을 손으로 문지르게 하시고, 아픈 머리와 다리를 손으로 두드리게 하셨습니다. 그러고 나니 눈도 잘 보이고 걸을 수 있었으며 머리의 통증도 말끔히 낫게 되었습니다. 그때부터 십계명을 암송하고 나면 들려주시는 말씀을 기록하였고, 1999년 8월부터 2004년 7월까지 권당 288쪽, 총 160권을 받아서 "새로운 성경"이라는 책으로 펴내게 되었습니다.

그러한 저에게 죽기보다도 힘든 길이 시작되었습니다. 모든 교인들이 저에게 사탄이요, 이단이요, 악마요, 마지막 시대에 온 거짓 선지자라 하면서 공격하였고, 저를 짐승을 보듯이 대하는가 하면, 편협한 종교 지도자들의 선동으로 신도들이 이 책을 직접 읽어 보고 평가할 기회마저 막아 버렸습니다. 그래서 하나님의 말씀을 세상에 내는 데 많은 어려움을 겪으며, 피를 토하는 심정으로 책을 전하고 있습니다.

그러나 아무리 인간의 힘으로 막으려 해도, 하나님의 뜻이 세상에 전해지는 위대한 역사는 계속될 것입니다. 책으로 전해지는 "하나님의 말씀"은 세상 끝날까지 항상 우리와 함께하실 것입니다. 사람은 죽어도, 책에 기록된 말씀은 영원히 남으니까요.

■ 따뜻한 실천

하나님께서는 어려운 사람들에게 삶의 터전을 마련해 주고, 미래를 열어 주는 것을 기뻐하십니다. 어려운 이웃이 스스로 자립할 수 있도록 이끌어 주는 것이 진정으로 이웃을 돕는 것이라고 말씀하셨습니다. 그래서 일자리가 없는 제자들에게 작은 사업장을 만들어 주는 "달란트 사업"을 하고 있습니다. 식당, 반찬 가게 등을 차려 주고, 기존의 어려운 사업장이 자립할 수 있도록 돕고 있습니다(커피숍, 미용실, 의상실 등).

하나님께서는 교회에 나와서 모든 시간과 재물을 쏟기를 원하지 않으시고, 그 시간과 재물을 교육에 투자하여 스스로 미래를 열어 가기를 원하십니다. 그래서 제때 공부하지 못한 제자들에게 학업을 이어 가도록 하였습니다. 중화요리 주방장을 하며 초등학교 검정고시부터 공부하여 2012년에 방통대를 졸업한 36세 남성, 만학도들의 2년제 중학교에 입학해서 2007년에 명지대학을 졸업한 38세 여성, 중학교 검정고시를 시작으로 숭의여자대학을 졸업한 47세 여성 등이 있습니다. 그밖에도 많은 제자들에세 나이를 초월하여 배우고 깨우쳐서 사회 속의 당당한 일원이 되도록 인도하고 있습니다.

학자금 대출로 힘겨워하는 젊은이들을 위해 "따뜻한 바람 장학회"를 발족하여(2016년 12월) 대출받은 학자금 전액을 매월 갚아 주고 있습니다. 또한, 다문화 가정을 위해 "다문화 가족 랜드"를 조성하여, 각종 시설을 무료로 활용하도록 하고 있습니다.

이러한 따뜻한 실천이 아직은 미약합니다. 그러나 책의 수입이 늘고, 저와 뜻을 같이하는 분들이 늘어나면 계속 확대할 것입니다. 지도자로서 신도의 재물을 헌금으로 거둬들여 착복하는 것이 아니라, 하나님께서 기뻐하시는 일에 사용하도록 중매 역할만 하며 살아가고자 합니다. 이런 제가 과연 사탄이고 이단인가요? 하나님께서 기뻐하시는 일이라면, 저에게 사탄이라 하든 거짓 선지자라 하든 굽히지 않고 실천해 나갈 것입니다.

끝으로, 일상의 삶 속에서 "지금 내가 하는 행동이 과연 하나님께서 기뻐하실까, 슬퍼하실까?" 생각하고, 매사에 하나님께서 기뻐하시는 길을 택하기 바랍니다. 교회에 모여서 집단적으로 예배 드리는 것이 아니라, 개인이나 가정 단위로 새로운 성경을 읽어 스스로 깨우치고 그대로 행하면 충분합니다. 그것이 마음속에 성전을 짓고, 신령과 진정으로 예배 드리는 길입니다. 그러면 천국의 문에 들어서게 됩니다.

2017. 2. 1.

하나님 말씀 대역자 김용철

차 례

십 계 명

이 책은 십계명을 암송하고 나면 내려 주시는 "하나님의 음성"을 듣고 그대로 받아쓴 기록입니다. 하나님께서 십계명을 모세에게 내려 주셨지만, 그것은 만백성에게 내려 주신 것입니다. 마찬가지로 이 책의 모든 말씀도 저에게 내려 주셨지만, 만백성 각자에게 들려주시는 말씀입니다. 여러분도 이 책을 접할 때마다 십계명을 암송하고 나서 정독해 주시기 바랍니다.

제일은, 너는 나 외에는 다른 신들을 네게 있게 말지니라.
제이는, 너를 위하여 새긴 우상을 만들지 말고, 또 위로 하늘에 있는 것이나, 아래로 땅에 있는 것이나, 땅 아래 물 속에 있는 것의 아무 형상이든지 만들지 말며, 그것들에게 절하지 말며, 그것들을 섬기지 말라.
제삼은, 너는 너의 하나님 여호와의 이름을 망령되이 일컫지 말라.
제사는, 안식일을 기억하여 거룩히 지키라.
제오는, 네 부모를 공경하라.
제육은, 살인하지 말지니라.
제칠은, 간음하지 말지니라.
제팔은, 도적질하지 말지니라.
제구는, 네 이웃에 대하여 거짓 증거하지 말지니라.
제십은, 네 이웃의 집을 탐내지 말지니라.

나 여호와가 존재함을 믿는 그 자체가 구원의 길에 들어서는 기본이요, 근본이며, 나의 새로운 성경을 가슴에 안고 정독하는 자, 반석 위에 서서 하늘에 오르는 찬란한 빛을 보게 되는 영광을 얻게 됨이니라. 진정 나를 따르고 믿는 자는 감히 사탄이나 마귀도 근접하지 못하느니라.

〈하나님 말씀〉

2002년 3월

2,056 번째 하나님 말씀

2002년 3월 18일 22시 40분

1 사랑하는 선지자야!
2 "네, 여호와 하나님! 말씀하옵소서."
3 모든 나의 피조물 만백성이 생각하는 것이 다르며, 가는 길이 다르며, 그들이 이해하는 폭이 다르며, 그들이 믿음의 생각하는 각도가 다 다름이니, 네가 그들과 만나 일일이 갑론을박하지 말라.
4 너는 모두를 다 그저 침묵으로 일관할 것이며, 나의 법전을 읽고 깨우치는 그들이 더 무엇인가를 알고자 하며 그들이 너에게 무엇인가 가르침을 원할 때, 그들에게 깨우침의 빛을, 그리고 깨우침이요, 하늘에 오르는 길을 열어주는 그와 같은 길을 네가 행하여야 할 것이니라.
5 어떠한 사람들과도 너는 갑론을박하지 말며 네가 그 피조물들을 다 대적하여 하나하나 대답하려 하지 말라.
6 이는 있을 수도 없으며 그리할 수도 없음이니라.
7 그저 그들이 와 너에게 뭐라 말하거든 나의 법전을 그들이 읽고 깨우친 다음에 그때 와서 너에게 말하라 그리 이르라.
8 이제는 어떠한 사람들과도 갑론을박하지 말 것이며, 이곳에 와서 그들이 깨우치며 너희들에게 무엇인가를 묻고자 하거든 너의 제자들이 대답하도록 할 것이며, 그 제자들로서 안될 때 그들은 나의 법전을 읽어 깨우침을 얻도록 그리할 것이니라.
9 그리고 앞으로는 나의 법전 1부의 열여섯 권을 구입하지 아니하며 그를 정독하지 아니하는 자와 갑론을박하지 말며, 너의 제자들 또한 그를 깨우쳐 주고 인도하려 하지 말도록 하라.
10 마음 자세가 잡히지 아니한 자들을 너희들이 인도한다는 것은 '쇠귀에 경 읽기'와 마찬가지며, 그들의 문을 열지 않는 자와 그리고 깨우침이 없는 자들과 갑론을박한다는 것은 너희 자신만이 지치며 쓰러지게 됨이니라. 절대 너희들도 그와 같은 일을 하지 말라.
11 나의 법전을 읽고 깨우쳐 열여섯 권의 법전을 구입하여 정독하는 자, 정독하고자 하는 자, 그를 위하여 너희들이 기도해 주며, 인도해 주며, 그들과 갑론을박하며, 그들에게 정녕 나 여호와의 성령이 무엇을 추구하며 내가 어찌 가고자 하는지 그와 같은 것을 일깨워 주어야 할 것이니라.
12 그들은 너희들에게 와 대화하며 갑론을박하며 그것의 옳고 그름을 다 아느니라.
13 그들은 나의 성령이 옳으며 맞는 것을 알면서도 그를 부인하며, 인정하지 않으려 하는 그 심성을 너희는 어찌 그리도 모르는가?
14 그와 같은 자를 인식하며 그와 같은

자를 너희들이 깨우치고자 한다면 너
희들이 지탱할 수가 없음이니라.
15 오로지 너희들은 각자 너희들 자신을
깨우치며, 나의 법전을 너희들이 정독
하며, 내가 선지자를 통하여 너희들에
게 내리는 나의 성령의 뜻을 듣고 깨
우쳐 너희들 자신이 바로 서는 데 정
진할 것이며,
16 그리고 나의 법전을 읽고 깨우치지 아
니한 자, 그들과 절대 시시비비를 하
지 말라. 너희들이 견딜 수 없음을 알
라.
17 이와 같은 이치를 너의 제자들에게 깨
우쳐 줄 것이며, 그 제자들 또한 그리
행하여야 할 것이니라.
18 이제는 나의 성전을 찾는 자가 수없이
너희들을 찾아올 것이며, 그리고 다음
의 일을 할 수 있는 나로부터 선택된
백성이 너희들을 찾아올 것이며,
19 그리고 선택된 자들이 또한 이제는 정
녕 이곳이 나의 성령을 전하는 곳이
며, 나 여호와가 임하는 곳이며, 내 뜻
을 전하여 만백성을 구원하며 하늘에
오르는 길을 인도하며 새로운 역사를
창조하는 곳이라 하는 것을 알 것이니
라.
20 지금 저희들이 나로부터 터치받은 자
요, 내가 그들에게 일깨워 준 자들이
1년이요, 5년이요, 10년의 세월이 흘
렀다 하여도 그들은 이루어 놓은 것이
없으며 그들에게 이루어진 것이 없음
이니라.
21 그들은 10년 전이나 지금이나 똑같이
나에게 터치된 그걸 가지고 그들이 연
구하고 깨우치고자 하나 전진함이 없
으니 이루어짐이 없음이니라.
22 네가 나의 음성을 들어 나의 성령을
기록하여 이 법전을 세상에 내보낸 지
가 이제 너희들이 말하는 그 세월의 1
년이 돌아오고 있음이니, 그 1년이란
365일 기간 동안에 너희들이 변하고
이루어진 역사를 조용히 생각해 보라.
23 이와 같이 번창하며 이와 같이 나의
피조물 만백성에게 깨우쳐 주는 역사
를 이루는 그러한 조직이 없으며 그와
같은 역사를 이루는 사람이 없음이니
라.
24 너보다 10년이요, 20년 일찍 나 여호
와로부터 터득하였으며, 나의 음성을
들었으며, 그리고 나로부터 깨우침을
받았으며, 나에게 무엇을 받았으며,
나의 아들 예수로서 선택받으며, 예수
로서 저희들이 무엇인가 얻었다 하는
그들이 지금 어찌 가고 있는가?
25 그들은 스스로 자신을 다스리기도 지
금 어려운 형국에 도래하고 있음이니,
이제 그들이 스스로 자기들의 한계를
알 것이며, 자기들이 지치고 힘듦을
알 것이며, 자기들의 능력을 알게 될
것이니라.
26 이제는 점점 나의 법전이 세상에 전해
짐으로 그들이 스스로 지고 있던 짐을
다 던져 버리며 가벼운 마음으로써 나
에게 터치받았던 능력과 깨달음을 갖
고 너를 찾아와 너를 돕고자 줄을 이
을 것이니라.
27 이제는 그들이 더 이상 버티고 지탱할
수 있는 명분이 없으며 능력이 없음을
알아야 할 것이니라.
28 그리하여 그와 같은 자를 받아들이며,

또 나의 법전을 읽고 깨우쳐 오는 자
만을 받아들이기도 너희에게 이제는
시간이 없음이니라.
29 그러니 너희들이 한 사람 두 사람을
만나 그들이 잘못되고 잘못 깨우침을
알면서 너희들을 시험하고자 오는 자
들과 갑론을박하지 말며 그들에게 너
희가 시간을 낭비하지 말라.
30 오로지 그와 같은 생활을 함으로 인해
서 너희들 자신이 흔들리며 너희들 자
신이 바로 서는 데 방해만 되는 역할
을 하게 됨이니,
31 그 사악한 무리의 사악한 말에 대답하
다 보면 너희들이 더럽고 추한 자와
같이 대적하는 그와 같은 형국이 이루
어짐이니,
32 더러운 물 옆에 가면 그 물이 튀기듯
이, 잘못된 썩은 물 곁에 가서 너희들
이 놀면 그 썩은 물이 너희들 몸에 튀
기듯이 그와 같은 형국이 이루어짐이
니,
33 그와 같은 추하고 더러운 자들, 그리
고 진정 하늘에 오르는 것이 무엇인지
모르는 그 인간 세속에 젖어서 나 여
호와의 이름을 팔아먹는 그 사악하고
더러운 자들과 갑론을박을 하지 말라.
34 저희들이 썩은 것을 알면서 억지를 쓰
며 썩은 것을 알면서 아니라고 위장하
고 포장하는 자들과 너희들이 대적해
서는 아니 될 것이니라.
35 그들의 썩고 더러운 것이 너희들 몸에
묻으면 너희들 자신이 쓰러짐이니, 그
러한 짓을 앞으로 절대로 하지 말도록
그리하라, 선지자야!

2,057 번째 하나님 말씀

2002년 3월 19일 0시 10분

1 사랑하는 선지자야!
2 "네, 여호와 하나님! 말씀하옵소서."
3 너희들이 나에게 경배하며 기도하며
나의 법전을 공부하며 나의 성령의 뜻
을 들음이니, 너희들이 자세의 바름을
이제는 실천하고 지켜야 할 때이니라.
4 너희들이 나에게 기도하는 그 정성의
자세 또한 바르고 곧은 자세로써 끝맺
음을 잘하여야 할 것이며,
5 그리고 너희들이 나를 향하는 마음과
나의 성령을 듣고 행하는 행동이 바르
고 곧아야 함이니,
6 이는 항상 너희들의 생각에 따라서 나
를 향하는 마음이 달라지며 행동하는
것이 다른 그와 같은 너희들이 되어서
는 지금은 안 되느니라.
7 너희들은 모든 면에서 완벽해야 함이
니라.
8 너희들이 스스로 나에게 기도하는 것
또한 완벽하여야 하며, 너희들이 행동
하는 것도 완벽하여야 하며, 너희들이
구원을 받고자 하는 것도 완벽하여야
하느니라.
9 그리하여 나의 법전을 읽는 너희들이,
나의 성령을 듣는 너희들이 듣고 나서
행동함에 있어서 완벽하게 너희들 것
으로 만들어야 하며,
10 나의 법전을 읽고 그 속에 기록되어
있는 그 자세를 너희들은 완벽하게 실
천하고 지켜야 할 것이며,
11 또한, 나의 법전을 읽을 때 너희들이
정독하는 마음으로 읽어야 할 것이니,

12 너희들이 살아가며 너희들의 행동함
에 있어서 나에게 선택된 백성은 어떠
한 부분에서도 허술한 점이나 한 치의
소홀함이 있어서는 아니 됨이니라.
13 그와 같은 점이 있을 때 너희들이 구
원을 받을 수 없으며, 너희들이 정녕
나의 피조물 만백성을 구원할 수 있는
너희들의 자세가 되어 있지 아니하다
면 너희들은 나의 피조물 만백성을 구
할 수 없음이니라.
14 이제는 너희들이 나의 법전을 11권을
넘어가며 앞으로 몇 권 남지 아니하여
16권을 마치는 그와 같은 역사에 이
르고 있음이니,
15 이제는 너희들이 지도자로서 손색이
없는 위치에 서 있어야 될 것이며, 너
희들은 나의 피조물 만백성을 이끌어
오는 지도자로서 지금 그 선에 도달해
있음이니라.
16 그러니 지도자의 자세가 어떠한 것이
며 지도자가 행하는 행동이 어떠해야
할 것인가 너희들이 깊이 깨우쳐 너희
들 스스로 행동함에 있어서 조금도 손
색이 있어서는 아니 될 것이니라.
17 그리고 너희들은 나의 법전을 공부하
며 나의 성령을 들으며 너희들이 행동
하는 것이 너희들 스스로 즐거운 마음
으로써, 행복한 마음속에 모든 것을
솔선수범하며 자발적으로 움직이는
그와 같은 삶의 행동을 나의 피조물
만백성과 세속에서 살아가면서 보여
야 할 것이니라.
18 너희들이 마음으로 깨우쳤다 하며, 마
음으로 나의 뜻을 알며, 마음으로써
나의 길에 오르는 것이 무엇이며 깨우
친 자가 행동하는 것이 무엇인가를 알
면서 그 행동을 하지 아니하며 그대로
실천하지 아니한다면, 이는 바로 죽은
믿음이니라.
19 너희들이 행동함에 있어서 솔선수범
하며 자발적으로 즐겁고 행복한 마음
에서 어렵고 힘든 일을 실천하고 감내
하는 그와 같은 모습으로써 행하여야
만 나의 피조물 만백성이 스스로 너희
들을 거울삼아 그들이 깨달음에 이를
것이니, 이것이 너희들이 가야 할 길
이니라.
20 나의 선지자를 통하여 나의 성령의 가
르침을 직접 들으며 나의 법전을 읽고
공부하며 나의 성전에 와 모두를 다
깨우치는 너희들이 이제는 말로써 행
하는 그와 같은 믿음을 가는 자들이
되어서는 아니 되느니라.
21 말로써 사랑을 베풀며 말로써 너희들
이 모두를 다하나 너희 육신의 행동이
움직이는 것은 그와 정반대의 길을 가
고 있다면,
22 이는 천년만년 너희들이 믿음에 매달
린다 해도 구원을 받을 수 없다 내가
너희들에게 말하였음이니,
23 이제는 너희들이 지도자로서 입문하
여 지금 나의 법전을 끝내 가는 그 부
분에 들어서 있음이니, 지금 너희들이
바로 지도자임을 알아야 할 것이니라.
24 이와 같은 지도자의 자세에 들어선 너
희들이 모든 행동에서 타의 모범이 되
어야 하며, 그들로 하여금 너희들이
거울이 되는 그와 같은 행동을 하여야
할 것이니, 그리 알아야 할 것이니라.
25 지금의 믿음으로써 가는 그 행동과 믿

음에 따라서 나 여호와의 성령이요,
나의 법전을 접하는 것이 가장 행복이
요, 영광이라 생각하고 행하는 자 있
음이니, 오로지 한 사람이 그 모두를
실천함이니라.
26 바로 그는 내가 사랑하는 선지자의 제
자 '홍철화'이니라.
27 그는 믿음의 행동이 바르며 믿음의 행
동에 따라서 실천하느니라.
28 그가 가지고 있는 마음이, 나의 법전
을 대하며 나의 성령을 들으며 깨달음
이요, 그가 이를 접한 축복의 그 영광
에 그는 그 모두를 다 바쳐 감사하는
마음으로써 삶이니,
29 그 마음속에 단 한구석도 나의 법전을
저해하며 내가 내리는 성령의 뜻을 받
아들이지 아니하는 것이 없으며 그리
고 선지자를 따라감에 있어서 한 점의
부끄럼이 없는 그와 같은 제자로서 가
고자 하는 그 마음의 믿음이 그리되어
있으며 그는 행동이 또 그러하니라.
30 행동으로써 그가 남에게 부끄럽지 않
은 행동을 보여 주며 솔선수범해서 감
히 그를 따를 수 없는 그와 같은 자세
로 행하고 있음이니, 이게 바로 마음
의 자세와 행하는 근본이니,
31 바로 나의 선지자를 따라 행하는 사랑
하는 나의 백성이요, 선지자의 제자로
서 하나도 손색이 없는 그 한 사람이
지금 있음을 너희들이 알아야 할 것
이니라.
32 그를 바로 거울로 봐야 할 것이며, 그
가 너희들의 가르침을 인도하는 자라
생각하고, 그가 행하며 실천하는 그
모두를 너희들이 거울삼아야 할 것이
니,
33 그가 바로 나의 성령에 대하여 감사하
며, 나의 법전에 대하여 감사하며, 내
가 너희들에게 마지막 제3의 시대를
열어 너희들을 선택하여 이 세상을 하
나로 만들고자 하는 그 뜻에 대한 감
사하는 마음이 행동과 똑같음이니 그
의 실천함이 또한 같으니라.
34 그는 마음과 행동이 같은 자이니, 이
게 바로 나의 백성이며 나에게 오를
수 있으며 만백성에게 거울이 될 수
있는 자이니라.
35 너희들이 그의 삶과 그의 믿음과 그가
선지자를 따르는 행동과 그가 실제 행
한 그 모두를 보라. 그는 마음과 행동
이 일치함이니라. 그를 거울로 삼으라.
36 나의 성전에 와 공부하는 선지자의 제
자 너희들이 그를 거울로 삼으면 너희
들이 하나도 손색이 없음이니, 너희들
이 제자로서, 전사로서 가는 길에 하
나도 손색이 없음이니라.
37 그가 바로 너희들의 거울이니, 이를
내가 그 이름을 거명하여 너희들에게
명하노니, 그를 너희들은 보고 선생과
같이 따르는 그와 같은 자세로 가야
할 것이니,
38 너희들 스스로 자신을 돌이켜 보며 너
희들의 믿음을 다시 한 번 점검해 보
며, 그리고 그가 가는 행동과 그의 길
이를 너희들 것으로 만들어야 할 것이
니라. 이를 너희들이 명심하여 깨우쳐
들어야 할 것이니 그리 알라.

2,058 번째 하나님 말씀

2002년 3월 19일 01시

1 사랑하는 선지자야!
2 "네, 여호와 하나님! 말씀하옵소서."
3 지금 수천 년 동안 나의 성서를 공부
하며 오로지 저희들만이 하늘에 오르
는 백성이요, 저희들이 만든 성전에
와 기도하고 헌금을 바치는 자만이 하
늘에 오르는 길에 들어선다 말하며,
그리고 그들이 말하기를, 나 여호와의
고유의 권한인 구원을 받았다 말하는
자들, 나의 아들 예수의 피로써, 그 보
혈로써 구원을 받았다 말하는 그자들,
그리고 그 종교에 가서 믿고 깨닫는
자들이 행동을 어찌하는가?
4 그들이 말하기를, 저희들은 사랑을 실
천하며 나눔을 실천하며 하나님의 뜻
에 따라 살아간다고 말하느니라.
5 그리하여 저희 성전에 와서 저희들과
같이 한 무리가 되지 아니하는 자는
인간으로 취급도 하지 아니하려 하며,
등한시하며, 짐승과 같은 눈초리로 그
들을 바라봄이니, 그러면서 그들은 어
찌 행동하는가?
6 저희들만이 구원을 받을 수 있는 백성
이기에 나머지 나의 피조물 만백성은
인간으로도 생각지 아니하며, 또한 저
희들이 같이 가는 그 종파 자체에도
서로 인정하지 아니하려 하는 것이 그
들의 성격이니라.
7 그리하여 그들이 정녕 하늘에 오르는
길을 실천하며 하나님의 뜻에 따라 저
희들이 사랑을 베풀며 세상을 살아간
다 하여 너희에게 와서 갑론을박하게
되거든, 너희들은 그리 물어보라.
8 '여기 와서 우리 선지자와 더불어 공
부하는 자, 그리고 이곳에 와서 하나
님의 성령의 말씀을 들으며 법전을 가
지고 공부하는 자, 그들이 살아가는
행동은 십계명을 지키며, 모두가 한
형제라 하며, 하나의 마음으로 선지자
를 위시하여 하나님의 말씀인 성령을
공부하고 법전을 공부하며 그리 지켜
가며,
9 나이 든 자는 부모와 같이 생각하고,
자기보다 나이 많은 자는 형과 누나라
생각하며, 나이 어린 자는 동생과 아
우로 생각하며 또 자식과 같이 사랑하
며, 이와 같이 우리는 질서가 정해져
있고 짜여 있으며 서로 자기의 친형제
처럼 그리 사랑하며 살아감이니,
10 즐거운 일은 서로에게 먼저 주고 양보
하며, 괴롭고 힘든 일은 자기 스스로
맡아 하며 그를 즐거움으로 생각하면
서 이 성전에서 선택된 백성은 그리
살아감이니,
11 선지자와 더불어 우리가 가는 길은 한
가족이요, 한 형제가 되어 그와 같이
살아간다.' 그리 너희들은 말해 보라.
12 그리고 '우리는 이와 같이 살아가나니
과연 당신들도 그와 같이 살아가는
가?' 하고 그들에게 물어보라.
13 수천 년 역사 속에서 사랑을 베풀며
저희들만한 집단이 없으며, 저희들만
이 하늘에 오르는 그 민족의 모든 백
성을 이끌어 가며, 사랑을 실천하는
것은 저희들뿐이며,
14 저희들의 성전에 와서 기도하며 저희
들과 같이 가지 아니하는 자는 형제라

생각하지 아니하며 짐승을 쳐다보듯
이 하며 그리 살아가는 자들의 내부를
그들에게 물어보라.
15 '우리는 한 형제처럼 한마음으로 똘똘
뭉쳐 어떠한 이유가 없으며 서로 거역
함이 없으며, 서로 항변함이 없으며,
극에서 극으로 서로 언쟁함이 없으나,
과연 당신이 있는 그 종교 집단에서도
그리 살아가는가?' 그리 그들에게 물
어보라.
16 사랑을 베풂이 근본이며 저희들만이
구원을 받는다는 그 집단은 갖은 명예
를 가진 자들이 저희들끼리 서로 파벌
을 형성하며, 저희들끼리 서로 싸움하
며, 저희들끼리 서로 의사가 통하지
아니하며 서로 의사가 맞지 아니하여
내분되어 있으며,
17 그리고 종교 지도자라는 자를 위시하
여 우파와 좌파 비슷하게 나눠져 서로
시기하고 질투하고 모함하며 그리고
질시하는 그와 같은 행동을 절대로 하
지 아니하는가 물어보라.
18 그리고 그들이 거두어들이는 그 금화
를 어찌 쓰는가에 대해서 서로 갑론을
박하며, 서로 따지며 의심하며 그러한
형태로써 과연 그러한 행위가 절대 그
곳에선 이루어지지 아니하는가 물어
보라.
19 저희들이 소속된 그 집단에서 서로 물
고 뜯으며 시기하고 질투하며, 우두머
리끼리 우두머리 싸움을 하며, 서로
자기 세를 확장하기 위하여 입김을 넣
고 자기의 능력과 자기의 무엇인가를
움켜쥐기 위하여 자기들끼리 내분이
나며, 서로 시기하고 질투하고 싸움을
하는 그런 형국은 안 이루어지는가,
그들 속에서 질투와 시기는 없는가,
그리고 언쟁은 없는가, 서로 분열된
행동은 하지 아니하는가,
20 한 종교 지도자 밑에서 같이 공부하는
그들이, 그리고 하늘에 오르는 그 깨
우침을 받는 저희들이 신성시하는 그
성전에 가서 공부하는 자들이 과연 나
의 선지자라 하여 따르는 그 제자들처
럼 한마음이 되어 있어 일사불란하게
움직이며 한 뜻으로써 움직이는가 그
리 물어보라.
21 그리고 너희들은 나 여호와의 성령이
요, 나 여호와의 법전에 절대적으로
순응하며 거기에 거부함이 없으며 그
를 지키고 한마음으로 살아간다 그리
말하며 그리 살아가나니
22 그들이 가지고 있는 그 종교 집단의
몇십 년 역사를 자랑하는 그 속에서
과연 내분은 없는가, 그리고 종교 지
도자들을 멸시하며 너희들 스스로 종
교 지도자들을 배척하며 그를 모함하
며 그를 또 밀어내며 쫓아내는 일은
없는가, 그리고 세력의 암투는 하지
아니하는가?
23 이와 같은 행위가 그 속에서 있다면
너희들은 짐승만도 못한 집단이라 그
리 너는 말하라.
24 너의 제자들에게 말하라. 지금 너희들
이 한마음으로써 선지자를 따르며 같
이 공부하는 그와 같은 한 뜻이 되어
한 형제처럼 웃음꽃으로써 서로 답하
며, 어려운 일은 스스로 선택하며, 즐
거운 일은 남에게 양보하고 살아가는
그와 같은 너희들이 살아가는 그 현실

을 그대로 들려주며,
25 한 끼의 김밥 한 덩어리를 나누면서도
그곳에 웃음이 있고, 나의 법전 한 권
이 끝날 때마다 서로 떡과 생선을 나
누는 그 임무와 그 즐거움을 맡고자
하는, 서로 그와 같이 나서며 서로 하
고자 하는 나의 선지자의 제자들이 살
아가는 그 형태를 너희들이 지금 보고
느낀 대로 그들에게 들려주라.
26 그리하여 하늘에 오르는 진정한 집단
이라는 자들이 몇십 년, 몇천 년 흘러
온 그 역사를 가지고 있는 너희들 집
단 속에 서로 반목이 없으며 서로 시
기하며 질투하는 것이 없으며 암투와
알력의 투쟁은, 그와 같은 싸움은 없
는가 물어보라.
27 '우리보다 더 위대한 종파요, 오로지
하늘에 오르는 진정한 믿음이요, 그리
고 사랑을 실천하고 살아가는 여러분
들이며, 우리를 이단이라 하는 당신들
은 과연 그러한 것이 하나도 없는가?'
그리 물어보라.
28 그들 속에서 우두머리끼리 서로 실력
을 과시하며 저의 세를 키우기 위하여
암투하며 질투하고 시기하며 종교 지
도자란 자를 배척하며 그를 헐뜯으며
29 그리고 저희들이 저희 나름대로 서로
의사소통이 아니 되어 나뉘는 분열
상태에서 삿대질하며 고성을 지르는
그와 같은 형국은 없는가?
30 만일 저희들이 지어 놓은 그 위대한
성전이요, 손으로 지은 그 거창하고
웅장한 성전에서 저희들만이 하늘에
오르는, 하나님의 뜻에 따라 살아가고
인도하는 자들이 그와 같은 언성을 높
이며 그와 같은 질시를 하며 서로 질
투하며 시기하는 그러한 행위와 언성
높이며 시비가 벌어진다면 그건 개돼
지만도 못한 짐승의 집단이라 말하라.
31 '우리가 보기에는 몇 개월 되지 아니
한 선지자를 따르는 우리 제자들은 절
대적 그러한 사실이 있지 아니하며,
우리는 한 형제이며, 나이 먹은 자 공
경하며 존경하며, 아랫사람 사랑하며,
우리는 언쟁함이 없으며 시기하고 서
로 싸움이 없으며 질투함이 없는 그와
같이 아름다운 한마음으로 가고 있음
이니,
32 당신들도 그와 같이 간다 하면 당신들
은 틀림없이 여호와 하나님으로부터
선택된 백성이며, 그리고 여러분의 지
도자는 하늘로부터 선택된 지도자의
집단일 것이며, 정녕 여러분은 영혼을
구한 그와 같은 삶의 세계에서 가는
훌륭한 분들입니다.' 그리 말하라.
33 그와 같은 사랑을 가장 많이 베풀며
하나님의 뜻에 사는 자들이라 말하는
자들이, 자칭 나의 아들 예수의 피로
써 구원을 받았으며 그 보혈로써 구원
을 받아 하늘의 낙원에 올라오도록 되
어 있다는 그들이 과연 천사처럼 살아
가는가?
34 그렇지 아니하고 만에 하나 그 속에
서 서로 질투하고 한 형제처럼 한뜻으
로 가지 아니하고 반목하는 일이 있으
며,
35 서로 삿대질하며 언성을 높이며, 인간
세속의 삶을 아직도 버리지 못하며,
서로 금화와 은화를 쓴 그 출처를 따
지며, 그리고 서로 언성을 높이며 서

로 잘하고 못함을 견주어 말하며,
36 저희들이 만든 그 성전에서 구원을 받은 백성이 그와 같은 시시비비를 가리는 행위가 있었다면, 그건 개돼지 짐승만도 못한 집단이 아닌가 하는 것을 스스로 한번 물어보라고 이야기하라.
37 만일 사랑을 베푸는 자들이 서로 양보하고 이해하며 사랑으로써 다스릴 수 없으며, 남의 아프고 쓰린 마음을 저희들이 욕하며 손가락질하며 저주하고, 고통스럽고 아픈 시련을 살아온 자에게 그 아픔의 시련을 치유해 줄 수 있는 그와 같은 사랑의 마음으로써 대화하지 아니한다면,
38 말로써 이 세상을 다 덮어 사랑으로 베풀며 사랑의 근본이며 저희들만이 사랑을 나누는 위대한 백성이며, 나 여호와의 아들의 그 귀한 피로써 구원을 받았다 하는 그들이,
39 구원을 받은 자, 천사보다 더 아름답고 나 여호와에게 감사하는 자들이 저희 손으로 만든 저희 성전 앞에서 저희들의 작은 이해관계 때문에 시시비비를 하고 언성을 높이며,
40 그리고 저희 종교 지도자들을 탄압하거나 또는 그를 배척하여 서로 세력싸움을 하고 세력을 확장하려 비방하고 욕하며 시시비비를 하는 그런 행동을 하지 않는가 물어보라.
41 '우리가 살아가는 모습 속에서는 그와 같은 것은 상상할 수 없기 때문에 우리보다도 더 훌륭하고 위대한 역사를 가지신 여러분들은, 정녕 하나님에게 구원받았다는 여러분들은 우리보다 열배 백배 더 화목하고 화기애애한 그 속에서 하나님의 성서만을 공부해야 할 것이니,
42 만일 그와 같은 것이 아니며 여러분들이 우리보다 더 부끄러운 행위가 있다 하면, 정녕 여러분들이 사탄이요, 사악한 무리가 아닌가 여러분들의 가슴에 손을 얹고 생각해 보아야 할 것입니다.' 그리 깨우쳐 주라.
43 이것을 너희들이 돌아다보며 속을 들여다보고 파헤쳐 볼 때, 어떠한 백성이 나로부터 선택된 백성으로서 구원의 길을 정녕 가는 백성인가 너의 제자들에게 똑바로 그를 들여다보라 그리 명하라.

2,059 번째 하나님 말씀

2002년 3월 19일 01시 30분

1 사랑하는 선지자야!
2 "네, 여호와 하나님! 말씀하옵소서."
3 내가 너에게 이르기를, 나의 아들 예수가 세상에 나가 나의 피조물 만백성을 구하고자 할 때, 모두는 나의 아들 예수를 통하여 나의 피조물 만백성 너희들을 구하고자 나의 뜻을 전하였으며,
4 그리고 나의 피조물 만백성의 그 기도를 예수를 통하여 내가 들었음이라 너에게 말하였음이니라.
5 성령으로써 세상에 나가 나의 뜻을 전하며 나의 피조물 만백성을 구하고자 살았던 예수의 삶이 어떠했는가?
6 그가 삶을 엮어 살아온 그 과정을 인간은 누구도 따를 수 없으며 행할 수

없는 그와 같은 깨끗하고 소중한 삶을
그가 살아 나에게 오지 아니하였는가?
7 지금 나의 성령을 받아 기록하는 선지
자가 세상에 단 한 사람이요, 그리하
여 그를 통하여 나의 성령을 세상에
전하여 나의 피조물 만백성을 구하기
위한 법전을 만들어 전하며, 나의 음
성을 직접 너의 제자들에게 깨우치도
록 내가 전함이니,
8 그리고 너를 통하여 모든 기도가 나에
게 상달된다 하였음이니, 너 또한 얼
마나 소중한 자인가?
9 수십억 인구 중에 한 사람이니 너의
삶을 어찌 살아야 하겠는가?
10 나의 성령을 태워 너에게 내려보냄으
로 인하여 네가 나의 법전을 만들어
만백성을 구하며,
11 너를 통하여 내가 만백성의 기도를 듣
는다 하였음이니,
12 너 또한 예수와 같은 삶을 살아야 할
것이며, 거기에 한 치의 손색이 있는
삶을 살아서는 아니 되지 않는가?
13 그리하여 네가 소중하며 귀한 자라 내
가 말하였음이니,
14 네가 나의 성령을 받아 나의 피조물
만백성을 구하는 이 대업을 이루며,
네가 예수가 살아왔던 그와 같은 삶을
살 때,
15 내가 너에게 모든 역사의 은혜와 은총
을 나의 아들 예수에게 내렸듯이 너에
게 줄 수 있는 것이 아니던가?
16 내가 나의 피조물 만백성을 구하고자
나의 아들 예수를 통하여 세상에 전
하였으며, 지금 너를 통하여 나의 법
전이요, 나의 성령을 세상에 내려보내
법전을 만들어 나의 피조물 만백성을
구하는 역사를 이루는 네가 그와 같이
성령을 받아 전하는 것이며 나의 피조
물 만백성을 구하는 그 역사는 같음이
니,
17 네가 그와 같은 삶이요, 그와 같은 자
세로써 남들이 지키고 행할 수 없는
그 길을 지키고 행함으로써 네 마음이
그와 같이 곱고 아름다우며 수정처럼
맑을 때,
18 내가 그 맑음 속에 내 모두를 너에게
전하여 주며 내릴 수가 있지 아니한가?
19 너희가 마음을 비우며 하얀 눈처럼 되
지 못하면 내가 너희들에게 기적을 내
릴 수 없으며, 내가 너희들에게 은총
을 내릴 수 없으며, 내가 너희들에게
역사할 수 없다 하는 뜻을 알겠는가?
20 너희들이 100이라는 마음 중에 99개
의 마음이 비워져 있으며 천사와 같은
마음으로 나를 향하여 기도하고 경배
한다 하나, 그중에 하나의 검은 마음
이 그곳에 위치해 있다면 그 검은 싹
이 점점 더 커지니, 99개의 그 선한 마
음을 다 짓뭉개 버리며 그를 사악한
쪽으로 물들게 함이니,
21 그리하여 하나도 너희들 마음에 검은
마음의 씨가 있어서는 안 됨이니, 완
벽한 너희들이 되라 함이 거기에 있느
니라.
22 완벽하지 못한 자, 그 사악한 마음이
하나라도 자리 잡고 있다면 그 씨가
무섭게 번져 가니, 누에가 뽕잎을 먹
어 가며 또 전염병이 퍼져서 많은 백
성을 쓸어 가듯이, 그 사악한 무리가
선하고자 하는 99개를 다 잠식하여

사악한 무리의 마음으로 만들게 됨이
니,
23 그리하여 하나라도 사악한 마음이 있
어서는 아니 되며 완벽한 마음을 만들
라 함이니라.
24 그리하여야 거기에 너희들에게 기적
을 이룰 수 있으며 내가 역사를 임할
수 있음이니,
25 나의 아들 예수가 그와 같은 기적과
역사를 이루었던 것은 그가 마음이 하
나였기 때문이니라.
26 그러니 나의 피조물 만백성을 구하여
지금 제3의 시대에 마지막 나의 성령
을 받아 기록하는 선지자 네가 너 스
스로 선지자의 자세로 서고 못 서는
것은 너에게 달렸다 하였으나,
27 네 마음이 하얗게 비워져야만 네가 선
지자로서 모든 권능을 행할 수 있으
며, 나의 피조물 만백성을 육신이요,
정신적인 것에서 구할 수 있음이니,
28 네가 예수의 삶을 본받아 그와 같이
아름답고 깨끗한 삶을 사는 것만이 네
가 가야 할 길이며 해야 할 길이라는
것을 잊어서는 아니 될 것이니라, 선
지자야!
29 네가 나의 이와 같은 뜻을 안다면 너
의 제자들에게 그리 깨우쳐 주며, 하
나의 검은 마음이 있을 때 그는 99개
의 그 선하고 아름다운 마음을 다 잠
식하여 사악하게 만듦이니,
30 너희들 마음속에 사악한 뿌리가 하나
라도 남아 있어서는 안 된다는 나의
뜻이 거기 있음이니라.
31 그리하여 너희들이 그리 변할 때 너희
들에게 크나큰 은혜와 역사가 임할 수
있다는 것을 잊지 말고 그리 행하도록
하라.
32 너희들이 먼저 완벽히 변해졌을 때 나
의 은혜가 내릴 것이니라.
33 완벽하게 변해지지 않은 너희들에게
기적이요, 은혜를 내려 주기를 나로부
터 너희들이 바란다면 아니 됨이니,
무엇이 먼저 선결되어야 할 것인가?
34 내가 너희들에게 깨끗이 지워지지 않
은 그 마음속에, 사악한 마음이 뿌리
를 이루고 있는 그 마음에 나의 은혜
와 은총을 내리면 그것은 무서운 사탄
이요, 잘못 가는 형국으로 변하게 됨
이니, 그와 같은 것은 건잡을 수 없음
이니라.
35 그리하여 완벽하라고 말하는 나의 뜻
이 여기 있음이니, 이를 명심하여 너
의 제자들에게 실행하도록 하여야 할
것이며,
36 선지자 네가 우선 그와 같이 깨끗하며
하나도 부끄러움이 없는, 예수가 살아
왔던 그와 같은 삶을 이루었을 때 모
두가 이루어짐을 알라, 선지자야!

2,060 번째 하나님 말씀

2002년 3월 19일 02시 10분

1 사랑하는 선지자야!
2 "네, 여호와 하나님! 말씀하옵소서."
3 지금 나의 피조물 만백성 중에 믿음을
가지고 온다는 그들이 뭐라 말하느냐?
4 저희들 집단에 속하지 아니한 자는 이
단이요, 사탄이라 그리 말하며 사악한
무리라 그리 칭하느니라.
5 그리하여 나의 피조물 만백성이 나로

부터 태어날 때 그들은 사탄이요, 사
악한 자로 선택되어 그와 같은 무리로
태어난 것처럼 착각하고 있으며 그들
을 그와 같이 저주함이니라.
6 너희들에게 내가 일찍이 깨우쳐 주었
음이니, 하얀 나무에 여러 가지 색상
으로 그것을 둘러 붙인다 해도 그 붙
여진 색상을 벗겨 보면 그 안은 무엇
이라 하였느냐?
7 나무의 원색이 있다 하였음이니라.
8 하얀 나무에다가 너희들이 수십 가지
색채로써 발라 놓았을 때, 그를 벗기
고 보면 결론은 무엇이더냐?
9 하얀 나무의 원뿌리요, 원색채가 있다
하였음이니, 본색의 모양이 있다 하였
음이니라.
10 너희들은 어찌하여 나로부터 생명을
받아 태어난 나의 피조물 만백성이 한
인간으로서 세상에 태어난 그 존엄성
과 그 위대함과 그 은혜는 접어 두는
가?
11 나로부터 생명을 받아 태어난 그가 얼
마나 소중한 것이던가?
12 나로부터 생명을 받아 나간 나의 피조
물 백성이 살아가는 과정에서 겉옷을
잘못 걸치듯이, 그들이 살아가면서 잘
못 가는 믿음이요, 또는 깨달음을 잘
못 가 그들이 조금 방황한다 하여 너
희들은 그를 이단이요, 삼단이요, 사
악한 무리라 그리 헤쳐 놓고 그리 치
부함이니,
13 그리고 그들은 세상에 태어날 때부터
사악한 무리로서 사는 것이며, 너희들
과는 그 태어난 방법부터 차별화되는
듯이 그와 같이 너희들은 생각하고 오
만하고 자만하느니라.
14 그러나 나의 피조물 만백성을 내가 사
탄이요, 사악한 무리요, 이단이라 말
하지 말라 하였으며 그리하지 말라 하
였음이니라.
15 나의 선지자를 따르는 나의 피조물 만
백성 너희들은 오늘 나의 이 뜻을 깨
우쳐야 할 것이며,
16 너희들은 너희와 똑같은 형제에게 이
단이요, 사탄이요, 사악한 무리라는
그런 말을 해서는 아니 되며, 그와 같
은 눈치를 주어서도 아니 되며, 그들
은 최초에 태어날 때 그와 같이 사악
한 사명을 갖고 태어난 양 그들을 그
리 짓밟아 뭉개서는 아니 될 것이니라.
17 지금의 종교 지도자들이요, 종교의 믿
음에 따라가는 그 집단들이 얼마나 사
악한 자들이며 우매한 자들이며, 몰인
정하며 인간미가 없는 자들인가를 알
아야 할 것이니라.
18 그들도 저희들같이 똑같은 나의 피조
물 만백성으로서, 나에게 생명을 받아
세상에 태어난 나의 똑같은 아들과 딸
이니라.
19 그들이 잠깐 외유를 하였다 하여, 그
들이 조금 잘못 가는 길을 갔다 하여,
그들이 잘못 깨우쳐 잘못 가는 그와
같은 삶을 보며 그들을 이단이요, 사
탄이라 하여 그와 같이 그들은 그 대
명이요, 그 뜻을 받고 세상에 태어난
것처럼 너희들은 경원시하나,
20 그들이 그것을 벗어나 볼 때, 그들이
미신이요, 또는 잘못 가는 것이요, 잡
신을 믿으며 사악한 길로 간다 하여
그들이 그와 같이 가는 길과 내가 그

들에게 생명을 내려 준 그 위대한 근
본의 뿌리를 어찌 그리 견주어 보는가?
21 그들이 너희들처럼 똑같은 생명의 뿌
리를 나로부터 받아 나간 그 근본은
다 똑같이 소중함이니,
22 그들이 잠깐 미신이라는 것을 섬기며
우상이라는 것을 섬겼다 하여, 너희들
과 다른 그 믿음을 간다 하여 그들의
인간 본연의 자세까지 너희들은 말살
하며 그를 짓밟아 이기려 함이니,
23 나로부터 태어난 그 생명보다도 그들
이 잠깐 잘못 믿는 그 믿음의 뿌리가
더 무섭고 간악하다 너희들이 생각하
나니, 이는 잘못된 생각이니라.
24 그들은 나로부터 받아 간 인간의 생명
의 본연의 자세가 있으며 그들이 인간
으로 태어났던 그 뿌리의 소중함을 너
희들이 알아야 할 것이며, 그들은 너
희들과 같은 형제이니라.
25 다만, 그들이 잠깐 정녕 잘못 깨우쳤
으며 잘못 가고 있음이니, 그들이 일
순간의 실수로써 그와 같은 길을 가는
것이지, 그들이 그리 갔다 하여서 그
들이 사악한 무리로서 처음부터 너희
들과 차별되게 태어난 생명의 인생이
라 그리하지 말라.
26 그들이 나로부터 생명을 받아 태어난
것, 그것이 더 위대함이니, 그들이 미
신이요, 잘못 가는 잡신을 섬긴다 하
여, 무당 짓을 한다 하여, 또 너희들과
같은 종파로써 같이 생활하지 아니한
다 하여서, 뜻을 같이 아니한다 하여
서 그들을 사악한 무리라 그리하지 말
라.
27 그들도 너희들과 똑같은 인간으로서
태어난 그 본연의 가치가 있으며 거기
에 소중함이 있느니라.
28 그들이 잠깐 외유요, 또 다른 길을 간
다 하는 것은 그들이 바로 나의 품에
돌아올 수 있으며, 돌아옴으로 하여
너희들보다 더 굳건한 믿음으로 나 여
호와를 숭배하며 경배하며 살아갈 수
있는 나의 백성이니라.
29 그러니 너희들이 잠깐 그들이 잘못 가
는 그 자체가 내가 세상에 생명을 주
어 태어난 그 근본의 뿌리보다도 더
깊은 것, 더 무서운 것, 그리고 더 위
대한 것인 양,
30 그리고 그들이 처음부터 태어나기를
그와 같은 사악한 무리로서, 이단으로
서 태어났다는 그러한 생각을 가져서
는 안 될 것이며, 원 뿌리가 더 소중함
을 알라.
31 그들이 잠깐 잘못 가는 그 길은 그들
이 깨우침이요, 깨달음을 잘못 선택한
것뿐이니라.
32 그러니 너희들은 원천적으로 그들도
너희들과 똑같은 인간으로서 태어난
그 근본의 위대함을 안다 하면 그들에
게 너희들이 감히 손가락질하며 저주
할 수 없으며, 사악한 무리라 또 이단
이라 그리 말할 수 없는 이치가 여기
있음이니,
33 나의 선지자를 따르는 나의 피조물 만
백성은 이와 같은 이치를 깊이 깨우쳐
야 할 것이며, 너희들은 앞으로 그리
하여 이단이요, 사탄이요, 사악한 무
리라 그리 생각하지 말라.
34 너희들과 똑같은 인간으로서 나에게
생명을 받아 나간 자가 잠깐 옆길로

빠져 있다 생각하나, 그것이 그들의
인생이 태어난 그 근본보다도 더 무섭
고 잘못 가는 것이며 저주받은 사람이
요, 저주받은 인생이라 너희들이 보아
서는 아니 될 것이니라.
35 그들도 태어난 근본은 너희들과 똑같
은 나로부터 생명을 받아 간 자들이기
때문에 그들이 바로 설 수 있으며, 바
로 돌아올 수 있으며, 항시 그들이 나
의 품으로 올 수 있다 하는 것을 너희
들은 잊어서는 아니 될 것이며,
36 그들이 고통과 시련 속에서 저희들의
잘못 감을 깨달은 자를 내가 더 중히
쓸 수도 있음이니라.
37 그들은 정녕 내가 그들을 선택하여 바
로 오는 길인 나의 품에 왔을 때 지금
너희들보다도 더 위대하며 더 아름다
운 마음으로써 세상을 살아갈 수 있음
을 알아야 할 것이니라.
38 이제 나의 피조물 만백성에게 너희는
전하라.
39 그들이 사탄이요, 이단이요, 그리 잘
못 가는 것이 나로부터 받아 나간 근
본인 인간으로서 탄생한 그것보다 더
중요하며 위대하다 생각하지 말라.
40 내가 새 생명을 주어 한 인간으로서
너희들과 똑같이 태어나도록 한 그것
보다도 더 위대한 것은 없음이니라.
그보다도 소중한 것은 없음이니라.
41 그와 같이 살아가는 그 과정에서 잘못
되고 잘못 흘러가는 그들의 삶은 하시
라도 바로잡을 수 있으며 하시라도 그
것을 고칠 수가 있음을 알아야 할 것
이며, 그들이 아름다운 내 품으로 돌
아올 수 있다는 것을 너희들은 잊지
말라.
42 그리하여 그들을 사탄이요, 이단이라
함부로 칭하여 너희들이 그리 그들을
경원시해서는 아니 되는 것이니라.
43 지금 너희들은 나를 믿음이요, 정녕
너희들이 구원을 받았으며 옳은 길로
바로 간다 소리치나, 사랑이요, 나의
뜻이 무엇인가 그 자체도 깨닫지 못하
며 정녕 너희들이 잘못 가고 있으며
나와는 영원히 만날 수도 없는 사악한
지옥 불로 가고 있음을 알라.
44 너희들이 정녕 구원을 받으려면 내가
성령을 태워 세상에 내보내는 이 법전
을 읽고 너희들이 이 법전대로 살아와
야 할 것이며, 하루하루 삶이 아름다
운 쪽으로 변하여 새로운 시대에 새로
운 역사를 이끄는 나의 뜻을 알아야
할 것이며,
45 그리고 너희들이 구원을 받는 것은,
그 영혼은 내가 말했듯이 나의 계명을
지키고 사는 것만이 하늘에 오를 수
있으며 나의 백성이라는 것을 다시 한
번 너희들에게 강조하나니,
46 이를 잊지 말고 명심하여 너희들이 행
하도록 그리하여야 할 것이니라.
47 사랑하는 선지자야!
48 "네, 여호와 하나님!"
49 너의 제자들에게 이르라.
50 지금 나의 뜻을 깨달았다 하면 너희들
이 모두를 다 가슴에 안으라 하였으며,
51 모든 종파는 나 여호와가 이루고자 하
는 그 뜻에 너희들의 인간 세상에 천
사와 같이 변화되는 것만이 구원을 받
을 수 있는 것이라 너희들에게 말하였
음이니라.

52 지금 나의 피조물 만백성 중에 정녕
저희들만이 하늘에 오른다 하여 그것
만이 내 뜻이라 한 그들이 뭐라 말하
는지 너는 알고 있는가?
53 그들은 부르짖느니라.
54 나의 아들 예수가 나 여호와와 동등하
며, 삼위일체며, 한 형체며, 똑같다 그
리 말하며, 나의 아들 예수가 하나님
이라 저희들이 그리 말하느니라.
55 이와 같은 억지를 부리며 그와 같이
기본이요, 근본이요, 그 자체도 깨닫
지 못하는 자들이 부르짖고 가르치는
그것이 어찌하여 나의 뜻과 같다 말하
는가?
56 너희늘은 부모와 자식이 엄연히 구분
되어 있으며 그 한계가 있으며 그 차
별화가 되어 있거늘,
57 너희들도 너희 부모와 자식이 하나라
고 말하지 못하면서 어찌하여 나의 아
들 예수와 나 여호와가 같으며, 나의
아들이 나 여호와라 그리 말하며, 나
여호와가 또 예수, 나의 아들과 같다
는 그와 같은 해괴망측한 방법으로써
너희들이 편안하고자, 어렵고 힘든 그
길을 가지 아니하고 피하려 하는가?
58 그와 같은 사악한 방법을 너희들이 다
지워 버리며, 그 뜻을 듣고 그곳에서
믿음을 깨우쳐 가는 자는 나의 백성이
아니며, 너희들이 지옥 불로 가고 있
다는 것을 깊이 깨우쳐야 할 것이니라.
59 엄연히 차별화되어 있음이니라.
60 나의 아들은 나의 아들이요, 나 여호
와는 나 여호와니, 지금 내가 이와 같
은 아픈 마음을 너희들에게 전하여 나
의 피조물 만백성 너희들이 바로 가는
것을 깨우쳐 줘야만 하겠는가?
61 그리고 나의 아들을 욕되게 하지 말며
나의 아들을 고통 속에 너희들이 몰아
넣지 말라.
62 내가 너에게 일찍이 일렀듯이, 나의
아들이 나와 같으며 나의 아들이 나와
같이 삼위일체라는, 나의 아들이 나
여호와라는 그와 같은 해괴망측한 말
을 함은 너희들이 나의 아들 예수를
곤혹스럽게 함이며, 그의 고통스러움
을 너희들이 가중시키고 있다는 것을
오늘 깨달아야 할 것이니라.
63 나의 아들 예수가 너희들에게 일찍이
전하였느니라.
64 나 여호와 앞에 나의 아들 예수가 고
통스럽고 죄송하며, 용서받지 못할 그
와 같은 너희들의 행위에 대하여 예수
가 내 앞에 몸 둘 바를 모르며 그 송구
함에 어찌할 줄 모르니,
65 이 뜻을, 엄연히 구분되어 있음을 만
백성에게 전하여 일깨워 달라는 간곡
한 그 뜻을 전하였으나 너희들은 어찌
말하느냐?
66 그를 믿지 아니함이니라.
67 모두 삼위일체라 하여 하나요, 나의
아들 예수가 나요, 내가 나의 아들 예
수라 하니, 너희들은 어찌하여 그리
해괴망측한 방법으로써 나의 피조물
만백성을 지옥 불로 인도하는가?
68 사랑하는 나의 피조물 만백성 너희들
은 들을 것이니라.
69 너희들의 부모와 자식이 차별화가 되
어 있듯이 나의 아들 예수와 나 여호
와가 차별화되어 있음을 알라.
70 한 혈통으로써 너희들이 한 가족이라

말할 수는 있음이니라.
71 그리고 너희들이 하나라 말할 수는
있느니라.
72 아비의 그 피를 받아 세상에 태어난
너희 육신의 자식이 한 피요, 한 몸이
라 너희들이 그리 말할 수는 있음이니
라.
73 그러나 피가 같으며 혈통이 같은 것뿐
이지 몸체는 하나가 아님이니라.
74 그리고 살아가는 그 자체가 독립체가
아니던가?
75 너희들이 나의 아들 예수와 내가 하나
라 말할 수 있는 것은 나의 아들이기
때문에 같은 혈통이요, 또 나의 뜻에
따라 나와 같은 아들이라 너희들이 그
리 말할 수 있으나 그는 엄연히 독립
체이며 따로따로 있음을 너희들이 잊
지 말라.
76 하나의 혈통으로써, 하나의 계열로써
아버지와 아들은 같은 뜻이라 하여 너
희들은 그리 말할 수 있으나, 모두는
그와 같은 것이 아니니라.
77 모든 나의 백성을 인도하고 깨우치며
너희들을 구원을 하고 안 함이요, 그
모든 역사를 이룸에 있어서, 그 권능
에 있어서는 나의 아들 예수와 내가
엄연히 구분되어 있음이니,
78 예수가 너희들에게 전하였듯이 예수
를 곤혹스럽게 너희들이 그리 만들지
말며, 나 여호와에게 너희들이 용서받
을 수 없는 그 행위를 두 번 다시 입에
담지 말라.
79 그와 같은 행위를 하며 나에게 오르겠
다 하는 자, 그와 같은 자들은 기본이
요, 근본도 모르며, 하늘의 뜻을 모르
며, 오르는 길도 모름이니, 그와 같이
부르짖는 자 앞에서 너희들이 등을 돌
려 나의 법전을 읽고 깨우쳐 하늘에
오르는 영광의 길을 보도록 그리 전하
라.

2,061 번째 하나님 말씀

2002년 3월 19일 09시 10분

1 사랑하는 선지자야!
2 "네, 여호와 하나님! 말씀하옵소서."
3 이 세상 나의 피조물 만백성 중에 네
가 나의 계명을 외우며 나의 뜻에 따
라 나의 피조물 만백성을 구하고자 하
는 그 애절한 마음에 나 여호와의 마
음이 한없이 기쁘도다.
4 네가 그와 같이 노력하고 또 노력하는
속에서 나의 성령이요, 나의 법전이
세상에 나가 만백성을 구하는 기본이
요, 기틀이 될 것이니, 이는 영원히 이
세상이 존재하는 한 같이 존재할 것이
니라.
5 사랑하는 선지자야,
6 너는 너의 제자들에게 일러야 할 것이
니라.
7 하늘에 오르는 길은 잠시도 쉴 수가
없으며 중단함이 없다 그리 말하라.
8 너희들이 고시라는 것을 앞두고 공부
하는 사람처럼 잠시도 쉬어서는 안 되
며 꾸준히 그와 같이 매진해야만 되는
것이니라.
9 공부를 하는 자, 공부를 아무리 많이
하여도 세월이 지나면 그것이 하나하
나 잊히며, 또 그가 연필을 놓고 돌아
앉으면 돌아앉는 순간부터 그 머리에

서 지워지며 기억에서 사라지는 그와
같은 현상이 생김이니, 바로 그와 같
은 것이 믿음이니라.
10 너희들이 구원을 받고자, 나에게 오르
고자 하는 그 생각이 잠시라도 멈춘다
하면, 그리고 계명을 지키고 살겠다는
그 뜻이 잠시만 너희들 생각에서 멈춘
다 하여도 너희들은 나를 잊어버리며
하늘에 오르는 길을 잊어버리게 됨이
니, 이는 곧 무엇이더냐?
11 너희 스스로 사악한 마음이 너희 마음
속에 뿌리를 잡아가기 때문이니라.
12 그리하여 너희들은 목적을 두고 공부
하는 사람들처럼 매일매일 전진해야
하며 잠시도 쉬어서는 아니 되느니라.
13 가다가 어렵고 힘들다 하여 중단하여
도 아니 되며, 너희들이 인간으로서
넘을 수 없는 그 많은 선을 넘어야 하
니, 그 선을 넘기가 힘들어 너희들이
중단하여도 아니 됨이니라.
14 내가 너희들에게 올라올 선이 있으며
너희들이 노력해서 넘어야 할 그 선이
있다 하지 않았는가?
15 너의 제자들에게 이르라.
16 잠시도 쉬어서는 아니 됨이니라.
17 그리하여 내가 너희들에게 나 여호와
가 너와 같이하며, 너희들과 같이하
며, 그리하여 모든 것을 나에게 물으
라 하였음이니 나와 대화를 하라 하였
음이니라.
18 그리고 항상 감사하는 마음을 가지라
하였음이니라.
19 이는 바로 무엇이냐?
20 노력의 중단이 없게 하고자 함이니라.
21 나를 위해 경배하며 나의 메시지를,
나의 성령을 받아 기록하는 네가 잠시
라도 소홀히 하며, 잠시라도 네가 다
른 생각을 하며, 잠시라도 네가 외출
을 하여 다른 생각을 하게 된다면,
22 나에게 경배하는 그 마음과 그 생각과
그 시간을 잊어버리고 잃게 됨이며,
그리고 네가 태만해지고 게을러짐이
니라.
23 그러니 그 모두를 다스려 나가는 것은
너의 노력에 달렸으니 잠시도 쉬어서
는 아니 될 것이며,
24 네가 어떠한 이유든 나의 성전을 비우
며 성전을 떠나는 일은 삼가야 할 것
이며, 항상 성전에 네가 지켜 있어 나
에게 경배하는 마음과 기도하는 생각
만을 하고 있을 때 내가 너에게 바르
고 옳은 나의 성령을 내려보내어 나의
법전을 기록하게 할 것이니,
25 네가 마음이 흔들리며 네가 세속에 대
한 미련을 아직도 버리지 못하여 세속
에 나간다 하면 너는 나의 성령을 바
로 받을 수가 없음이니, 이는 네 마음
이 흐트러졌기 때문이니라, 선지자야!
26 이와 같은 이치를 깨달았다 하면 너는
항상 성전을 지키며 그 외에 너 스스
로 묵상과 기도를 하지 않는 행동을
해서는 아니 될 것이니,
27 너의 제자들 또한 항상 나에게 감사하
며 내가 너희들과 같이하고 있음이니
나를 항상 생각하는 그 마음을 잊지
말라 이르라.
28 그것이 너희들이 바로 하늘에 오를 수
있는 길이며, 너희들이 원하는 그 마
음을 나 여호와가 알고 있음이니,
29 너희들이 모든 은혜와 은총 속에서 하

나하나 모든 것이 다져지며 이루어지
는 영광을 얻게 되는 것을 잊지 말아
야 할 것이니라.
30 내 사랑하는 선지자야!
31 "네, 여호와 하나님! 말씀하옵소서."
32 이제는 다져지고 다져져 얻지 아니하
였더냐?
33 망망대해 그 큰 바다를 이 산에서 저
산을 이어 막겠다 하며 네가 흙을 한
삽 퍼 올 때, 그 흙은 존재도 없었으며
그 뿌리 자체도 남아 있지 아니하였으
며, 많은 백성이요, 많은 사람은 웃었
음이니라.
34 그리고 너를 비웃었으며 너를 미친 자
라 하였으며 너를 정신이상자라 그리
하였음이니라.
35 그러나 너는 네가 이 산에서 저 산으
로 바다를 막겠다는 그 일념을 버리지
아니하며, 나 여호와가 존재하기에 그
바다를 막을 수 있다 하여 네가 거기
에 돌과 흙으로 그를 막아 제방을 쌓
고 있지 아니하였더냐?
36 네 손발로 모은 그 흙과 돌로써 그 힘
찬 바다를 막아 가고 있으며 이제는
이 산과 저 산을 거의 다 연결하였음
이니,
37 세상의 나의 피조물 만백성이 혀를 내
두르고 놀랄 것이며, 그리고 하늘에
있는 천사들도 너의 노력함을 보고 그
들이 다 지금 경탄하고 있음이니, 이
제는 네가 알지 않느냐?
38 다 막지 않았느냐, 선지자야!
39 망망대해 그 바닷물을 이 산과 저 산
을 막아 네가 육지를 이루고자 했던
그 마음처럼 이제는 네가 한 발만 뛰
어넘으면 다 막을 수 있는 그와 같은
거리를 다 막아 오지 아니하였더냐?
40 너희들 세속의 말로 이제는 1미터도
되지 않는 그것만이 남아 있으니 어서
이를 막아야 할 것이 아니더냐, 선지
자야!
41 "여호와 하나님!
42 이 산과 저 산을 이어 바다를 막으라
는 여호와 하나님의 뜻의 말씀에 따라
제가 그리 막고 막음은 여호와 하나님
의 권능과 능력이며,
43 항상 사랑하시며 매질을 하시며 다스
려 주시며 은혜를 내려 주신 그 속에
서 여호와 하나님의 권능으로 막았사
오며 저는 아무것도 한 것이 없사옵나
이다.
44 여호와 하나님께서 바다를 막으라 하
옵시고 모든 사람이 저를 보고 웃고
비웃으며 정신 나간 자며 바보 천치
라 말하며, 하늘에 계신 모든 천사까
지도 혀를 내두르고 놀랐을 때, 그리
고 저를 믿지 아니하였을 때, 여호와
하나님께서 이를 직접 막아 주셨나이
다.
45 이제 다 막아 주시며, 뛰어넘으면 넘
을 수 있는 1미터라는 그 구멍 하나만
막으면 이 제방의 역사가 이루어지거
늘, 그를 놓지 못하고 막지 못하는 저
를 여호와 하나님! 벌하여 주옵소서."
46 사랑하는 선지자야!
47 "네, 여호와 하나님! 말씀하옵소서."
48 그 마지막 막을 흙과 돌을 쌓아 놓지
아니하였는가?
49 그를 밀어붙여 막으라.
50 외부의 힘에 의하여, 외부의 사람의

뜻에 의하여, 남의 힘을 빌려 그를 막으려 하지 말라.
51 네가 지금 다 막아 1미터도 남지 않은 그 성과 그 제방을 남들의 힘을 빌려서 막는다 하면 너의 모든 노력의 공든탑이 무너지지 아니하겠느냐?
52 이제 돌을 밀어 넣으라. 그리고 흙으로 막으라, 선지자야!
53 그리하여 정녕 그를 막을 수 없거든 네 몸으로 그를 막으라, 선지자야!
54 이제는 넘어야 할 것이니라.
55 세상 나의 피조물 만백성이 너를 봄에 있어서 한 점의 부끄러움이 없는 삶을 살아야 할 것이며, 남이 보든 안 보든 천사보다도 더 깨끗하고 아름다운 마음으로 네가 우뚝 서야 할 때가 되었음이니라.
56 선지자야,
57 1미터도 안 되는 그 제방을 막으라. 이제 네 몸으로써 그를 막으라.
58 나는 네가 막을 것이라 믿으며 그 물살을 돌과 흙으로 네가 막을 수 없다면 네 몸으로써 그를 막을 나의 선지자라 함을 내가 알고 있음이니라.
59 네가 그를 막았을 때 넓고도 넓은 그 평야가 이루어짐이니, 너를 보고 비웃은 자, 너를 보고 욕한 자, 그들이 다 너를 따르게 될 것이니라.
60 그리고 나의 피조물 만백성이 역사를 이루는 것을 보고 그들은 깨우칠 것이니라.
61 그리고 마지막 네 몸을 던져 그를 막는 것을 그들은 보고 알 것이니라, 선지자야!
62 너는 그리할 줄 알 것이니라. 그리할 수 있음이니라.
63 "여호와 하나님! 저의 죄를 용서하여 주옵소서.
64 말없이 세상사에 살아가며 눈빛으로써 제자들을 볼 수 있으며 눈빛으로써 미주앉은 사람의 마음을 볼 수 있거늘,
65 제가 이리도 경망하며, 제가 이리도 깨우침이 없으며, 제가 이리도 하나님의 은혜와 은총을 모르는 이와 같은 사악한 자로서 자리를 지키고 있사오니, 이를 막겠사옵나이다.
66 저의 몸을 던져 그를 막겠사옵나이다."

2,062 번째 하나님 말씀

2002년 3월 19일 10시

1 사랑하는 선지자야!
2 "네, 여호와 하나님! 말씀하옵소서."
3 네가 이제는 마지막으로 네 몸을 던져 그 제방을 막아야 함이니, 네 몸을 던져 그 제방의 물을 막는다 하면 그 틈을 이용하여 네가 사랑하고 아끼는 그 제자들이 그곳에 많은 돌과 흙을 쌓아 그를 완전히 막을 것이니라.
4 너의 제자들이 그를 막기 위하여 준비하고 있으며 대기하고 있으니, 너는 너의 제자들을 그리 믿으라.
5 그리고 너 스스로 이제는 던질 때가 되었음이니, 네가 네 몸을 던져 그 물살을 막는다 하면 너의 제자들이 그를 막아 완벽한 제방으로 이루어 놓을 것이며,
6 그 긴 제방을 많은 나의 피조물 만백성이 지나갈 것이며, 그리고 네가 바

다를 막아 이루는 그 육지 위에는 많
은 세상의 변화가 일 것이니,
7 그와 같이 넓은 땅이 네가 지상에서
이루어야 할 나의 낙원과 같은 장소이
니라.
8 사랑하는 선지자야, 이제 네가 무엇을
알겠는가?
9 "여호와 하나님, 여호와 하나님! 저를
벌하여 주옵소서.
10 전지전능하신 여호와 하나님 아버님!
11 제가 잘못 가고 제가 잘못 다스려졌으
며 제가 깨우치고 깨닫지 못한 부분을
하나님께서 선택하신 백성을 통하여
저에게 그 가르침을 주고자 하시는 여
호와 하나님의 고통스러우신 마음과
여호와 하나님의 수고스러우심을, 그
와 같은 여호와 하나님께서 신경을 쓰
시도록 하며 그 마음을 거슬러 행한
것을 용서하여 주옵소서.
12 하나님께서 사람을 보내어 제가 잘못
가고 있는 길과 잘못 다스리는 그 길
을 인도하도록 하시는 그와 같은 수고
로움을 끼치도록 한 이 죄인을 용서하
여 주옵소서.
13 제가 정녕 바로 섰으며 오만하지 아니
하며 자만하지 아니하며 육의 그 성격
에 따라 그와 같은 행동을 하지 아니
하였더라면,
14 오늘과 같은 여호와 하나님께서 터치
된 사람을 통하여 그 사람의 입을 빌
려, 그 사람의 몸을 빌려 제가 잘못 가
고 잘못 깨달았으며 고쳐야 할 부분들
을 이렇게 저에게 전해 주도록 하시는
그 수고로움과 고통은 없으셨을 것을,
15 제가 우매하고 둔하여 그와 같은 수고
로움을 하시도록 한 이 죄인을 용서하
여 주시옵고, 모두를 따라 시정하고
고치며 바로잡아 나가도록 그리하겠
사옵나이다."
16 사랑하는 선지자야!
17 "네, 여호와 하나님! 말씀하옵소서."
18 너의 제자들이 너의 스승이라 하였음
이니, 내가 이제는 나로부터 터치받으
며 내가 쓰고자 하며 중용하여 이루고
자 하였던 자를 통하여 너를 돕게 할
것이니라.
19 그들과 마음을 비우며, 마음을 교통하
며, 너그럽고 인자한 모습과 인자한
마음으로써 모두를 다 받아들여 완벽
한 나의 법전을 만들며, 하나의 손색
이 없는, 한 톨의 틀림이 없는 그와 같
은 나의 법전을 만들어 세상에 내는
것에 모두를 다 바쳐야 할 것이니라.
20 이제는 완벽한 나의 법전이 세상에 나
가게 됨이니, 그리고 나의 피조물 만
백성의 생명을 구하는 완벽한 나의 법
전이 이제는 만들어짐이니, 다 이는
나의 뜻이었음이니라.
21 사랑하는 선지자야,
22 완벽한 나의 성령의 법전을 세상에 만
드는 그 영광이 얼마나 위대하고 아름
다운 것이며 그 역사가 얼마나 찬란하
더냐?
23 수십억 나의 피조물 만백성이, 대대손
손 그 수십억의 인구인 너희들의 형제
가 깨우쳐 하늘에 오르는 그 방대한
역사를 이루는 것은 구약이요, 신약의
성서에서 이루었던 그 역사의 기적보
다 몇천 배 더 위대한 일을 이루고자
함이니라.

24 그리하여 내가 나의 성령을 태워 지접
너에게 이를 전함이니, 나의 성령을
받아 대행하는 네가 곧 누구더냐?
25 나를 대신함이니라, 선지자야!
26 그리하여 내가 너에게 그 길고도 긴
제방을 잘 막아 왔으며, 마지막 네 몸
을 던져 그를 막으면 너의 제자들이
그를 덮어 막을 것이니 염려치 말라
하는 그 영광을 너에게 보이고자 함이
니라, 선지자야!
27 "전지전능하신 여호와 하나님!
28 저의 우매하고 둔한 그 오만과 자만이
요, 고집스러운 저의 마음 자세를 바
로잡아 모두를 비우는 여호와 하나님
의 종으로서, 선택된 선지자로서, 감
히 여호와 하나님의 그 아들의 역할로
서, 또한 아들로서 그 임무를 수행함
에 소홀함이 없도록 저 자신을 모두
던져 그 제방을 막겠사옵나이다.
29 저를 믿어 주시옵고, 저를 사용하여
주시옵고, 제가 용기와 힘을 낼 수 있
는 원동력인 그 원천의 샘을 기억하여
주옵소서, 여호와 하나님!

2,063 번째 하나님 말씀

2002년 3월 19일 11시

1 사랑하는 선지자야!
2 "네, 여호와 하나님! 말씀하옵소서."
3 네가 스스로 너 자신을 다스려 나 여
호와에게 한 점의 부끄럼이 없는 사람
으로서 곧고 바르게 서고자 하는 너의
그 피나는 내면과 외면의 노력을 나
여호와가 바라보고 있음이니라.
4 너 자신을 너무 채찍질하지 말며, 너
자신을 너무 원망하지 말며, 너 자신
에게 욕하지 말라.
5 모두는 시간이 흐르면서 바르고 곧게
살아가고자 노력할 때, 너희들의 모습
이 서서히 그리 변해 가는 것이니라.
6 하루아침에 60여 년 동안 쌓아 온 인
간 역사의 잘못 살아온 그 뿌리마저
네가 한 번에 뽑아내려는 그런 욕심을
갖는다면 수천수만 가지의 그 모두를
다 어찌하겠는가?
7 너는 서서히 지금과 같이 네가 살아가
면서 잘못된 기억이요, 잘못된 생각이
날 때마다 그 악의 뿌리를 다 뿌리치
며, 나 여호와의 성령의 불로써 그를
다시 태우며, 오로지 선하고 아름다운
것만을 네가 생각하며 하나하나 변하
여 가면 되느니라.
8 사악한 싹과 아름다운 새싹이 나오는
것을, 이 지구상의 넓고 넓은 곳에서
나오는 것을, 어찌 네가 그를 다 막겠
는가?
9 네 마음속에서 수시로 일어나는 그와
같은 것에 부딪칠 때마다 일어나는 그
많은 사악한 생각들이 이 지구 곳곳에
서 사악한 싹이 나오는 것 같은 형국
이니 어찌 그를 막겠는가?
10 네가 스스로 네 마음에서 그와 같은
사악한 뿌리의 싹이 나오려 할 때, 그
저 성령의 불로써 지져 없애면 되는
것이니라.
11 그리하여 그들이 지치고 지쳐 네 몸
안에서 그 원천의 뿌리가 존재하지 못
한다 하면 그 뿌리는 나오지 아니할
것이니라.
12 이제 네가 살아가면서 네 마음속에 내

가 심어 준 아름다운 새싹과 사악한
무리의 그 검은 싹이 나올 때, 검은 싹
은 성령의 불로써 지져 그를 뭉개 태
워 버리며 오로지 나의 아름다운 새싹
만이 나올 수 있도록 네가 그리 싸워
지킨다 하면,
13 세월이 흐르면서 네 몸 안에 오로지
나의 새싹만이 자리를 잡게 됨이니,
한 번에 그를 다 뽑아내려는 그와 같
은 네 욕심을 버리라, 선지자야!
14 이제는 네가 그리 갈 수 있음이니 그
리 알라.
15 너 자신이 괴로워 우는 눈물을 거두
라, 선지자야! 울지 말라.
16 그리 변하여 가면 되는 것이거늘, 어
찌하여 그리도 너는 마음으로 조급해
하는가?
17 네가 조용히 자리를 지키며 너 스스
로 다스려 나가는 그와 같은 자세로써
살아가며 나의 계명에 어긋나지 아니
하는 삶을 살아가고자 노력할 때, 너
를 위해 나에게 터치된 많은 백성이
너를 찾아올 것이니,
18 그때 너는 그들에게 임무를 주며 방향
을 잡아 주며 그들을 잘 이끌어 가면
될 것이니 불안해하지 말라.
19 이 세상의 모두는 나의 법전으로 다
덮을 것을, 그리고 모두는 다 하나의
언어로써, 하나의 삶으로써, 또 하나
의 기도하는 것으로써 나의 피조물 만
백성이 나의 법전을 읽으며 그들이 기
도하는 것을 배울 것이며,
20 그리고 나 여호와에게 너희들이 유하
고 부드러운 마음으로써, 그리고 오로
지 순수한 마음으로써 기도하고 경배
하는 그 마음을 바치는 것보다 더 높
은 상이 없다는 것을 너희들이 알게
될 것이며,
21 다락방에서 기도하는 것이 구원받으
며, 가족들이 기도하면서 구원받는다
는 것을 알게 될 것이니,
22 그를 깨우치는 백성이 하나 둘 늘어남
으로 인하여 그들은 걷잡을 수 없이
세상에 퍼져 갈 것이니라, 선지자야!
23 수천 년 동안 역사하여 이루어 지금
나의 예수의 보혈로써 구원을 받았다
하며 구원받아 하늘의 그 황금의 문을
저희 손으로 열었다 하는 그 오만한
자들이 지금 내리고 있는 그 뿌리의
씨앗은 이제는 서서히 썩어 가기 시작
함이니,
24 너희들이 뿌리는 그 씨앗은 그들처럼
몇천 년의 역사가 아니라 단시일 내에
온 세상을 다 덮을 것이니, 너희들은
불안해하며 걱정하며 두려워하지 말
라.
25 너희들의 기도하는 방법을 배울 것이
며, 나에게 경배하는 것을 배울 것이
며, 그리고 금화와 은화를 함부로 바
치지 아니하며 나에게 기도하면 구원
을 받는다는 것을 알 것이며,
26 그 금화와 은화를 세상에 저희들이 만
든 그 사악한 성전이라는 곳에 바치는
그 행위가 죄가 됨을 알게 될 것이니,
27 그리하여 지금의 잘못된 종교 지도자
들이 가르치는 그 믿음은 이제는 서서
히 쓰러져 감이니라.
28 그리하여 그 속에서 알곡식과 같은 내
게 선택된 종교 지도자들만이 나의 법
전을 가지고 새로 태어날 것이며 다시

태어날 것이니 너는 염려하지 말라.
29 지금 나의 피조물 만백성을 이끌어 온
다는 기존의 너희 종교 집단들이 그와
같이 성전을 짓고 그곳에서 나에게 경
배하고 기도하는 자들이 이제는 깨달
은 자들이 있으며,
30 또 너희들과 같은 뜻을 가지고 나의
피조물 만백성을 깨우치고자 하는 그
피나는 노력을 하는 자들이 있음이니
라.
31 그들이 나의 구약과 신약 성서를 대체
하여 가르칠 말이 없으며 나의 뜻을
전할 수 있는 길이 없기에 지금 고통
속에서 남들과 차별화하여 이루면서
기고자 하는 나의 종교 지도자들이 수
없이 많이 있음이니라.
32 그들이 나의 법전을 접했을 때 모든
그들의 신도요, 제자들이 하루아침에
나의 법전을 들고 나에게 경배의 기도
를 드릴 것이며, 하늘에 오르는 길을
깨우쳐 그들이 전사로서, 또 나의 백
성의 전도자로서 펴져 나갈 것이니 조
금만 기다리라, 선지자야!
33 너무 너 자신을 재촉하며 너 자신을
자책하며 너 자신이 잘못 가고 네가
깨우치지 못하는 자임을 눈물을 흘리
며 나에게 그리 울지 말라.
34 네가 우는 모습을 보는 나 여호와의
마음이 아픔을 너는 어찌하여 모르는
가?
35 선지자야, 이대로 가면 되느니라.
36 이제는 내가 뭐라 말하였더냐?
37 보이지 않는 그 바다의 제방을 네가
막았음이니, 이제 네 몸을 던져 1미터
도 안 되는 그 제방을 막을 때 너의 제
자들이 노도와 같이 대들어 그 제방을
일시에 막을 것이니, 그 영광이 너희
들에게 있음이니, 선지자야, 괴로워하
지 말라, 내 사랑하는 아들아!

2,064 번째 하나님 말씀

2002년 3월 19일 11시 40분

1 사랑하는 선지자야!
2 "네, 여호와 하나님! 말씀하옵소서."
3 사람들이 너희들에게 와 말하기를, 너
희들을 이단이요, 사탄이요, 사악한
자들의 무리 속에 가는 자며, 나의 피
조물 만백성을 사악한 쪽으로 인도하
는 그와 같은 이단의 집단이라 말하거
든 너희들은 물어보라.
4 '당신은 당신의 아들과 딸을 잘못 가
는 길로 인도할 수 있으며, 그 길로 그
들을 가도록 할 수 있겠는가, 그리고
정녕 잘못된 사악한 길이라면 당신의
부모요, 형제를 그 사악한 길로 인도
할 수 있으며 당신의 자라나는 자식들
을 사악한 길로 인도할 수 있겠는가?'
하고 물어보라.
5 그리하여 그들이 저희 자식이요, 형제
요, 부모를 정녕 사악한 길로 인도할
수 없다 하면, 너희들 또한 그와 같은
마음이라 말하라.
6 '당신들은 그 종교 집단에서 서로 이
해관계로 인하여 반목하며 서로 질투
하고 시기하며, 윗사람과 아랫사람이
요, 직급이 높은 자는 높은 자대로 낮
은 자는 낮은 자대로 반목하는 그와
같은 집단 속에서 믿음을 갖는다 하면
거기는 사랑이 없으며 형제의 우애가

없음이니,
7 당신들은 그와 같이 남을 남으로만 보
고 이웃을 이웃으로만 바라보기 때문
에 하나님의 피조물 만백성을 잘못된
곳으로, 잘못된 길로 남을 인도할 수
있다 그리 말하나,
8 여호와 하나님의 말씀인 성령을 받아
그를 직접 들으며 그리고 성령을 받아
책으로 만들어 만백성을 구하고자 하
는 우리는 선지자와 더불어 한 사람으
로서 되어 있으며, 모두가 우리는 하
나의 몸이 되어 있다.' 그리 알려 주라.
9 '우리는 하나의 몸이 되어서 나이 든
자는 부모와 같이 대하며, 윗사람을
형이요, 누나처럼 대하며, 나이 어린
자는 동생처럼, 또 아이들은 자식처럼
대하니, 우리는 아래와 위가 없으며
한 몸이요, 한 가족같이 그리 사랑하
고 믿고 살아감이니,
10 이 세상의 피조물 만백성은 하나님께
서 창조하셨기에 우리는 심지어 이단
이요, 사악한 무리라는 미신을 추구하
며 기복 신앙을 가진 자들도 한 형제
라 하여 그들을 미워하지 아니하고 있
음이니,
11 당신들도 과연 우리들처럼 기복 신앙
이요, 미신이요, 무당이라는 잡신을
받드는 사람들도 한 형제로 생각하고
있는가 당신들의 마음을 한번 짚어 보
라.' 말하라.
12 '그러나 당신들은 그들을 한 형제로
생각하지 아니함이니, 그것이 당신들
과 우리와의 차이니, 우리는 이웃을
전도하되 이웃에 사는 그들을 우리는
남남이라 생각하지 아니하며 우리 형
제라 생각하며 내 몸과 같이 생각한
다.' 말하라.
13 '그와 같이 우리는 사람을 존중하며
하나님이 만드신 피조물 만백성의 그
생명체를 존중하며 그들을 존경하거
늘,
14 우리가 어찌하여 그와 같이 사랑하고
아끼는 이웃 사람들을 잘못된 길이요,
잘못 가는 길로 인도하겠는가? 당신
들은 다시 한 번 깨우쳐야 할 것이다.'
그리 가르치라.
15 지금 기존의 종교 지도자들이요, 믿음
을 가지고 있는 너희들은 아름다운 성
전을 짓기 위하며, 많은 자에게 많은
금화와 재물을 긁어모아 너희들의 세
를 불리기 위하여, 너희들의 힘을 과
시하기 위하여 사람을 인도하고 전도
함이니,
16 그 속에는 너희들이 남은 남이요, 너
는 너요, 이웃은 이웃이요, 그와 같이
비치고 너희들이 그와 같은 마음의 경
계를 가지고 그들을 인도하고 구원하
고자 하는 마음이 아닌가?
17 그렇기 때문에 너희들은 남을 남으로
그리 봄이니라.
18 남을 너희들의 형제와 너희 자신이라
볼 수 없음이니, 너희들은 지금 잘못
가고 있는 그 종교 집단 속에 그들을
끌어들이며,
19 너희들이 모든 각종 재물과 헌금을 바
치는 그 속에서 너희들이 괴롭고 고통
을 겪고 정녕 이것이 하늘에 오르는
길이 아니요, 잘못됨을 너희들이 알면
서 그들을 너희들은 끌어들이고자 하
느니라.

20 그리고 종교 지도자가 너희들에게 가르치면서 설교할 때 저 설교요, 저 가르침은 아니 해도 될 것이며 잘못된 내용이라는 것을 너희들이 알면서 '인간이기 때문에 그럴 수 있고, 종교 지도자이기 때문에 우리가 반박할 수 없다.' 하여 너희들은 잘못된 부분을 그냥 접고 넘어가니, 너희들의 그 집단이 무엇이냐, 잘못된 것이 아니더냐?
21 잘못된 가르침과 잘못됨을 행하는 그 종교 지도자요, 많은 세월 속에 믿음이 높다 하는 자들이 행하는 것을 너희들은 그저 그를 덮어 줌이니, 덮어 주는 그 자체가 무엇이더냐?
22 잘못된 자가 잘못 가르치고 잘못된 자가 잘못 전하는 것이니, 그것이 흘러 너희들에게 전하는 것은 잘못된 것을 너희들이 배우고 너희들 것으로 만들어 가니 너희 집단이 잘못되었다 함이니라.
23 종교 지도자가 너희들에게 설교하며 가르칠 때, 그들이 잘못된 내용을 말하며 해서는 안 될 그와 같은 언행을 할 때 너희들은 즉각 거기에 반박하며 그를 시정하도록 하여 그를 듣고 깨우치는 나의 피조물 만백성에게 바른길을 열어 주도록 해야 하거늘, 너희들은 뭐라 말하느냐?
24 그도 인간이기 때문에, 그리고 목사나 종교 지도자는 너희 인간들이 단죄할 수 없다 하여 그가 잘못된 말을 해도 그리 너희들은 그저 넘어감이니라.
25 그리고 그들이 과욕하고 지나친 모습으로써 너희들에게 모든 각종 헌금을 거둬들이고 또 그를 받아들이고 할 때, 그것은 잘못되었으며 저와 같은 행위는 하지 않아도 된다는 것을 너희들이 느끼면서 거기에 반박하여 시정하게 하는 자가 있는가?
26 너희들은 그저 순응하고 순종하며 따라감이니 이것이 너희들이 잘못되었음이니라.
27 나의 선지자를 따라 공부하는 이 제자들은 그렇지 아니함이니라.
28 모두가 스승이니라.
29 '잘못되는 것은 시정하여 고쳐 주며 그 자리에서 즉각 선지자에게 건의하며, 선지자를 바로 세우고자 하며, 또 그 형제가 잘못되어 왔을 때 그를 바로 가르쳐 주며 바로잡아 주는 것이 우리의 살아가는 모습이며, 그리고 우리는 한 형제라 생각하느니라.
30 모두를 다 용서하며 사랑으로써 실천하기에 우리는 감싸 주며, 그들이 어렵고 힘든 것이, 과거에 잘못 살아온 그 모두가 흉이요, 허물이 아니라, 그 마음을 치유하고 그 마음을 달래 주는데 우리는 모든 정성을 쏟는 그와 같은 마음으로 살아가니 우리는 한 형제라고 생각함이니라.
31 그래서 이웃에 있는 사람도 우리의 형제요, 당신의 딸과 아들도 나의 딸과 아들같이 똑같음이니, 당신이 당신의 아들딸을 사랑하는 그 마음과 똑같이 우리도 당신의 아들딸을 나의 아들과 딸이라 생각하고 그들을 사랑함이니,
32 우리들이 잘못 가고 잘못된 믿음 속이라 하면 우리가 그들을 끌어들이겠습니까?
33 우리는 끌어들이지 아니하며 인도하

지 아니합니다.' 그리 말하라.
34 '그리하여 우리가 당신들보다 당당히
말할 수 있으며, 이는 바로 우리 선지
자가 잘못 갔을 때 그를 즉각 시정하
며, 그를 즉각 시정하는 요구를 하며
그를 바로 세우는 것이 우리 집단이니,
35 우리는 잘못된 것을 그냥 보고 넘어가
지 아니함이니, 오늘보다 내일이 더
아름다울 것이며, 오늘의 잘못됨이 내
일은 잘못됨이 없는 그와 같은 새로운
시대요, 새 역사를 새로 이루어 가는
그와 같은 변화 속에서 믿음의 길을
감이니라.
36 그러나 여러분들은 뭐라 말하는가?
37 종교 지도자이기 때문에 그를 탓할 수
없으며, 종교 지도자이기 때문에 그
체면을 손상시킬 수 없으며, 당신들은
그리하여 인간이기 때문에 잘못을 말
할 수 있는 것이라 그리 생각하여 그
를 덮어 감이니, 그것이 얼마나 무서
운 오류를 범하는지 알겠는가?
38 당신들은 잘못된 것을 깨닫고 판단할
수 있는 능력이 있으나, 만일 믿음이
약하여 그가 잘못되고 잘못 가고 있다
는 것을 인식하지 못하고 깨닫지 못하
는 당신들의 동료요, 신도가 있다 하
면 그는 잘못 깨우치고 잘못 행하게
되어 있음이니 이것이 당신들과 우리
의 차이임이니라.
39 그러한 잘못 가는 것을 보고 들으며
잘못된 것을 그저 듣고 넘기는 당신들
이 하나님의 피조물 만백성을 그 집단
속으로 오라 하는 것은 당신들은 잘못
된 것을 들을 수 있고 그를 듣도록 하
여 그들을 유도하는 것이 아닌가?
40 당신들은 정녕 하나님께 경배하며 오
로지 하나님을 향하여, 하늘을 향하여
당신들의 영혼을 구하는 그 길을 오되
한 점의 오차도, 한 점도 잘못됨이 없
이, 한 점의 부끄럼이 없이 그리 가르
친다 하면,
41 당신들 스스로 종교 지도자가 거울로
비춰 봐서 한 점의 부끄럼이 없는 삶
이 오로지 영을 구원하는 목회자라 생
각하면, 당신들은 이웃을 그리 전도하
여 끌고 갈 수 있음이니라.
42 그러나 끌고 가는 그 당신들의 마음에
가장 중요한 것은 그 순간 당신의 형
제요, 당신의 자식이요, 당신의 부모
라 그와 같이 당신들이 한 몸이라는
생각을 가지고 그를 인도해야 할 것이
니,
43 그리하여 그들을 인도할 수 있는 자격
이 있고 능력이 있으며 그리할 수 있
는가 한번 생각해 보라.
44 잘못 가르치는 종교 지도자 앞에 이끄
는 것은 당신들이 사악한 쪽으로 그들
을 지옥으로 같이 끌고 가는 그와 같
은 사악한 행동을 하고 있음이니, 우
리는 모두를 다 형제요, 자식이라 생
각하느니라.
45 한 몸이라 생각하느니라. 그리하여 한
몸이라 생각하기 때문에 우리가 잘못
되고 잘못 가고 있다 생각하면 우리는
그들을 끌어들이지 아니함이니라.
46 우리 선지자가 하는 것을 잘못된 것을
우리가 시정하며 그가 잘못 가는 것을
우리가 매질하여 바로 세울 수 있는
그와 같은 특권이 우리는 있음이니,
47 그와 같은 특권이 없는 우리의 집단이

라면 우리 또한 우리가 잘못 가고 거짓 하는 것을 그저 들어 넘기며, 인간이기에 그럴 수 있다 하여 그리 가며, 사악한 무리 속에 우리가 물들어 있으면서도 우리는 우리 형제요, 우리 자식을 끌어들이지 아니할 것이니,
48 이것이 당신들과 우리와의 차별화되는 너무나도 멀고 먼 거리가 있음이니, 이를 당신들은 알 수 있겠는가?
49 그리고 당신들 스스로 깨우쳐야 하지 않겠는가?' 그리하여 나의 피조물 만백성에게 너희들이 인도하는 마음의 자세로써 그들을 깨우쳐 주라.

2,065 번째 하나님 말씀

2002년 3월 19일 13시

1 사랑하는 선지자야!
2 "네, 여호와 하나님! 말씀하옵소서."
3 이제는 내가 지금까지 몇천 년 역사에 흘러왔던 그 모든 종파의 문을 닫으며, 기복 신앙이요, 미신이요, 그들이 추구했던 모두를 다 정리하고자 함이니,
4 이가 천 년에 걸쳐서 이 세상에 아무것도 존재하지 아니하며, 나의 성령으로써 내가 내려보낸 나의 성령의 법전이 기본이 되며 기틀이 되어 그만이 존재하며, 그리하여 나의 피조물 만백성이 천 년 후에는 이를 가지고 깨우쳐 하늘에 오르는 너희들의 후손만이 이 세상에 존재하게 됨을 알아야 할 것이니라.
5 그리하여 이와 같은 대역사를 이루며 대개혁의 변화를 이루는 이 시점에서 너의 제자들과 네가 이끌어 가는 그 방법으로써만 세상을 이끌어 가며 전파하기가 어렵고 힘드니라.
6 그리하여 내가 너희들을 도울 자들을 수없이 터치해 놓았으며 그들에게 깨우침을 주었음이니, 너희들이 본부가 되어 그들이 너희들을 찾아왔을 때 그들을 잘 인도하고 깨우쳐 주어야 할 것이니라.
7 내가 최초에 너에게 말하였듯이, 지금 크나큰 배를 띄우기 위하여 그 부속으로서, 그 부품으로서 일할 자들이 다 세상에 나가 있음이니,
8 그들을 모아 그들을 결합하여 하나의 큰 나의 성령의 배를 띄우면 되는 것이며 나의 법전을 출범시키면 되는 것이니라.
9 그리하여 그들이 자기 분야에서는 최고의 권위자며 그들이 거기에서 가장 뛰어난 재능과 능력을 가지고 있는 자들이니, 너는 그들이 하는 이야기 하나하나를 받아들여 수용하여야 할 것이며,
10 그래서 그들이 나로부터 터치받은 것을 다 인정하며 순응하여 그것을 잘 맞춰 나가야 하는 것이 여기에 있음이니, 그리 알아야 할 것이니라.
11 나의 선지자 너를 위하여 내가 총체적인 것을 너의 제자들과 너에게 명하여 흐름을 알려 주었으며 어찌 가는지를 알려 주었으나,
12 속속들이 각자의 부서에서, 그 위치에서 그들이 기능을 발휘하는 것은 그들만이 가지고 있는 특권이며 특성이니라.

13 배를 운전하는 자, 기계의 부속으로서
그 역할을 다하는 자, 나사로서 역할
을 하는 자, 기름 탱크로서 역할을 하
는 자, 그리고 모두가 움직이는 나의
배에 따라서 그들 각자의 요소요소의
자리에 위치해야 함이니,
14 그것은 네가 그들을 그 자리에 잘 닦
아 쓸 수 있도록 끼워 맞추며 조립하
는 것이며, 너의 제자들이 지금부터
해야 할 일이니라.
15 그리하여 지금 모여드는 그 모두는 그
분야에서는 최고의 권위자요, 최고의
능력자요, 그들을 덮을 자가 없음이니
라.
16 그러하니 너는 그를 인정하며 그를 받
아들이며 그들이 그 자리에서 자기 역
할을 충실히 수행할 수 있도록 그들을
잘 다스려 나가는 것이 너의 대명이며
네가 가야 할 길이니 그를 알아야 할
것이니라.
17 다시 내가 너를 일깨워 말함이니, 지
금 나로부터 하나씩 터치받은 자들이
세상을 다 얻었으며 그 이상의 것이
더 없으며 저희들만이 영원히 나의 백
성을 구하며 하늘에 오르는 길을 갈
수 있다고 생각하고 있음이니라.
18 그리하여 그들이 그 분야에서 최고라
하여 자만하며 오만함에 있음이니, 또
한 그들이 그와 같이 자만하고 오만할
수 있음이니라.
19 그 분야에서는 그들을 능가할 사람이
없으며 그들을 덮을 사람이 없음이니
라, 선지자야!
20 이 뜻을 알겠는가?
21 그리하여 너는 그 부속의 쓰임을 다
듣고 깨우쳐 그가 어느 자리에 위치해
야 할 것이며, 어느 부속으로서 그가
사용될 것이며, 그가 어느 분야에서
자기의 능력을 발휘할 수 있는가를 잘
분석하여 그의 자리에 안내하고 그 자
리에 앉혀 주며, 그 부속의 역할의 자
리를 잡아 주는 것이 네가 할 대명이
며 네가 이끌어 가는 길이니라.
22 그리하여 네가 배치하고 안내할 때 너
의 제자들이 그들을 안내할 것이며,
그곳에 가 그들이 일할 수 있도록, 그
능력을 발휘할 수 있도록 받쳐 주는
것이 지금 네가 이끌고 가려는 그런
형국이니라.
23 세계의 방방곡곡에서 저희 나라의 특
성과 저희 나라의 언어와 저희들이 가
지고 있는 자질을 가지고 그들이 모여
와 그 자리에 임할 것이니, 그들은 그
분야에서 최고의 권위자들이니라.
24 알겠는가? 구슬을 잘 치는 자가 있는
가 하면 말을 잘하는 자가 있고, 그리
고 뭘 깎기를 잘하는 자가 있는가 하
면 사람을 잘 고치는 기술이 있는 자
가 있고, 모두가 그들이 정해져 있는
그 위치에서 최고의 권위자이니라.
25 이는 바로 무엇을 의미하는가?
26 나로부터 선택되어 쓰이는 백성이 그
책무를 맡은 자들이기 때문에 내가 띄
우는 그 배에 와서 그 역할을 하며 그
부분에 책임을 다하는 자들이 그 분야
에서 이 세상 그보다 더 능력 있는 최
고의 권위자가 없음이니라.
27 선지자야, 이제 나의 뜻을 네가 알겠
는가?
28 그리하여 그들이 오만하며 하늘을 찌

르듯이 충천해 있으며, 그리고 그들이
저희들만이 나 여호와로부터 모든 뜻
을 받아 전하는 양 그리 착각하고 있
음이니라.
29 그러니 그들을 잘 수용해야 할 것이
며 그들을 잘 다스리라.
30 바로 내가 너희에게 말했듯이, 그가
최고의 기능사이며 그 부분의 자격증
을 가지고 있는 자들이니, 그들을 네
가 잘 관리해야 할 것이며 그들과 마
찰과 잡음이 있으면 아니 됨이니라.
31 모두를 다 끌어가는, 하나의 큰 배를
주관하여 끌어가는 네가 그 부분에 일
하고자 하는, 그 자리를 잡고자 하는,
그 작은 부분에서 일하는 그들과 시시
비비가 있으며 마찰이 있어서야 되겠
는가?
32 그들을 다 수용하여 그들에게 자리를
잡아 주는 것이 네가 해야 할 일이며
네가 가야 할 길임을 선지자 너는 알
아야 할 것이니라. 이제 알았는가?
33 그리하여 네 앞에 와 모여드는 그들대
로 특성을 가지고 있으며 그들만이 그
곳에서 최고의 권위자이니라.
34 내가 선택하여 쓰고자 하는 그들이기
때문에 그들에게 명하여 준 그 재능과
능력은 누구도 그를 능가할 수 없으며
그를 따라갈 수 없으며 추종할 수가
없는 것이 지금 너를 받들어 일하는
정해진 자들이니, 그들을 잘 관리하여
통제하며 나의 배가 운항할 수 있도록
네가 그리하여야 할 것이니라.
35 그 배가 이루어졌을 때 나의 법전이
세상 방방곡곡에 나가 그 위력을 과시
할 것이며, 그리고 그 위대함을 너희
들이 알 것이며 나의 성령의 뜻을 그
들이 알게 될 것이니라, 선지자야!

2,066 번째 하나님 말씀

2002년 3월 19일 16시 30분

1 사랑하는 선지자야!
2 "네, 여호와 하나님! 말씀하옵소서."
3 나의 피조물 만백성 너희들은 나로부
터 은혜를 받아 한 생명이 태어나며,
이 세상에 나와 너희들이 나의 은혜
속에서 살아감이니,
4 이는 내가 이 지구상의 모두를 창조하
면서 그때 이미 너희들에게 육신으로
써 먹고살 수 있는 것을 미리 다 주었
음을 너의 제자들을 통하여 만백성에
게 일깨워 주어야 할 것이니라.
5 너희들이 태어나면서 일순간에 나의
은혜 속에서 동식물을 섭취하면서 살
아가는 것이 아니라, 내가 창조할 때
이미 너희 인간들이 살아갈 수 있는
풍부한 것을 다 만들어 놓고 너희들이
세상에 나와 살도록 되어 있음이니,
6 너희들이 창세기에 이미 나로부터 은
혜를 다 받고 살 수 있도록 되어 있다
는 것을 오늘 깨달아야 할 것이며,
7 그리하여 창세기에 내가 모든 은혜를
다 주어 만들어 놓았음이니, 그 속에
서 살아가는 너희들이 얼마만큼 노력
하며 수고로움을 겪느냐에 따라서 너
희 육신의 삶의 옳고 그름이요, 부귀
와 영화요, 그리고 남부럽지 않은 삶
을 살 수 있으며, 그와 같은 모든 것은
자기의 노력과 자기의 생각과 자기 자
신을 다스려 나가는 데 그 정답이 다

있거늘,
8 너희들은 어찌하여 너희 스스로 잘못
살아 너희들이 부족하고 남에게 뒤지
는 것을 나에게 달라 하여 그와 같은
기도를 드리는 삶을 사는가?
9 그리하여 내가 너희들에게 육신의 기
도로써 무엇을 구하거나 얻고자 하는
기도를 하지 말라 하였음이니라.
10 그는 무엇이냐? 내가 창세기에, 이미
이 세상을 만들 때 너희들의 육신이
살아갈 수 있는 것을 다 주었거늘, 그
속에서 살아가는 너희들 자신이 잘못
살아오며 잘못 엮어 온 인생의 역정을
가지고 지금의 너희들이 나에게 무엇
을 달라, 소원을 이루어 달라 기도하
는 것이 얼마나 어리석고 우매한 짓이
더냐?
11 나의 피조물 만백성에게 이와 같은 뜻
을 가르쳐 주며, 많은 지금의 종교 지
도자들의 그 가르침 속에서 잘못 가는
나의 피조물 만백성이 구원을 받을 것
이며 구원의 길을 가고 있다 하며 저
희들이 무엇을 얻기 위해 기도하고
12 그리고 미신이요, 또는 무당이요 하는
잡신을 섬기는 그들에게도 또 전하라.
13 너희들이 세상에 태어나 살 때 내가
모두를 다 너희들에게 창세기에 주었
음이니, 그리 다 준 속에서 얻을 수 있
는 것을,
14 무엇을 너희들이 갈구하고 그리도 재
물을 바치며 너희들이 그 미신이라는
우상을 섬기며 나로부터 역행하는 행
동을 하며 어리석은 짓을 하고 있는가?
15 그들에게 일깨워 주어야 할 것이니라.
16 너희들에게 모든 것을 다 주었으니,
너희들이 어찌 노력하느냐에 따라서
얻고 못 얻는 그 이치가 거기 있으니,
육신의 손발과 생각의 움직임에 따라
서 거기에 다 있음이니,
17 어찌하여 그를 저버리고 너희들은 이
루어질 수도 없고 들을 수도 없는 그
와 같은 형국에서 너희들이 음식을 차
려 놓고 제물을 차려 놓고 소원을 빌
며 기도를 하며 그와 같은 행동을 하
는가?
18 그와 같이 어리석은 너희들의 삶의 형
태를 너의 제자들을 통하여 그들에게
깨우쳐 그들이 바른 눈을 뜨도록 해
야 하는 것이 또한 너희들이 하나의
이루어야 할 일이니라.
19 내가 너희들에게 말하지 아니하였더
냐?
20 사탄과 천사는 마음속에 있으며, 마음
속에 있는 그 사탄은 어찌한다고 하였
느냐?
21 너희들과 똑같은 능력을 가지고 있다
고 내가 말하였음이니, 너희들은 내가
너희들에게 일깨워 주기를 이 세상 나
의 피조물 만백성이 먹고살 수 있는,
취할 수 있는 그 모든 것을 준 너희들
것인 그곳에 가 너희들이 떡을 놓고
제사를 지내며 우상을 섬기며 복을 비
는 그와 같은 어리석고 우매한 짓을
하지 말라 하였으니,
22 너희들은 어찌하여 너희들과 똑같은
능력을 가지고 있는 그와 같은 잡신들
에게 너희들의 모두를 바치면서 그에
게 무엇인가를 얻고자 빌고 또 비는가?
23 이와 같은 것은 너희들이 잘못되었음
이니라.

24 그리고 종교 지도자들 또한 마찬가지
이니라.
25 그들이 무엇인가를 얻고자 기도하며
소원하는 것은 그들과 똑같은 형국에
젖어 있음이니, 이는 즉 내가 창세기
에 이 세상을 창조할 때 너희들에게
다 내려 준 그 뜻을 모르고 있기에 그
러니라.
26 너희들 손에 쥐여 주었거늘, 그것을
관리하고 다듬어 너희 음식으로 만들
고 너희 것으로 만들도록 그 모두를
다 주었거늘,
27 손에 쥔 것은 놓아두면서 보이지도 않
고 너희와 아무런 관계도 없는 그러한
것 앞에 가서 너희들이 무엇을 달라
빈다 함이니,
28 이와 같은 어리석은 나의 피조물 만백
성을, 그 기복 신앙을 믿는 자들을 깨
우쳐 줄 것이며, 그리고 나에게 오르
고자 하는 너희들의 종파 속에서 하늘
을 향하여 믿음의 길을 가고 있다는
그들에게도 이와 같은 이치를 너희들
이 깨우쳐 주어야 할 것이니 그리 알
라, 선지자야!
29 사랑하는 선지자야,
30 이와 같은 뜻을 너의 제자들에게 일깨
워 주어 그들이 이 세상을 바로 펴나
가야 함이니 그리 시행하도록 하라.
31 그리고 또한 너의 제자들에게 일깨워
나의 뜻을 전해야 할 것이니라.
32 너희들은 내가 지금 전하는 그 이치를
깨달아 너의 제자들이 전사로서 세상
에 나의 피조물 만백성에게 전하여야
할 것이니라.
33 제자 너희들이 나의 성령의 뜻을, 선
지자를 통하여 내리는 그 뜻을 듣고
너희 가슴에 접어 두며 너희들이 그를
행하지 아니하면 너희들은 들을 자격
이 없음이니라.
34 지금 이 이치를 깨달으라. 내가 너희
육신을 세상에 내보내며 너희들을 지
배하는 성령을 너희 가슴속에 심었으
니,
35 이미 너희 육신이 부모의 피를 받아
그 피로 하여금 세상에 나와 있듯이,
너희들이 세상에 나와 너희들을 지배
하는 그 영은 나의 성령이 너희 몸에
임하여 너희들을 지배하고 있음이니
그는 무엇이냐?
36 육신의 피를 받아 나오는 것과 마찬가
지로 나와 너희들과 영의 세계가 그리
연결되어 있으니, 나의 영이 너희 몸
에 충만되어 있음을 너희들이 알아야
할 것이니라.
37 여기에서 너희들이 하나 깨달아야 할
것이니라. 너희들은 어찌하여 나 여호
와를 그리도 울리며, 나 여호와를 그
리도 고통스럽게 몰며, 나 여호와를
사악한 길로 또 나 여호와가 견딜 수
없는, 그리고 나 여호와가 지탱하기
어려운 그와 같은 형국으로 나를 몰고
몰아가는가?
38 너희들이 얼마나 불효하며 불충하며
나 여호와에게 잘못된 자식들인가를
깨우쳐야 할 것이니라.
39 어찌하여 너희들이 나의 가슴을 이리
도 울리며 나를 이리도 아프도록 만드
는 것인가?
40 나의 가슴이 쓰리고 저려 오는 이 아
픔을 너희들이 어찌 알겠는가?

41 내가 성령으로 너희들에게 그득히 채
워 두었느니라.
42 오늘 네 앞에 와 있는 너의 제자들,
'주동현'이요, '김정태'요, 그들 가슴에
내가 성령으로 그득히 채워 주었으며
너의 아내에게도 그득히 채워 주었노
라.
43 그런데 여기서 하나 너희들이 깨우쳐
야 할 것이니라.
44 내가 너희들 가슴에 그득히 성령을 채
워 주었거늘 너희들이 나쁜 생각을 한
다면, 그 나쁜 생각이 너희들 몸으로
들어오는 것을 막으려 하면 누가 그를
막아야 하는 것이냐, 나의 성령이 그
를 막아야 하지 않는가?
45 너희들이 도둑질을 하고 싶은 생각이
있다면, 너희들 마음속에 도둑질하고
싶은 생각이 들어올 때 그를 누가 막
느냐, 너희 육신이 막겠는가?
46 나의 성령이요, 내가 그를 막아야 함
이니라.
47 너희들이 간음하고자, 도둑질하고자,
살인하고자 하는 생각을 하며, 나를
기만하고자 하며, 너희들이 더럽고 추
한 생각을 한다면 그것이 벌레가 되
어, 화살촉과 같이, 또는 사람의 생명
을 베고 죽이는 창과 칼이 되어 너희
들 가슴을 향하여 돌진하니 그를 누가
막아야 하는가?
48 나 여호와의 성령이 그를 막아야 함
이니, 그 모든 너희들이 잘못 생각하
며 더러운 생각을 하여 너희들 마음속
에 침투한 사악한 무리를 나의 성령
으로 지탱하고 막아야 하는 그와 같
은 형국을 너희들이 생각하고 바라본
다면,
49 내가 어찌 잠시라도 쉴 수가 있으며
내가 잠시라도 방심할 틈이 있으며 내
가 어찌 어떠한 생각을 할 수 있겠는
가?
50 어찌하여 너희들은 그와 같은 창과 칼
로써 너희들을 지배하고 있는 나의 성
령을 공격하게 하여 나의 마음을 이리
아프고 쓰리게 행동을 하는가?
51 너희들은 이 이치를 깨달아 너희들 스
스로 바로 서야 할 것이며, 나의 피조
물 만백성에게 전하여야 할 것이니라.
52 너희들이 도둑질하고 싶은 마음이 밖
으로 나가는 것이 아니라, 그 도둑질
하고 싶은 마음이 사탄이 되어 너희
가슴을 향하여 공격해 오니, 그를 무
엇으로 막겠는가?
53 나의 성령이 막음이니 나 여호와가 그
모두를 다 막아야 하는 것이 아니던가?
54 수천, 수만, 수억의 나의 피조물 만백
성 가슴속에 나의 성령이 그득히 충만
되어 있거늘, 그 성령을 공격하는 그
모두를 다 나 여호와가 막아야 한다
는 그 고충을 생각해 보라.
55 너희들이 나에게 불충하며 나 여호와
의 자식으로서 어버이를 아프게 만드
는 행위를 하고 있다는 것을 어찌 그
리도 깨닫지 못하는가?
56 너희들이 인간의 한계를 넘어 하늘에
오르는 길을 올 수도 있고 또 땅으로
추락할 수도 있는 그 시점에 나의 선
지자를 따라 너희들이 잘 왔기에 내가
오늘 너희들에게 일러 줌이니라.
57 너희들이 생각을 잘못하는 것은 밖에
서 그게 사악한 독이 되어 나의 성령

을 공격함이니라.
58 이 이치를 너희가 깨달았는가?
59 그리 깨달았다면 너희들은 어떠한 생
각을 하며 어떠한 마음을 갖고 어찌
행동하며 어떤 눈으로 세상을 보고 살
아야 하는 것인가를 깨우쳐, 나를 괴
롭히는 너희들이 되지 말며 부모에게
불효하는 그와 같은 자식들이 되지 말
라.
60 이를 너의 제자들에게 확실히 깨우쳐
주어 나의 피조물 만백성에게 너희들
이 나가 이를 전하여야 할 것이니 이
를 명심하도록 하라, 선지자야!

2,067 번째 하나님 말씀

2002년 3월 19일 21시 10분

1 사랑하는 선지자야!
2 "네, 여호와 하나님! 말씀하옵소서."
3 너희들이 세상에 나 여호와로부터 생
명을 받아 나오니 너희들이 살아가는
모든 것이 또 나의 은혜 속에서 살아
가느니라.
4 그리하여 너희들이 살아갈 수 있는 모
두를 내가 다 주었음이니, 너희들이
무엇을 갖기를 원한다 해도 내가 너희
들에게 줄 것이 없다 말하였느니라.
5 나 여호와는 너희들에게 세상에 생명
을 주었으며, 너희들이 살아갈 수 있
는 모두를 다 주었으며, 너희들의 능
력 여하에 따라 너희들이 얻고 못 얻
는 것은 너희들 자신 것이라 말하였으
며,
6 그리하여 너희들은 나의 계명을 지키
며 하늘에 오르는 그 영광된 길을 보
라 내가 하였음이니, 너희들은 지금
어찌 살아가는 것인가를 너희들 자신
이 돌이켜 보아야 할 것이니라.
7 너희들은 지금 육신의 그 삶에 도취되
어 나에게 오르는 영혼의 세계요, 영
혼을 구하는 그 세계가 정녕 너희들
앞에 없으면 하는 그와 같은 생각을
가지고 사는 것이 나의 피조물 만백성
너희들의 생각이니,
8 너희들은 결코 이를 그리 생각할 수도
없으며 그와 같이 될 수도 없다는 것
을 알아야 할 것이니라.
9 내가 너희들에게 생명을 세상에 내보
내 주며 너희들이 나의 나라에 돌아올
수 있는 그 생명의 시간을 내가 시간
으로 정하여 너희들에게 명하였다 하
였음이니, 서서히 너희들의 그 시간이
줄어든다 내가 말하였느니라.
10 그리하여 너희들의 생명줄이 줄어 가
는 그 시간의 선상에 서 있는 너희들
이 삶을 어찌 살아야 하는 것이며 너
희들이 어찌 깨우쳐야 하는지를 내가
너희들에게 수없이 일깨워 주었으며,
나의 법전 속의 여러 곳에 그와 같은
내용을 내가 기록하여 너희들을 깨우
치고자 하였으나, 너희들의 지금의 삶
의 형태는 어떠한가?
11 너희들은 오직 육의 삶에 치우쳐 있으
며 육의 향락에 치우쳐 있으며 육의
삶의 모든 명예와 재물과 부귀영화 이
것으로써 너희들의 모두를 다 망각하
고 살아가고자 하는 것이 너희들의 지
금의 형태이니,
12 이는 결코 너희들에게는 아무런 이익
과 득이 되지 아니함을 알아야 할 것

이니라.
13 너희들이 그와 같이 살아가고, 비대하
고 권력에 젖어 있으며 금화와 은화와
재물을 모으고자 하는 그 생활 속에서
너희 육신은 서서히 시들어져 가고 있
음이니,
14 그 시들어지는 육신이 세상에 삶의 종
말을 고했을 때, 그 후부터 너희들이
영원히 사는 그 속에서 너희 육신을
지배했던 영은 나로부터 그 심판을 받
으며 육과 영이 살아온 지은 죄의 대
가를 너희들은 반드시 치른다 하였음
이니라.
15 그리하여 내가 너희들에게 일러 말하
였음이니라.
16 너희들이 육으로써 행하는 그 죄보다
는 너희들의 정신이요, 생각으로써 범
하는 그 죄가 더 무섭다 하였음이니라.
17 육은 정신이 시키는 속에서 움직임이
니 그는 어린아이요, 너희들의 정신은
성인과 같은 것이라 하였음이니, 내가
너희들에게 정신이 죄를 지음이 얼마
나 무서운가를 일깨워 주었느니라.
18 너희들은 지금 살아가면서 정신의 죄
가 얼마나 무서운 것인가를 생각지 아
니하며, 오로지 육신에 대한 그 죄의
대가며, 너희 육신에 부닥치며 너희들
이 육신으로써 이루어진 그 생활 속의
잘잘못을 가지고 너희들은 죄의 대가
를 그리 따지고자 함이며,
19 너희 인간이 인간을 심판하며 벌주는
자, 너희들을 재판하는 자, 그리고 너
희들의 잘못을 따져서 너희들에게 모
든 죄의 대가를 치르도록 하는 인간의
세계에서 이루어지는 것은, 인간과 인
간으로서 이루어지는 것은 육에서 육
으로 보이는 것만이 너희들이 재판할
수 있으며 벌할 수 있으며 상을 줄 수
있음이니, 그는 너희 인간 사회에서
똑같은 자들끼리 행하는 법도이니라.
20 그러나 인간은 나의 영의 잘잘못을 심
판할 수 없으니, 육을 심판하는 너희
들과 똑같은 인간은 영을 심판하지 못
하며 영에 대한 재판을 하지 못함이니
라.
21 그리하여 너희들은 그 영의 죄가 얼마
나 무서운가를 모르나, 너희들이 육을
떠났을 때 그 속에는 영의 삶에 대한
그 재판이 같이 따른다는 것을 알아야
할 것이니라.
22 그리하여 너희들이 죽어 왔을 때는 육
의 삶의 그 죄와 영이 생각했던 그 죄
를 같이 나에게 심판을 받는다 하였음
이니, 이와 같은 이치가 여기에 있음
을 알라.
23 그리하여 너희들이 영의 심판과 육의
심판을 받아 그 죄에 대해서 대가를
치르며 그 대가대로 살아가는 것은 영
이 그때서부터 육의 죄와 영의 살아온
그 죄를 모두 짊어지고 가게 됨이니,
24 그가 얼마나 길고 긴, 영원히 변하지
않는 죄 속에서 그 죗값을 치르며 허
덕이고 살아가는 것인가를 너희들은
지금 생각지 못할 것이니라.
25 그러나 너희들은 반드시 후세에 이와
같은 너희들의 죄의 대가를 치르며 살
아가야 한다는 것을 알아야 할 것이며,
26 영원히 변하지 않는 세상에서 그 죄의
대가를 치르고 살아야 함이니, 얼마나
너희들이 고통스러우며 그것이 어렵

고 힘든가를 알아야 할 것이니라.
27 너희들의 육이 쇠사슬에 묶여 평생을
살아가는 자, 또는 너희들이 감옥이라
는 곳에 가 평생 살아가는 자, 어렵고
힘든 생활의 고통 속에서 살아가는
자, 병들어 신음하는 자, 고칠 수 없는
무서운 병마에 시달리는 자, 그리고
정신이 바르지 못한 자, 육신이 바르
지 못한 자, 그와 같이 사는 자들이 그
육신의 고통도 얼마나 힘들고 어렵던
가?
28 그는 너희들이 죽음으로써 모든 것을
다 털어 버리고 지울 수 있으니, 너희
들의 백 년도 안 되는 육신의 삶에서
다음 세대를 위해 너희들이 모두를 지
워 버리며 육이 죽어 한 줌의 흙으로
돌아가는 순간에 너희들은 그 고통과
시련과 어려움에서 다 벗어지고 잊힘
이니라.
29 그러나 너희들이 영의 세계에 와 영으
로써 심판받는 것은 영원히 지워짐도
아니요, 묻어짐도 아니요, 끝나는 것
이 없음을 알라.
30 육신이 살다 잘못하여 죄를 짓고 그
죄과에 대하여 치르거나 죽어 감으로
모든 것이 다 덮어지며, 아무리 육의
세계에서 큰 죄를 지었다 해도 너희들
이 죽음으로써 모든 것이 다 끝나나,
영의 세계에서는 그와 같은 죽음이요,
변수가 없음이니라.
31 영은 영원히 존속하기에 너희들이 육
의 세계에서 고통받는 그보다 열배 백
배 더 험하고 힘든 그 죄의 대가를 영
원히 영의 세계에서 치른다는 것을 잊
지 말아야 할 것이며, 그를 생각하여
너희들이 얼마나 무서운 길을 가야 하
는지를 잊지 말고 기억하여야 할 것이
니 그리 알라.
32 내가 지금 너희들을 구원하기 위하여
나의 성령을 태우는 나의 뜻을 나의
선지자를 통하여 법전으로 세상에 내
보내니, 이보다 더 소중하고 귀한 것
이 없거늘,
33 나의 법전을 지나가는 바람처럼 그저
흘려보내며 이를 태워 버리며 찢어 버
리는 자, 너희들이 나에게 왔을 때 얼
마나 크나큰 은혜와 은총과 영광을 저
버렸으며 버렸는지 그것을 알게 될 것
이니라.
34 나의 피조물 만백성 너희들은 들어야
할 것이니라.
35 예수의 시대가 지나면서 나의 성령으
로써 제3의 시대가 열리니, 이는 성령
의 시대라 하였음이니라.
36 그리고 말씀의 시대라 너희들이 알고
있으며 말씀의 시대라 너희들은 나의
피조물 만백성에게 가르치고 있음이
니라.
37 바로 나의 성령으로써 내가 선지자를
통하여 법전을 만드는 이 책이 무엇이
냐?
38 이것이 곧, 너희들이 말하는 나 여호
와 하나님의 말씀이라는 그 말씀이 지
금 내려와 너희를 다스리고 너희들을
깨우치고자 함이며, 너희들을 심판하
고자 지금 준비하고 달려가고 있건만,
39 어찌하여 그 심판대에 서야 할 너희
들이 이 심판하는 기준의 법전을 보지
아니하고 너희들이 심판을 받을 수 있
다 생각하는가?

40 너희들이 나에게 와 심판을 받기 전에
나의 법전을 읽는 자만이 그에 대한
심판을 받게 됨이니라.
41 나의 법전을 읽지 않고 너희들이 어찌
심판을 받겠는가?
42 그리하여 너희들이 옳고 그름을 깨우
쳐 너희들 자신이 심판하여 너희들이
바른 생활을 하며 살아가든 그렇지 않
으면 추하고 더러운 그 육의 생활을
계속하며 살아가든 그것은 너희들이
선택함에 있으나,
43 너희들은 나의 법전에 따라서 너희들
이 그 재판을 받고, 재판의 기준이 되
는 것이 나의 성령으로써 기록한 나의
법전이라는 것을 잊지 말라.
44 그리하여 내가 알기 쉽게 너희들이 누
구나 깨달을 수 있는 간단하고 쉬운
방법으로써 내 뜻을 하나하나 풀이하
여 전하였음이니,
45 이제는 너희들이 이로 하여금 너희들
을 심판하는 기준이라는 것을 잊지 말
고 나의 법전을 정독하여 너희들이 그
영원히 사는 길에 죄의 대가를 치르고
허덕이는 험악하고 험한 그 삶을 벗어
나 영원히 변하지 않는 그 삶 속에서
아름다운 낙원에서 살도록 하라.
46 그렇지 않으면 지은 그 죄로 불바다
요, 가시밭길이요, 그와 같은 험악한
생각할 수 없는 죄의 대가를 그 죄의
종목에 따라 너희들이 하나씩 맡아 살
아가야 된다는, 그리고 그를 치러야
된다는 것을 잊어서는 아니 될 것이니
그리 알라.

2,068 번째 하나님 말씀

2002년 3월 19일 23시 20분

1 사랑하는 선지자야!
2 "네, 여호와 하나님! 말씀하옵소서."
3 내가 너에게 말하여 일렀느니라.
4 세상사 도적질하며 죄를 지으며 사악
한 자들이 살아가는 그 세상에서 그들
을 단죄하는, 법을 집행하는 사람을
그들이 볼 때는 사악한 무리요, 이단
이요, 사탄으로 보인다 내가 말하였음
이니라.
5 그러니 바르게 사는 사람들 세계에서
법을 다스리는 사람은 너희들로부터
존경을 받으며 그로 하여금 모든 질서
가 집행되며 유지되는 것으로써 너희
들 마음에 위안이 되며 너희들의 믿음
에 하나의 지표가 됨이니라.
6 그러나 거짓 하고 도둑질하며 남을 속
이는 자, 그러한 자는 법을 집행하는
자가 곧 저희들이 생각하는 이단이요,
사악한 무리로 그리 비춰진다 하였음
이니, 지금 나의 피조물 만백성이 어
떠한 형국에 있는가?
7 그들은 지금 자기 자신들이 어디에 서
있으며 어떠한 길을 가고 있는지 그
자체도 모르고 그대로 흘러가며, 몇천
년 동안에 왔던 그 역사 속에서 그들
의 가르침이 또 지금까지 계속 제자리
걸음을 하며 돌고 도는 그와 같은 가
르침 속에서 저희들이 들으며 그것이
구원의 길이며 하늘에 오르는 길이라
그리 생각하고 있음이니,
8 내가 새로 이루고자 하며 새 역사를
이루고자 하며 새 나라를 건설하고자

하는 나의 뜻과 나의 성령의 뜻이 그
들에게는 사탄이요, 이단이요, 사악한
것으로 들림이니, 이를 어찌 바로잡을
수 있다 생각하는가?
9 그러나 너희들은 여기서 그들을 버려
서는 아니 됨이니, 너희들에게 어렵고
힘든 어떠한 역경과 고초가 있다 하더
라도 그들을 너희들이 버려서야 되겠
는가?
10 그들이 스스로 너희 손을 놓고 떠나는
것은 모르나 너희들이 스스로 힘들고
어렵다 하여 그들의 손을 놓아서는 되
겠는가?
11 그들도 다 나의 백성이며 너희들의 형
제와 같음이니, 이를 어찌하여야 하겠
느냐, 선지자야!
12 지금 너희들이 나를 향하여 나의 성전
에 와 나의 음성을 들으며, 나 여호와
가 너희들에게 지키고 살라 하여 내린
그 계명을 지키며 바르고 옳게 살아가
고자 하는 오늘의 너희들의 생활이 얼
마나 아름다우며 여유로움이 있던가?
13 그리고 너희들이 말하는 주일이라 하
는 그날을 정해 놓고 나의 성전에 와
서 꽉 경배하고 공부하는 것이 아니
라, 너희들의 인간사에 얽히고설킨 그
와 같은 사연이 있을 때 그를 먼저 처
리하며, 그리고 대자연 속에 나가 내
가 이루어 놓은 자연의 그 위대함을
느끼고 보며 살아오는 생활을 그리 영
위하라 하여 내가 선지자를 통하여 너
희들을 가르쳤음이니,
14 너희들이 그와 같이 살아오는 그 생활
속에 얼마나 여유로움이 있으며 즐거
움이 있으며 너희들에게 행복함이 있
는가?
15 그러나 지금 종교 지도자들이 가고 있
는 길은 무엇이더냐?
16 저희 신도들을 비틀고 짤 수 있는 데
까지 짜서 그들의 금화와 은화를 거두
어들이며,
17 그들이 가지고 있는 금화와 은화의 그
양을 안다 하면 그를 다 저희들 성전
이요, 저희들 앞에 긁어모으지 못하여
생병이 나서 수단과 방법을 가리지 않
고
18 저희 신도들이요, 저희 성전에 나와
저희에게 하늘에 오르는 길을 깨우치
고자 공부하는 그들에게 있는 재산,
없는 재산을 긁어모으며 챙길 수 있는
데까지 챙기며 빼앗아 모을 수 있는
데까지 빼앗아 모으는 그러한 종교 지
도자들이 지금 이 세상에 얼마나 만연
되어 있는가?
19 그리하여 그렇지 아니한 자들까지도
그들의 베일에 가려 그 빛을 보지 못
하고 있는 이와 같은 형국에 이르렀음
이니라.
20 그뿐이던가? 그들은 하늘에 오르는
가르침을 정녕 저 자신도 모르며, 저
자신이 지고 있는 그 죄도 용서받지
못한 주제에 남을 어찌 용서해 주며
그 기도를 해 줄 수 있는가?
21 그리하여 그들은 나의 피조물 만백성
을 시간과 재물과 모든 것으로 옭아매
어 정신을 차리지 못하도록 끌고 감이
니,
22 그들이 주일이라 하여, 또 저희들에게
경배하는 날이라 하여 나의 피조물 만
백성을 얼마나 목에 고리를 걸어 끌고

가듯이 그리 끌고 가고 있는가?
23 그저 그 고리에 걸려 끌려가는 나의
피조물 만백성이 그와 같은 형상이요,
형국으로써 구원의 길을 간다 하며 지
금 지옥 불로 떨어지고 있음이니,
24 그들이 하늘로 올라가는 길이라 하여
지금 달려왔던 그 길에서 저희들이 지
옥 불로 떨어지면서 그들은 무엇을 느
끼는가?
25 저희들이 살아생전 저희 손으로 이룬
그 성전에 와 잘못 가는 종교 지도자
앞에 저희들이 재물과 금화와 은화를
바쳤던 그 기록만이 남아 있으며, 나
여호와의 재물을 함부로 쓴 그 죄가
태산보다 더 높이 쌓여 있음이니, 그
들이 통곡한들 어찌하겠는가?
26 그리고 그들은 내가 만든 이 자유로운
세상에 아름다움과 향기로움과 새들
의 소리와 산천의 아름다움을 제대로
한 번도 구경하지 못하고 그저 얽매인
송아지처럼 인생을 살아왔음이니, 그
얼마나 불행하고 비참한 것인가를 그
들이 죽어서야 알게 됨이니라.
27 너를 따르는 너의 제자들에게 이르라.
28 그들이 휴일이라는 것에, 또 저희들이
휴식할 수 있는 시간에 휴식하지 못하
며 자연의 아름다움이요, 내가 만든
이 지구상의 모든 아름다움을 보지도
못하고 감상하지 못하며, 그리고 휴식
시간에 저희들이 쉬지도 못하며, 모두
를 다 얽매어 고리에 걸어 끌어가는
그들에게 저희 모두를 바쳐 인생의 사
는 맛이요, 인생의 즐거움이요, 나 여
호와가 만들어 놓은 그 아름다운 세상
을 제대로 한 번 구경하지 못하고 저
희들이 억울하고 분하게 살다 내 앞에
와 심판을 받으니, 그게 바로 지옥 불
에 떨어지는 그 역사를 이루었다면 어
찌하겠는가?
29 나의 사랑하는 피조물 만백성 너희들
이 지금 깨달아야 할 것이 여기에 있
음이니라.
30 너희들의 모든 재물을 갖다 바치고 바
치며 너희 인간들이 만든 성전에 바치
는 그 재물은 내가 너희들에게 내리는
은혜와 은총의 재산을 너희들이 잘못
썼음이니,
31 그 재물을 잘못 갖다 바쳤으며 너희들
이 만든 성전에 거짓 지도자에게 바친
재물이 쌓인 그 죄가 태산보다 더 높
이 너희들을 무겁게 억누를 것이며,
32 또한, 너희들이 자연환경의 아름다움
을 감상하지 못하며 그리고 내가 만든
이 지구상의 모든 아름다운 그 자체도
느끼지 못하고 살아온 그 분하고 억울
한 너희 인생의 삶을 너희들이 죽어
내 앞에 와 통곡하고 분해한들 너희들
은 어찌할 수 없이 그저 너희들이 지
은 죄만큼 지옥 불로 가게 되어 있음
이니, 그때 가서 너희들이 얼마나 후
회하고 통곡하는 것인가를 알아야 할
것이니라.
33 지금 내가 나의 선지자를 통하여 나의
성령을 기록한 나의 법전을 세상에 내
보내며 너희들에게 이르고자 하니, 20
년이요, 30년이요, 몇십 년을 살아오
면서 너희들이 손으로 만든 그 성전에
가 너희들이 모두를 다 바친 그 삶을
살았음이니,
34 이제는 너희들이 단 1년, 365일이라

는 그 기간만을 잠깐 너희들이 가던 발길을 멈추고 쉬어 365일만큼 나의 선지자가 너희들을 가르치는 나의 성령의 뜻을 들어 보며 나의 법전을 읽고 깨우쳐,

35 너희들이 지금까지 살아온 그 길이 진정한 구원의 길인가, 그렇지 않으면 지금 내가 성령으로써 내려보내는 나의 법전에 기록된 내용을 읽으며 그리고 내가 선지자를 통하여 내리는 나의 음성을 너희들이 직접 듣고 깨우쳐 이 길이 진정한 구원의 길인가, 어느 것이 옳고 그른가 그 심판을 해 보라.

36 너희들이 몇십 년을 바친 세월을 단 365일, 1년이라는 그 세월만을 돌이켜 나 여호와가 지금 선지자를 통하여 내리는 법전의 그 뜻을 들여다볼 수 없으며,

37 그 뜻이 어디에 있고 그 추구하는 것이 어디에 있는지 그를 공부하고 연구할 만한 그만큼의 아량의 시간도 가질 수가 없는가?

38 나의 사랑하는 피조물 만백성 너희들은 들으라.

39 1부에서 10부까지, 1부에 16권씩 160권의 법전을 10부로 나누어 나의 선지자가 너희들에게 기록하여 전함이니, 너희들은 이 세상에 전하는 이것이 인간으로서 기록할 수 있다고 생각하는가?

40 너희들이 아무리 글을 쓰는 자요, 천재요, 신동이라 하는 자도, 너희들의 심금을 울리는 시를 쓰며 글을 쓰는 자들도 이와 같이 나의 성령을 받아 기록하듯이 하루에 책 한 권씩을 쓸 수 있는, 또는 2일, 3일에 책 한 권씩을 써낼 수 있는 그와 같은 역사의 기적을 이룰 수 있는가 한번 그들에게 물어보라.

41 나의 선지자가 지금 나의 성령을 받아 기록하여 그 법전이라는 나의 책을 만들어 내는 것을 열여섯 권을 한 달이요, 두 달이요, 이와 같은 짧은 기간에 세상에 만들어 냄이니, 이가 과연 인간으로서 이룰 수 있는 것인가 너희들이 한번 돌이켜 보아야 할 것이니라.

42 또한, 너희들은 여기서 알아야 할 것이니라.

43 나의 선지사가 나의 성령이라 하여 받아 기록하여 열여섯 권의 법전을 세상에 냄이니, 이를 그가 쓰고 지우고 또 쓰고 연구하여 지은 것이 아니며,

44 그가 몇십 년 전에 나름대로 평생을 바쳐 기록해 놓았던 제가 알고 있는 그와 같은 상식들을 꺼내서 기록하는 것도 아니며, 원고지라는 것을 준비해 놓고 그를 읽고 찢어 버리며 또다시 쓰고 불에 태우며 또다시 쓰며 이와 같이 반복하는 행동을 하면서 나의 법전을 기록한 것이 아니니라.

45 단 한 장도 지워서 버린 종이가 없으며, 단 한 자도 고치지 아니하였으며, 그저 나에게 듣는 것을 그대로 그가 기록하여 이 법전을 만들었음이니,

46 그는 이틀이요, 삼일에 나의 법전 한 권씩을 기록하여 세상에 만드는 대장정의 역사를 이루었음이니,

47 너희들 인간 사회에서 이와 같이 역사를 이룰 수 있으며 글을 써내서 나의 피조물 만백성을 구원하는 주옥같은

이 글을 기록할 수 있는 자 있으면 이
선지자가 기록한 것이 잘못되었다고
너희들이 말할 수 있으나, 이는 그렇
지 아니함이니라.
48 인간으로서는 도저히 이룰 수 없는 그
역사를 이루고 있음이니 그것이 바로
나 여호와가 존재함으로만이 이를 이
룰 수 있다 말할 수 있느니라.
49 그러나 너희들은 나의 법전을 들여다
보지 않고 뚜껑을 열지 않으며, 사탄
도 나 여호와같이 능력이 있으며, 잘
못된 이단이요, 사악한 무리도 나 여
호와같이 똑같은 능력과 재주를 가지
고 있으며 기적을 이룰 수 있다 그리
말함이니라.
50 과연 사탄이요, 사악한 무리가 기적을
이룬 것이 무엇이 있는가?
51 그들은 너희들과 똑같은 능력 외에는
가진 것이 없음이니라.
52 그리고 어찌하여 그 사악한 무리를 너
희들은 전지전능한 너희들의 아버지
요, 나 여호와라 부르면서 나와 사탄
을 견주어 말하며 사탄이 나와 똑같은
능력을 가지고 있으며 나와 같이 행할
수 있다 말하는가?
53 이것은 너희 스스로 나 여호와를 욕하
며 너희들이 전지전능한 나 여호와가
없음을 자행하는 행위이니, 너희들은
두 번 다시 이와 같은 말을 입에 담아
서는 아니 될 것이니 그리 알라.
54 이 이치도 깨닫지 못하는 나의 불쌍한
만백성은 나의 이 법전을 읽고 깨우쳐
하늘에 오르는 길을 바로 보아야 할
것이니 그리 알라.

2,069 번째 하나님 말씀

2002년 3월 20일 09시 10분

1 사랑하는 선지자야!
2 "네, 여호와 하나님! 말씀하옵소서."
3 이 세상 나의 피조물 만백성이 살아오
는 동안 구약 시대는 인간을 통하여
너희들을 다스리고자 하였으며,
4 너희들을 바로잡아 바로 가는 나의 피
조물 만백성으로서 너희들이 낙원에
서 정녕 하늘과 같이 이 땅에서 이루
어지기를 내가 갈구하고 원하였으나,
5 인간인 너희들을 통하여 많은 기적과
영화와 축복을 내렸으나 너희들은 나
의 뜻을 따르지 아니하며 우상을 섬기
며 너희들이 각자 천 갈래 만 갈래로
갈라지는 그와 같은 형국이 되었으니,
6 이를 보고 바로잡을 수 없어 내가 나
의 성령을 대신하여 나의 아들 예수를
성령으로 세상에 태어나게 하여 너희
들과 같은 형체로써 모든 것을 역사하
도록 하였으며 나의 뜻을 전하고 나의
모두를 너희들에게 일깨워 주려 하였
음이니,
7 그 당시에는 나의 성령이 세상에 내려
와 있었음이니라.
8 그러나 너희들은 어찌 살아왔는가?
9 너희들은 나 여호와가 존재함을 믿으
려 하지 아니하였으며, 순리를 따르려
하지 아니하였으며, 모두는 너희들의
육신의 뿌리에 있는 욕심 때문에 너희
들이 너무나 잘못 살아가며 지옥 불로
가는 그 삶을 추구하였기에 그와 같은
역사를 이루었음이니라.
10 그러나 수천 년의 역사가 흘러온 지금

내가 낙원을 이 지상에 만들고자 하였
던 것은 다 파괴되었으며, 이 땅덩어
리는 썩어졌으며, 이 땅덩어리를 지배
하고 관리하는 너희들마저 사악한 무
리요, 썩어져 가는 무리로 세상을 덮
고 있음이니, 이를 구하고 살릴 길이
없음이니라.
11 이제는 지구를 버리든, 그렇지 않으면
너희들을 버리든, 그리하여 너희들을
다 버려 이 지상에 너희들보다 못한
미물과 짐승만을 살게 하는 그와 같은
지상을 만들든, 이 결단을 내려야 하
는 그와 같은 형국에 와 있음이니, 그
리하여 내가 마지막이라 한 뜻이 여기
있음이니라.
12 이 지구를 영원히 없애야 할 것인가
그렇지 않으면 너희들을 다 없애며 너
희들보다 못한 미물과 짐승만이 자유
스럽게 살아가는 그와 같은 낙원을 이
루어야 할 것인가 이와 같은 양단의
결정을 내려야 할 때가 되었음이니,
너희들 스스로 종말이요, 말세요, 재
앙이 올 것이라 하는 그 말은 맞느니
라.
13 그러나 나 여호와가 그와 같은 국부적
인 방법으로써 너희들에게 지금 내릴
때가 아니니라.
14 너희들의 생명을 기적을 이루어 살렸
으나 너희들의 후손이 얼마나 사악해
졌으며 얼마나 간악해졌는가?
15 너희들을 다 쓸어 한 사람을 놓아둔다
해도 그 사람이 자식을 낳고 그 자식
이 또 자식을 낳으며 그 가지가 뻗어
지면서 아비가 가졌던 그 생각을 자식
이 느슨하게 가지며, 또 그 손자가 율
법을 지키기를 느슨하게 하며, 너희
백성이 번져 가는 것이 그와 같은 형
국으로 벌어짐이니,
16 또 세월이 지난 다음에 사악한 무리로
써 이 세상을 덮게 되어 있음이니라.
17 모세가 기적을 이루었던 그때 그 백성
이 지금까지 살았다 하면 그들은 어찌
살았겠는가? 바르게 살았을 것이니라.
18 그리하여 그들의 정신과 그들의 기적
의 놀라움을 그대로 전할 수만 있었다
면, 그리고 너희들 가슴속에 그 영상
을 그대로 심어 줄 수만 있었다면 지
금과 같이 사악한 시대는 이루어지지
아니하였을 것이니라.
19 나의 아들을 세상에 내보내 나의 아들
이 너희들을 가르치고자 설법했으며
그가 병든 자를 고쳐 주며 나의 뜻을
만백성에게 전하고자 했던 그 시대에
살았던 사람들이,
20 예수가 다시 부활하여 너희들에게 모
습을 나타낸 그와 같은 기적을 이루었
던 그 시대 사람들이 그저 지금까지
살아 있다면,
21 지금같이 험악한 세상은 되지 아니하
였으며 그래도 나의 지상의 낙원에는
선하고 착한 백성이 더 많이 존재하였
을 것이니라.
22 그러나 그때 지난 것은 다 너희들이
말로써 전하는 것이며 상상으로, 기억
으로 그저 남아 있음이니, 가면 갈수
록 지금의 나의 피조물 만백성은 그때
의 상황을 희미하게 잊어 가며, 그저
동화 속에 나오는 한 시대라 그리 착
각하고 살아감이니,
23 그 속에서 육신이 편안하며 세속의 부

귀와 영달을 위하여 노력하는 사악한
욕심을 가슴에 품는 그와 같은 백성이
점점 늘어만 감이니, 오늘과 같은 형
국이 이루어졌음이니라.
24 노아의 방주라 하여 너희들의 모두를
다 쓸어 간 역사가 있었으니, 그러나
그 후손들이 살아오면서 그때의 그 정
신과 그때의 그 삶과 내가 원하는 뜻
을 서서히 잊어버려 가며 육신의 삶에
치우치다 보니 오늘과 같은 역사가 되
었음이니,
25 오늘 내가 불로써 세상을 다 쓸어 한
쌍을 남겨 놓는다 하면 그들이 죽어
갈 때까지는 나의 계명을 지키며 그대
로 살 것이나, 그 아들은 또한 점점 나
의 계명이요, 나의 뜻과는 멀어지며,
26 그 아들이 아들을 낳음으로 인해서 그
들은 지금 너희들이 생각하는 것처럼
동화 속의 한 페이지의 역사처럼 생각
하며, 너희들의 피부에 닿듯이 무서움
과 두려움을 서서히 잊어 가는 세상이
되니,
27 그 속에서 악이 싹트며 또 악이 싹터
그 악으로 인하여 지금과 같은 말세가
또 도래함이니, 지구의 순환하는 것이
요, 돌아가는 것밖에는 없느니라.
28 태양이 지고 아침에 다시 뜨며 달이
지고 또다시 뜨듯이 그와 같은 변함없
는 방법으로써 계속 역사가 이루어지
는 그와 같은 형태가 될 것이니, 이를
다스리고 방지할 수가 없음이니라.
29 그리하여 너희들이 영원히 살고 존속
하는 그 세월까지 똑같이 느끼고 똑같
이 깨우칠 수 있는 완벽한 나의 성령
을 직접 너희들에게 내려보냄이 여기
에 있음이니라.
30 그리하여 내가 마지막이라 하는 것이
구약이나 신약의 시대요, 제3의 시대
를 여는 것만이 마지막이 아니니라.
31 모든 기적을 이루었던 것, 그리고 노
아의 방주처럼 너희들의 몇 사람을 재
앙에서 구하여 놓았듯이, 또 나의 아
들이 성령으로써 너희들을 가르쳤던
모든 수백, 수천 가지 방법을 너희들
에게 보여 주었으나, 이를 실천하고
따르지 않아 지금과 같은 사악한 시대
가 이루어졌음이니,
32 너희들은 이를 똑같이 너희들에게 써
서는 안 된다는 것을 너희 스스로도
알아야 할 것이며, 물로써 이미 너희
들에게 재앙을 내렸거늘 어찌하여 물
로써 또 재앙을 내리길 바라는가?
33 물로써 재앙을 내린다 해도 그 자손이
세월이 지나가면서 천 년, 2천 년이
흐른다면 오늘과 같은 말세의 형국이
또 이루어질 것이니, 불로 내리면 무
엇하며 물로 내리면 무엇하는가?
34 너희들은 이와 같은 심성이 있음이니
이를 바로잡을 수 없음이니라.
35 그리하여 너희들이 나의 성령을 읽고
깨우쳐 오늘의 너희들이 깨우치며 너
희 자손과 또 그 자손들이 똑같이 나
의 성령인 법전을 읽고 너희들과 같은
마음으로 다스리고 곱게 성장해 나갈
때,
36 이것만이 영원히 변하지 아니하며 너
희들이 악한 마음을 버리고 선한 쪽으
로 서서히 이 지상을 덮어 가는 그 역
사가 이루어짐이니, 이게 천 년의 역
사라 하였음이니라.

37 그리하여 내가 너희들에게 시금 부엇
을 말하였는가?
38 지금 나의 법전에 나의 선지자의 그림
을 넣으라 하였음이니라.
39 그 그림이 오늘이요, 내일이요, 천년
만년이 가도 변하지 아니하니, 그들이
그 그림을 보면서 실존의 인물이었으
며, 실존의 선지자였으며, 너희들의
역사가 흐른 다음에 실제로 너희들의
조상들이 이와 같이 배우고 깨우쳤으
며,
40 또 그와 같은 똑같은 방법으로 너희들
이 배우고 깨우치며, 오늘의 이 시대
를 천 년이 흐른 다음에 너희들의 대
대손손 후손들이 오늘 너희들이 존재
하고 있었으며 나의 선지자가 나의 성
령을 받는 선택된 자로서 나의 법전을
만든 실존 인물이라는 것을 기록하여
너희들의 가슴에 영원히 심어 줌이니,
41 오늘의 너희들이 가지고 있는 깨우침
과 천 년 후에 너희 후손들이 깨우치
는 느낌이 똑같이 하나가 되어서 그들
이 이 지상의 낙원을 잘 이루고 가꿀
수 있도록 그리 만들고자 함이 여기
있으니, 나의 뜻을 깊이 새겨 너희들
이 실행함에 소홀히 해서는 아니 될
것이니라.

2,070 번째 하나님 말씀

2002년 3월 20일 10시

1 사랑하는 선지자야!
2 "네, 여호와 하나님! 말씀하옵소서."
3 사랑하는 선지자야, 눈물을 거두라.
4 어찌하여 네가 눈물을 흘리며 울어야
하는가?
5 내가 너를 통하여 만백성에게 전하기
를 육신의 삶과 영의 삶이 구분되어
있으며, 육신의 삶은 너희들이 태초에
태어나면서 내가 또 이 지상을 만들면
서 너희들이 먹고살아 갈 수 있는 모
든 것을 다 주었다 하였음이니,
6 그러면서 그 속에서 육신을 아름답게
가꾸어, 한 줌의 흙으로 돌아가는 그
육신의 삶에 연연하지 말며, 영원히
구원받는 나의 나라에 올 수 있는, 나
를 볼 수 있는 그 길을 위해 살아가는
것이 나의 피조물 만백성이 가는 길이
라 네가 그리 말하며,
7 너희들의 육은 비록 세속에 있으나 너
희들의 삶의 정신세계는 나의 법도 안
에서 살아가야 한다 그리 말하는 네
가 오늘 나의 성전에 와 나에게 기도
를 드리며 흘리는 그 눈물은 과연 무
엇인가?
8 아직도 네가 육의 삶에 연연함을 버리
지 못하였는가, 그리고 육신의 삶과
육신의 아련한 그 추억과 육신이 살아
가면서 즐거움을 느낄 수 있으며 육신
으로써 살아갈 수 있는 모든 부귀와
영화를 네가 다 지웠기에, 그리고 그
버림이, 그들과 등지며 살아가는 너
자신이 너무나 고달프고 슬퍼 우는 것
은 아니던가?
9 이제는 네가 누구인가를 말해 줄 자들
이 올 것이며, 네가 가야 할 길이 무엇
인가를 말하는 자들이 올 것이며,
10 네가 어찌 선택되어 이 세상에 와 지
금 나의 성령을 받으며, 나의 종이요,
나의 아들이요, 나의 선지자라는 그

대명을 받아 수행하는 네가 누구라는
것을 백일하에 밝힐 자들이 너의 앞에
와 간증하며 증언할 것을, 너는 어찌
하여 그 모두를 다 생각하지 아니하려
하는가?
11 그 모두를 다 받아들임을 너는 어찌하
여 두려워하는가?
12 그들이 너의 모두를 다 밝혀 세상에
전함으로 인하여 네가 정녕 인간사의
인간관계 모두를 버리고 네가 속해 있
는 세속의 삶 속에서 너의 들어 있는
한 발을 마저 빼는 것이 그리도 아쉬
워 네가 눈물을 짓는 것은 아니더냐?
13 너의 눈물이 정녕 어떠한 눈물인가?
14 어찌하여 네가 눈물을 흘려야 되며,
네가 이리도 그 아픈 마음을, 슬픈 마
음의 그 표시를 눈물로써 지금 내 앞
에서 보여야 하는가?
15 이제는 네가 모두 백일하에 드러나며
네가 누구라는 것을 알리는 것이 그리
두려운 것인가, 그리고 네가 누구라는
것을 나의 피조물 만백성이 앎으로써
너를 보는 그 시선과 눈초리가 그리도
따갑고 두려운가, 그리고 그 속에서
살아가야 하는 네가 그리도 두렵고 무
섭더냐?
16 사랑하는 선지자야,
17 예수도 정해진 그 길을 갔음이니라.
18 성령으로써 잉태되어 세상에 나온 그
예수도 너희들이 상상할 수 없는 그
고통의 길을 걸었음이니, 그가 무엇
때문에 그 길을 갔겠는가?
19 그가 정녕 너와 같이 육신의 인간관계
의 그 모두를 끊지 못하여 몸부림쳤다
면 그 고통을 견딜 수 없었을 것이니,
20 그는 그와 같은 것을 일순간에 다 지
워 버렸으며 오로지 나의 성령이요,
나의 뜻에만 살았으며, 오로지 그 길
만을 향하여 왔기에 그는 모두를 인내
하고 그 길을 선택하고 견딜 수 있었
음이거늘,
21 어찌하여 너는 나의 성령을 받아 16
권의 법전을 세상에 냈으며, 너의 제
자들을 네가 강론하여 가르치며 이제
2부가 곧 세상에 나와 그 찬란한 빛을
보일 때가 머지않았거늘,
22 지금에 와서 네가 흘리는 그 눈물은
육신의 욕심이요, 육신의 정신을 버리
지 못하며 육의 삶의 인연 관계를 네
가 아직도 그리워하고 있어서 흘리는
눈물은 아닌가?
23 너의 눈물이 무엇이더냐, 선지자야!
24 "여호와 하나님!
25 감히 두렵고 무섭사옵나이다.
26 오늘 이후부터 제가 누구며 무엇을 어
찌해야 하는지 그와 같은 것을 만인에
게 전하는 저의 제자들 앞에 전하는
이 순간부터 제가 가야 할 길이 두렵
사옵나이다.
27 이제는 정녕 가시밭길을 걸어가는 그
길을 가야 하는 제가 육의 삶에 그 인
간관계의 아쉬움 그대로 살아가다가
죽어 가고자 하는 그 하나의 안일하고
욕된 제 마음의 그리움과
28 이제는 정녕 가시밭길을 걸어가야 하
는 제가 누구라 말하였으며 제가 누구
로부터 선택된 자라 제 입으로 말하였
으나, 이제는 하나님께서 예언하는 자
요, 증언하는 자요, 그를 통하여 저를
밝히심이니,

29 정녕 이제는 저 자신이 어떠한 길을
가야 하는지 저는 알고 있사옵나이다.
30 그러기에 심히 두렵고 무섭사옵나이
다.
31 예수님께서 세상에 나오기 전에 요한
이 예언하여 증언하며 그를 말하였듯
이, 오늘 그와 같은 역사의 순간이며
그와 같은 것이 이 세상에 지금 이루
어지고 있음이니,
32 저의 제자들 또한 제가 정녕 여호와
하나님으로부터 선택받은 선지자요,
종이요, 아들이며, 이 성령을 받아 기
록하는 법전이 정녕 여호와 하나님의
뜻이며 말씀인가 아닌가를 그들이 불
안해하고 살아왔던 그 마음 또한 오늘
부로 그들이 굳어질 것이니,
33 그 굳어진 마음이 부서지지 아니하도
록 제가 이끌고 가야 한다는 그 길이,
그 멍에의 짐이 너무나도 무겁고 두렵
사옵나이다."
34 사랑하는 선지자야!
35 "네, 여호와 하나님! 말씀하옵소서."
36 너를 가까이 따르는 너의 실장과 선장
이 있으며 그리고 또 너를 가까이 따
르며 그 목숨을 바치고자 하며 네가
비록 사탄이라 해도 그 목숨을 바쳐
너를 따르겠다 하는 너의 제자들이 있
거늘, 어찌하여 너는 그들을 이끌어
갈 것을 그리 두려워하는가?
37 너 자신이 그들 앞에서 바로 서는 그
것이 그리도 무섭고 두렵던가, 선지자
야!
38 울지 말라. 그리고 눈물을 거두라.
39 네 앞에 항상 너를 따르며 너의 손발
이 될 수 있는 자들이 있지 아니한가?
40 그들과 더불어 새 역사를 이루는, 나
여호와의 뜻에 따라 새 나라를 건설하
는 그것 외에 아무것도 생각하지 말며,
41 오로지 십계명을 외우며 나에게 경배
하며 기도하며 나 여호와의 지상에 새
로운 에덴동산을 이루는 그 역사를 너
를 시켜 하고자 함이니,
42 네가 바로 대명을 받은 나의 아들이
요, 선지자가 아니더냐?
43 모두를 다 버리라, 선지자야!
44 내가 너를 사랑하며, 네가 사랑하는
너의 제자들을 내가 사랑함이니, 그들
이 있음을 잊지 말라.

2,071 번째 하나님 말씀

2002년 3월 20일 10시 50분

1 사랑하는 선지자야!
2 "네, 여호와 하나님! 말씀하옵소서."
3 몇십 년 동안 저희들이 지금 믿어 오
는 그 종파 속에서 핵심적인 역할을
했으며 저희들 종파 외에 모두는 이단
이요, 사탄이라 그리 생각하였으며,
십계명은 인간으로서 지킬 수 없다고
생각하며 지키고 살 수 없다 그리 배
워 왔던 한 사람이 너에게 말하지 아
니하였더냐?
4 십계명을 지키는 것이 이리 쉬운 줄
몰랐으며 30여 년 동안 자기가 믿어
온 그 믿음이 잘못되었음을 지금 가슴
아파한다 하며 너에게 말함이니, 그
소리를 들으면서도 네가 오늘 눈물을
흘릴 수 있겠는가?
5 네 눈물이 그와 같이 역사를 이루며
네가 흘린 그 눈물 한 방울이 한 영혼

을 구한다는 생각을 하라, 선지자야!
6 눈물을 흘리며 나에게 기도하며 경배
하여 나의 법전을 받아 기록하는 네
가, 아무것도 모르며 믿음이 무엇이며
나 여호와가 존재함이 무엇이며 십계
명이 무엇인지 무지몽매했던 네가 깨
우침 속에서 눈물의 세월을 보내며 나
에게 그 많은 십계명을 외워 언약을
하고 지키겠다 약속을 했으며,
7 그리고 내가 내리는 나의 이 성령을
마다하지 아니하고 기록하여 만든 네
가 그동안에 흘렸던 눈물이, 그 눈물
한 방울이 한 백성을 구하는 그와 같
은 역사를 이룬다 생각하면,
8 너는 지금의 고통에 흘렸던 눈물이 그
리도 아깝고 네가 그리도 고통스럽던
가?
9 그리하여도 네가 눈물을 흘릴 수 있다
생각하느냐, 선지자야! 그리하여 내
가 너에게 눈물을 거두라 하였음이니
라.
10 평생 그 속에서 아무것도 바라보지 아
니하며 오로지 저희 종교 지도자의 가
르침이요, 깨우침만이 저의 생명이요,
제가 구원을 받는다 하여 그리 너에게
칼을 들이댈 수 있는 그가 나의 법전
의 한 구절을 읽고 깨달아 정녕 십계
명을 지키는 것이 구원의 길이며 십계
명만이 나 여호와 하나님의 말씀이며
그리고 그를 지키고 살 수 있다는 것
을 깨달았으며,
11 십일조라는 것도 구약이요, 십계명도
구약이거늘, 십계명은 제쳐놓고 십일
조만을 강조하여 거기에 매달려 온 저
희들의 그 삶이 얼마나 잘못되고 부끄
러운가를 깨달아 그가 지금 참회의 눈
물을 흘리며 너에게 말을 하였음이니,
그 가슴이 오죽이나 아프고 쓰리겠는
가, 네 가슴이 그보다 더 아프고 쓰리
겠는가?
12 평생을 속아 살아온 그가 지금 번뇌하
고 고통스러워하는 그의 가슴 아픈 것
만큼 네 눈물이 그리 진하지는 아니하
였을 것이며, 네가 그들보다 더 억울
하고 분하고 고통스럽지는 아니하였
을 것이니라, 선지자야!
13 너는 고통의 세월 속에 눈물을 흘렸으
나, 그는 분하고 억울한 눈물까지 흘
림이니 그는 피눈물을 흘리고 있지 않
은가?
14 너의 눈물로 인하여 그가 피눈물을 흘
려 깨우침을 얻는 나의 백성이 되었다
하면 너의 그 눈물의 가치는 얼마나
소중한 것이더냐, 선지자야!
15 이제 네가 눈물을 흘리며 나의 열여섯
권의 법전을 세상에 내며 또 2부의 열
여섯 권을 세상에 내며, 네가 그 많은
세월 동안에 고통과 시련 속에서 160
권의 법전을 세상에 내어 이가 세상에
바람처럼 전해질 때 과연 그때를 생각
해도 네가 오늘에 고통스럽다 생각하
며 눈물을 지을 수 있겠느냐, 선지자
야! 네가 눈물을 더 흘릴 수 있겠는
가? 네 눈물을 거둘 수 있지 아니한가?
16 이제는 나의 피조물 만백성이 깨우쳐
알 것이니라, 선지자야!
17 부모에게 효도하겠다는 마음을 가슴
속에 간직하고 사는 자가 있다면 그는
지금 비록 부모에게 효도할 수 없다
해도 그는 때가 되고 기회가 되며 자

기의 생활에 여유가 있을 때는 부모를
위해 항상 기억하고 생각했던 그 많은
생각을 가지고 그는 부모에게 효도하
고 그를 실천할 것이니,
18 그 부모에게 효도하며 효성을 다하겠
다는 마음을 가지고 가는 사람과 그저
자기는 부모에게 효도할 수 없다는 생
각을 가지고 사는 사람, 저는 부모에
게 효도할 가치도 없다고 생각하는
자, 그리고 저는 세상없어도 부모에게
는 효도할 수 있는 사람이 못 된다 하
여 부모에게 효도하지 아니하고 효도
라는 자체를 마음속에 두지 않고 살아
가는 사람과는 똑같은 사람일진대 그
생각이 얼마나 무서우며 그 행함이 얼
마나 차이가 나는가, 선지자야!
19 바로 내가 깨우치고자 함이 여기 있음
이니라.
20 나의 성령이 내려가 너희들을 구하고
자 하는 것이 여기에 있음이니라, 선
지자야!
21 이제는 그와 같은 생각을 가질 자가
있을 것이니라.
22 하늘에 오르는 그 근본이요, 기본이며
너희들의 영혼의 생명이 십계명이라
내가 말하였으니, 지금 너희들처럼 십
계명을 지키고 살겠다 하여 몸부림치
며 지키고 살 수 있다는 너희들은 어
찌 살아가는가?
23 하나의 실수를 했을 때 너희늘은 가슴
아파 통곡하며 그를 후회하며 너희들
의 가슴을 쥐어뜯는 그 아픔보다도 더
고통스러워하고 살아감이니,
24 너희들은 점점 그 고통스러움을 지워
갈 것이며 행하지 아니할 것이며, 그
리하여 너희들은 나의 십계명을 완벽
히 지키는 나의 백성으로 변하여 갈
것이며,
25 정녕 너희들이 변하고자 몸부림치는
그 가슴 앞에 나의 성령이 불꽃으로
심어진다는 것을 이찌하여 너희들은
모르는가?
26 너희들이 십계명을 지키며 율법에 따
라 살겠다 몸부림치며, 하나의 잘못을
했을 때 너희들의 가슴을 갈기갈기 찢
는 그 아픔 속에서 후회하고 고통스러
워한다면 그 고통스러워하는 만큼 나
의 성령이 너희들을 도울 것이며 너희
들을 인도하여 줄 것이거늘, 두려워하
지 말라.
27 나의 십계명을 지킬 수 없으며 이를
지킬 수 없다 생각하고 살아가는 자들
은 어떠한 자들인가?
28 그와 같이 살 수 없다 생각하는 자들
은 저희들이 얼마나 죄를 많이 짓고
있는가를 시인하는 것이며, 그들이 죄
를 짓지 않고 살 수 없다 함은 죄를 짓
고 살겠다는 것과 마찬가지이니,
29 그들과 너희들의 격차는 지금은 지킬
수 있다 지킬 수 없다 갑론을박하나,
세월이 지난 다음에 그들은 사탄의 구
렁텅이에 가서 지옥 불에 떨어져 있으
며 너희들은 하늘에 올라와 영광을 얻
는 그와 같은 너희들이 되어 있을 것
이니, 그게 바로 하늘과 지옥과의 차
이인 것을 알아야 할 것이니라.
30 하늘과 땅의 차이가 아니요, 하늘과
지옥의 차이인 것을 너희들이 알아야
할 것이며, 이는 곧 무엇이더냐?
31 너희들이 구원받아 천상이냐 지옥이

냐 하기 때문에 너희들이 하늘과 땅의
차이란 말이 잘못되었음이니라.
32 하늘과 지옥과의 차이가 벌어짐이니
그를 알아야 할 것이며, 아예 지키지
아니하며 그를 접어 두고 생각하지 아
니하고 사는 자는 정녕 세월이 흐른
다음에 그가 어느 위치에 와 있는가를
그때 깨달을 것이니, 마음자리 하나
바로잡으면 될 것을….
33 이제 너희들은 지키고 살 수 있는 자
들이니라. 그리고 지키지 아니하면 살
수 없는 자들이니라.
34 너희들이 이와 같이 지키고자 하는 그
고통스러운 세월 속에서 너희들이 눈
물을 흘리며 살아가며 너희 육신의 모
두를 다 저버리며 오로지 나의 계명을
지키며 나에게 오르겠다는 그 마음으
로 너희들이 살아갈 때에 너희가 스스
로 변화를 이루는 것이니,
35 이를 보고 나의 피조물 만백성이 깨달
아 하늘에 오르는 영광을 얻게 되니,
너희들이 바로 빛이요, 바람기둥이요,
태양의 기둥이요, 그와 같이 너희들이
나의 백성으로서 불과 바람기둥으로
서 나의 피조물 만백성이 너희들을 보
고 구원의 길에 오를 수 있는 그와 같
은 너희들이니라.
36 이 세상에 나의 십계명을 지키고 사는
자가 불기둥이요, 바람기둥임을 너희
들은 잊지 말라. 바로 너희들이 그런
자들이니라.
37 지키고 살 수 없다는 자와 지키지 아
니하는 자, 그리고 종교 지도자가 정
녕 또한 이것을 지킬 수 없다 이야기
하면 그 밑에서 배우는 수천수만의 나
의 피조물 만백성을 구렁텅이로 집어
넣는 사악한 자이니, 내가 무어라 말
하였더냐?
38 천 명의 도둑놈보다도 도둑놈을 양성
하는 한 명의 선생이 더 무섭고 그 숫
자를 감당하지 못한다 하였음이니,
39 바로 천 명의 도둑놈은 천 명의 도둑
질을 하나 도둑놈을 양성하는 하나의
선생은 그 제자를 수없이 양성함이니,
세월이 흐르면 온 세상을 다 도둑으로
만드는 그와 같은 흉악범인 것이 바로
가르치는 지도자이니라.
40 가르치는 지도자가 정녕 계명을 지킬
수 없으며, 그리하여 '우리는 지키고
살지 못하기 때문에 너희들이 사는 대
로 대충 살다 용서를 빌며 금화와 은
화로 헌금을 바치면 용서를 받는다.'
그리하는 것은 도둑놈을 양성하는 그
선생보다도 그 선생을 가르친 그와 같
은 자와 똑같음이니라.
41 이와 같은 이치를 너희들이 오늘 깨우
쳐, 너희들이 바람기둥과 불기둥이니
라.
42 바람기둥과 불기둥으로서 나의 피조
물 만백성을 인도하고 영광의 길로 오
르는 것이 너희들이니, 너희들은 십계
명을 지킬 수 있다 그리 생각하고 살
며 그리 지키고 살면 그를 너희들은
간단히 시행하고 살 수 있는 나로부터
선택된 나의 아들과 딸로서 영광의 그
자리를 갖게 됨이니 그리 알라.

2,072 번째 하나님 말씀

2002년 3월 20일 16시 30분

1 사랑하는 선지자야!
2 "네, 여호와 하나님! 말씀하옵소서."
3 네가 나의 계명에 따라 지키며 살아간다 하나 네가 수시로 네 마음을 점검하며 네 마음을 두드려 보며 네가 어찌 서 있는가를 항상 점검하지 아니하면 네가 쓰러짐을 알아야 할 것이니라.
4 네가 정녕 나를 향하여 오는 마음이 어떠하며, 네가 살아감이 어떠하며, 지금 행동하는 것이 네가 어떠한 생각에서 하며, 네가 서 있는 자리가 어떠한 자리인가?
5 네가 항상 네 머리에서 그를 지워서는 아니 될 것이니라.
6 그를 지우고 네가 생각한다 하면 너는 쓰러짐이니라.
7 그리고 정녕 지금 너는 십계명을 완벽하게 지키며 네 마음이 다 비워 있다고 나에게 말할 수 있는가?
8 네 대답을 한번 해 보라, 선지자야!
9 "여호와 하나님!
10 저는 정녕 지금 수박의 겉만을 핥고 있사오며, 그 수박이 익었는지 안 익었는지 그 자체도 모르며 그 맛을 지금 보지 못하고 있사옵나이다.
11 그리하여 정녕 제가 십계명을 지키고 있는 것인가, 또는 하나님 율법대로 살고 있는 것인가 여호와 하나님께서 물으신다면, 저는 아직도 80퍼센트를 지키지 못하고 있다고 생각되옵나이다.
12 아무리 제가 다 비웠다 해도 하나를 버리지 못한은 그가 90퍼센트요, 80퍼센트를 버리지 못한 것과 같사오니,
13 남들이 다 지킬 수 있는 부분들을 지키는 것은 아무리 그게 분량이 많고 가짓수가 많다 해도 아무런 효용이 없는 것이라 사료되옵나이다.
14 제가 모두를 다 버리지 못하고 있다 함은 제가 가장 핵심 요소인 그러한 부분들에 있어서 지키지 못하고 있는 것이 너무 많음이며, 저 자신이 부끄러울 때가 한도 끝도 없사옵나이다.
15 감히 말씀을 드린다 하면 저는 그저 작은, 남들이 지킬 수 있는 그것을 지키고 삶을 20퍼센트를 지킨다 할 수 있으나, 남들이 지키지 못하는 그 부분을 지키는 것으로써는 저 역시 80퍼센트도 지금 지키지 못하고 있음을 저 자신이 알고 있사옵나이다.
16 그리고 저 자신이 순간순간에 넘어지고 쓰러지는 그 마음의 형태로 아직도 저는 인간의 육의 세계에서 허덕이는 자며, 감히 70점이요, 80점이요 하는 그 점수에 제가 가 있지 못함을 알고 있사옵나이다."
17 선지자야!
18 "네, 여호와 하나님! 말씀하옵소서."
19 네가 그 점수라는 것을 받기 위해서는 네가 항상 나의 계명을 생각하며, 나 여호와가 존재함을 네가 머리에서 항상 잊지 아니하며, 내가 너를 바로 다스려 나의 피조물 만백성을 구하고자 하는 너는 나로부터 선택된 선지자요, 종이라 하는 그것을 잊어서는 아니 됨이니라.
20 그리고 나의 피조물 만백성을 마지막

으로 구하기 위하여 나의 성령을 태워
내려보냄이니, 이는 네가 나의 아들과
같음을 네가 잠시도 잊어서는 아니 되
는 것이니라.
21 선지자야, 그것이 네가 지키고 가야
하는 그와 같은 길이니라.
22 내가 나의 인간들을 통하여 너희들을
바로 세우려 하였으며, 나의 성령을
예수를 통하여 그가 행함으로써 바로
세우려 하였음이니, 그가 지금 잘못되
어 와 있음이니,
23 이는 내가 바로 또다시 나의 성령의
모두를 태워 너희들에게 말로 전함이
아니라 글로써 이리 증거를 제시하여
만백성을 구하고자 이를 전하고자 함
이니 그리 알아야 할 것이니라.
24 그리하여 이것이 나의 성령이기에, 선
지자야, 한 자도 틀려서는 안 되며 한
자도 오자와 탈자가 있어서는 아니 됨
이니 너는 이를 알아야 할 것이니라.
25 나의 성령의 법전에 오자와 탈자가 있
다 하면 나의 피조물 만백성이 이를
믿지 아니할 것이니, 그들은 그와 같
은 고정관념 속에서 살아왔기 때문이
니라.
26 나 여호와는 완벽하며 나 여호와가 하
는 일은 한 치의 오차도 없음이라 그
들은 생각하기에, 지금 나의 성령이
내려가는 것은 나 여호와가 너에게 임
하여 내려간다 하면 너를 깨우치고 네
머리를 맑게 하여 한 자의 오자도 탈
자도 없이 만들어 내는 그 책만이 나
의 뜻이라 그리 말할 것이니라.
27 그리하여 그들은 그를 빙자하여 너를
공격할 것이니라.
28 그리하여 그들은 그를 빙자하여 믿지
아니할 것이니라.
29 그들은 그 개념을 버리지 못하고 있음
이니라.
30 나의 뜻이요, 나의 성령을 기록한 성
서가 지금 중간중간에 저희들이 기록
해 놓은 것이 있으며 잘못된 부분이
있듯이, 네가 받아쓰며 네가 받아 기
록하여도 오자와 탈자가 더러 있음이
니, 이것은 네가 훈련의 과정임이니라.
31 이제 내가 너에게 말하지 아니하였더
냐?
32 너는 지금 나의 배를 만드는 준비 단
계에 있다 하였음이니라.
33 많은 사람을 태워 나의 피조물 만백성
을 구하여 하늘로 올리며 그리고 나의
에덴동산을 이루기 위하여 네가 크나
큰 상선을 만듦에 있어서 지금 네가
나무를 띄워 놓고 있다 하였음이니,
그 나무 조각에 너 혼자밖에 더 설 수
있겠는가?
34 누구라도 그곳에 편승하면 그 나무가
쓰러지며, 아직 준비되지 아니한 배는
세상에 뜰 수 없지 않으냐, 선지자야!
35 이제 그리하여 나에게 선택된, 내가
터치하여 길러 놓은 나의 백성이 너에
게 와 그들이 오늘부터 임무를 받아
수행하고자 함이니,
36 이제 배가 출범하는 그 순간에 완벽한
나의 배가 많은 백성을 싣고 떠나듯이
네가 그와 같이 너를 도울 자들이 왔
을 때 완벽한 나의 법전을 만들 것이
니, 이제는 네가 그때가 왔음이니라.
37 그리하여 내가 나로부터 나의 음성을
들으며 나의 뜻을 받는 그 예언자를

통하여 오늘 너에게 그를 전하고자 함이니라.
38 완벽한 책이요, 오자와 탈자가 하나도 없는 그와 같은 법전을 만들어야 할 것이니, 너에게 와 전하는 그에게 물으라.
39 '과연 네가 그와 같은 일을 할 수 있겠는가? 그리하여 그 임무를 너에게 내림이라.' 그리 말하여 그가 그리 시행하도록 할 것이며, 모든 경제적인 재정이요, 지원을 또 그가 스스로 그의 것으로써 다 만들 수 있도록 그에게 그리 명하라.
40 그를 만드는 모든 경비요, 운영에 들어가는 모든 것은 다 그에게 명하여 그로 하여금 만들어 내는 역사를 이루도록 그리 명하라. 그리하면 그가 알아서 대답할 것이니라.
41 그리하여 그로 하여금 완벽한 나의 법전을 만드는 것을 그리할 것이며, 너희들은 나의 성령을 받아 그 내용을 그들에게 넘겨주는 데 역점을 둘 것이며, 완벽히 만들어 한 점의 부끄러움 없는 나의 법전이 세상에 나오는 것은 그들에게 책임이 있음이니,
42 그들에게 명하여 만들도록 하며, 모든 경비와 투자되는 것들도 그들로 하여금 사업을 만들어 나가도록 그리 명하라.
43 그리하면 그들이 대임을 맡아 수행할 것이니 그리 알라.
44 그리하여 그들을 증거하여 내가 보내는 것이며 그들로 하여금 내가 예언자를 통하여 그들에게 깨우침을 전하도록 함이 여기 있음이니 그리 알라, 선지자야!

2,073 번째 하나님 말씀

2002년 3월 20일 18시 20분

1 사랑하는 선지자야!
2 "네, 여호와 하나님! 말씀하옵소서."
3 나의 성령을 받아 나의 피조물 만백성을 구하는 대명을 받아 나의 법전을 기록하는 네가 먼저 변하여야 함이니라.
4 네가 급속도로 많이 변하여 전진해 가고 있으며, 너의 제자들 또한 변하여 감이 무서우리만큼 그리 변하며 실전하나, 그것으로써는 아직 멀었음을 알아야 할 것이니라.
5 너희들이 변하는 것은 모두가 다 변하여야 할 것이니라.
6 너희들이 화를 잘 내는 성격이면 그 화를 눌러야 할 것이며, 너희들의 급한 성격도 급한 마음을 또 저버려야 할 것이며, 남을 욕하기 좋아하는 자는 그를 버려야 할 것이며, 남을 시기하는 마음도 저버려야 할 것이며, 너희들의 살아감에 있어서 모든 것이 다 바로 서야 할 것이며 고쳐져야 하며 변화되어야 하는 것이니라.
7 그렇지 아니하면 너희들은 바로 설 수가 없으며, 나에게 선택된 백성으로서, 나의 대업을 수행하는 자로서 자질이 없음이니라.
8 내가 너희들에게 말하지 아니하였는가?
9 천 년의 역사에 걸쳐서 내가 이 지구상에 사악한 무리의 씨앗을 하나도 없

이 만들고 밀어내고자 하며 그들을 다
짓밟아 죽이고자 하는 것이 나의 성령
을 태워 나오는 이 법전이요, 이 위대
한 뜻이니라.
10 이게 너희들의 마음을 변화시키며 내
일의 새로운 시대를 여는 원동력이며,
이게 근본이며 기초인 것이니라.
11 이 위대하고 무서운 파괴력의 이와 같
은 힘이 있는 나의 성령의 뜻을 기록
하여 법전이라 하여 세상에 내보내는
너희들이 모두를 다 변하지 아니하면
아니 되느니라.
12 내가 이 세상에 사악한 뿌리가 한 점
이라도 있다 하면, 세월이 흐름으로써
그 사악한 뿌리가 세상을 덮어 오늘과
같이 종말과 같은 말세를 이룬다 하였
음이니,
13 너희들 마음속에 한 가지라도 고쳐지
지 아니한 것이 있으며 다스려지지 않
은 것이 있다 하면, 이는 너희들이 다
스려짐이요, 변해짐이 아니니라.
14 그리하여 너희들은 나의 뜻을 시행할
수 없는 자이니라.
15 그리하여 너희들의 마음속에 있는 그
모두를 다 날려 보내야 하며 그를 다
변화시켜야 하며 그를 다 깨끗이 정
화하는 마음으로써 너희들이 살아가
야 함이니,
16 한 가지라도 너희들이 버린 것이 없다
하면, 그와 같은 너희들의 인간사의
삶의 속성이요, 근성이 하나라도 남아
있다 하면 너희들은 구원을 받을 수
있는 자격이 없으며 나의 피조물 만백
성을 인도하는 자로서 자격이 없음이
니라.
17 자식에게 화를 내는 자, 그를 다스리
며, 아내를 미워하고 아내에게 화를
냈던 자, 그 음성과 그 마음을 다스리
며, 너희들의 과격했던 성격이 천사처
럼 변하여야 할 것이며, 불과 같은 너
희들의 다스리지 못하는 마음을 천사
처럼 다스려야 할 것이며, 조급해하는
마음 또한 천사처럼 느긋이 기다리며
멀리 볼 수 있는 마음을 가져야 할 것
이니,
18 이와 같이 한 가지부터 천 가지, 만 가
지, 너희들의 모두를 다 변화시키지
아니하고 한두 가지라도 너희 육신의
삶의 그 상태를 그대로 가지고 있다
하면,
19 너희들은 지금 70점이라는 그 점수에
와 하늘에 오르는 기회가 있으며 땅으
로 내려가는 그 기로에 서 있으니, 하
나를 버리지 못하여 너희들이 영원히
구원받는 그 길을 버리고 60점 아래
의 인간 세속으로 떨어져 너희들의 육
신이 죽어 갈 때 너희들의 영혼도 같
이 죽어 가는 그와 같은 삶의 길을 선
택하지 말라.
20 모두를 다 바로잡아야 할 것이며 모
두를 다 버려야 할 것이니라.
21 그렇지 않으면 너희들이 나의 백성을
구하는 나의 전사로서 자격이 없음이
니, 다스리라.
22 조급한 마음도 다스리며, 불 같은 성
격도 다스리며, 남을 시기하고 질투하
는 마음도 다스리며, 남을 미워하는
마음도 다스리며, 더 갖고자, 더 위대
하고자, 더 남보다 높고자 하는 그 모
든 마음을 다 다스리지 아니하면,

23 너희들은 나의 피조물 만백성을 구하는 전사로서 선택됨에 너희들의 이름이 길이 빛나지 못함을 알아야 할 것이니라.

24 너희들 이름이 길이 빛나려면 너희들이 하나의 오점도 없도록 육의 세계에서 갖고 있던 모든 생활 방식을 다 버리지 아니하면 아니 됨을 알라.

2,074 번째 하나님 말씀

2002년 3월 20일

(강론을 마치며)

1 사랑하는 선지자야!

2 "네, 여호와 하나님! 말씀하옵소서."

3 너희들이 기르는 가축을 강가로 끌고가 물을 먹이려 할 때 그 짐승이 물을 먹지 아니하고 거부한다면 먹일 수가 없지 않겠는가?

4 그렇다 하면 너희들이 한 마리의 짐승도 물을 먹이지 못함이니 수천수만 마리의 짐승에게 너희들은 어찌 물을 먹일 수 있다 생각하는가? 도저히 이는 할 수 없는 것이니라.

5 그리하여 너희들이 또한 그 짐승이 먹을 수 있는 물이 한 곳에만 흐르는 강물이라 하면 많은 짐승을 그리 불러모아 그들에게 물을 어찌 먹일 수가 있겠는가? 그는 물을 먹일 수가 없음이니라.

6 내가 나의 피조물 짐승을 구하기 위하여 한 곳에 생수를 내린다 하면 그 생수를 먹기 위하여 많은 짐승이 그리 모여야 할 것이며, 그곳에 와야만 생수를 먹는 그와 같은 일이 이루어질 수 있는 것이 아니던가?

7 그렇다 하면 과연 그 짐승들이 얼마나 거기에 와서 그 물을 먹을 것이며, 이 지구상에 있는 모든 동물이 어찌 그 물을 먹겠는가?

8 그들은 그를 먹기도 전에 죽어 갈 것이니라.

9 나의 아들 예수가 세상에 나와 나의 피조물 만백성 너희들을 구하기 위하여 설법하고 가르쳤음이니, 그는 곧 무엇이더냐?

10 하나의 강의 물줄기에서 생수가 흐르듯이 그 강줄기를 따라서 가르치는 그와 같은 역사를 이루었음이니라.

11 그러나 지금 나의 피조물 만백성이 믿는 그 종파가 수천수만 가지요, 지금의 피조물 만백성 너희들이 피부색이 다르고 살아가는 것도 수천수만 가지 다른 생활 속에서 살아감이니, 그들을 어찌 다 구원할 수 있겠는가?

12 여기서 너의 제자들에게 일러야 할 것이 있느니라.

13 나 여호와가 너희들을 구원하기 위하여 내리는 너희들이 먹을 수 있는 생수는 하나의 강줄기를 흘러서 내려감이니, 하늘에서 지상으로 내리는 생수는 하나의 강줄기로 흘러내려 감이니라.

14 이와 같이 나로부터 지금 흘러내려 가는 그 생수를 만백성에게 먹일 수 있는 방법이 어디에 있겠는가?

15 한 마리의 짐승도 그가 먹지 않으려 하면 너희들이 먹일 수 없으니, 생각을 가지고 있으며 지혜를 가지고 있는 나의 피조물 만백성에게 너희들이 과

연 생수를 먹일 수 있겠는가? 이는 아
니 될 것이니라.
16 오늘 내가 너의 제자들이 해야 할 임
무와 너희들이 가야 할 길을 가르쳐
줌이니라.
17 지금 나의 선지자를 통하여 나의 성령
으로써 나의 법전을 세상에 내보내는
이 160권은 오로지 한 줄기의 강물과
같이 그저 유유히 생수로서 흘러감이
니,
18 이 지구상에 오로지 그 한 강의 생수
만이 먹고살 수 있듯이 나의 법전만을
이 세상 피조물 만백성이 먹고살 수
있음이니라.
19 그러하니 지금 너희들이 한 강물을 먹
이기 위해 나의 피조물 만백성을 이리
다 불러모을 수가 없음이니라.
20 그리하면 나의 피조물 만백성의 생명
을 유지할 수 없음이니, 지금 바로 나
의 법전이 생수요, 너희들이 그릇이
되어야 하는 것을 오늘 너희들이 깨달
아야 할 것이니라.
21 한 강줄기에 흐르는 그 강물을 너희들
이 그릇이 되어 그를 담아 가지고 흩
어짐이니 너희들이 메마른 곳에 가서
짐승들이 먹을 수 있도록, 너희들의
그릇의 생수를 그들이 와서 먹을 수
있도록 해야 할 것이니, 너희들이 그
릇이 되어야 할 것이니라.
22 그리하여 선지자의 제자 너희들이 한
줄기로 흐르는 그 강물을 너희들의 그
릇에 퍼서 전 세계에 흩어져서 전하여
나의 피조물 만백성이 그를 먹어야 할
것이니,
23 이는 바로 나의 성령으로 내리는 나의
법전이 물이요, 너희들이 그릇이니,
24 너희들이 바로 세계에 나아가 나의 법
전을 가슴에 안고 만백성에게 전하는
자이며, 한 줄기의 내가 내리는, 먹고
살 수 있는 그 생수를 담아 가지고 나
가 그들이 와서 먹을 수 있도록 그들
에게 제공해 주는 그와 같은 역할을
하는 것이 너희들이니라.
25 내가 하늘에서 너희 모든 동식물이 먹
을 수 있는 물을 하나의 강줄기로 내
려보내나, 그를 세상에 있는 나의 동
식물이 와서 먹을 수 없음이니라.
26 이제는 너희들이 나의 법전 열여섯 권
을 머지않아 다 끝마칠 것이며 그 깨
달음을 너희들이 얻을 것이니,
27 그 후부터 너희들이 그릇이 되어 그
강줄기의 생수를 그득히 담아 전 세계
방방곡곡에 가서 너희들이 생수를 담
은 그 그릇을 놓을 때 많은 생명을 가
진 동식물과 인간들이 그를 먹게 될
것이니,
28 너희들의 임무가 그와 같은 역사를 이
루는 것이니 그를 알아야 할 것이니라.
29 너희들이 세계 각국에 너희 몸에 담은
그 생수를 가지고 그릇이 되어 날아갈
때 방방곡곡 구석구석에 있는 모든 나
의 피조물 만백성이 그 생수를 마시고
그들이 살아갈 수 있는 길을 알게 됨
이니,
30 이는 곧 너희들이 그릇이 되어 나의
법전을 가지고 세상 방방곡곡 구석구
석까지 나의 피조물 만백성에게 골고
루 전하여야 하는 것이 너희들의 임무
이니,
31 너희들이 오늘의 이곳에서 너희들의

깨우침을 생각하며 너희들이 구원받
을 것을 생각하며 너희들이 나에게 오
르는 그러한 생각은 너희들이 이제는
지워야 할 때가 되었으니 그리 알라.
32 나에게 선택된 백성은 너희들의 물그
릇에 물을 담아 가는 그 그릇이 닳고
찢어져 그 임무를 다 못 하도록 망가
질 때까지 물을 담아 가지고 가야 할
것이니,
33 너희들은 나에게 구원받는 것을 생각
하지 말며, 나에게 가까이 오는 것을
생각하지 말며, 이제는 너희들이 나로
부터 멀리 가는 그 자가 정녕 이다음
에 나에게 가까이 올 수 있는 자라는
것을 깨달아야 할 것이니라.
34 너희들이 이제 생수를 담을 수 있는
완벽한 그릇이 되어 가고 있음이니라.
35 열여섯 권의 법전을 끝내 완벽한 너희
들이 되었을 때 너희들은 생수를 담고
전 세계 방방곡곡으로 날아갈 것이니,
그것을 먹는 나의 피조물 만백성이 너
희들을 짓이기고 짓이겨 그 그릇이 쓸
수 없게 되더라도 너희들은 인내하고
그 자리를 지켜야 할 것이니 그리 알
라.
36 이제는 너희들은 나에게 오르는 생각
을 하지 말며 나에게 구원받을 것을
생각하지 말라.
37 정녕 선지자의 제자요, 나에게 선택된
백성 너희들은 뒤로 물러나야 할 것
이 아니던가?
38 인간 사회 너희들이 살아가는 것도 공
을 세운 자, 충신은 멀리서 그 군주가
바로 가기를 바라보는 것이며, 그 모
두를 바치는 것이 정녕 충신이 아니던
가?
39 너희들은 나로부터 선택된 백성이니
그와 같은 역사를 너희들이 이루어야
할 것이며, 너희들은 나로부터 더 멀
리 가는 자, 그리고 더 멀리 떨어져 더
갈기갈기 너희 자신이 찢어지고 깨지
는 그릇이 되었을 때 너희들은 내가
스스로 구원할 것이니,
40 너희들은 묵묵히 내가 너희들을 부르
고 구원할 때까지 그대로 기다리며,
너희들의 소임을 다하는 것만이 너희
들이 나와 더불어 영원히 사는 낙원에
올라올 수 있는 그 영광의 길임을 알
라.

2,075 번째 하나님 말씀

2002년 3월 21일 09시 20분

1 사랑하는 선지자야!
2 "네, 여호와 하나님! 말씀하옵소서."
3 너와 너의 제자들이 그리도 어렵고 힘
들어하던 그 십계명이 지금 너희들 마
음속에 어떻게 자리를 잡아 가고 있느
냐?
4 그는 도저히 인간으로서 지킬 수 없다
고 생각했던 것을 너희들은 지키고 살
수 있으며, 이를 지키지 아니하면 살
수 없으며, 오로지 이 길만이 하늘에
오르는 길이라는 너희들의 깊은 마음
의 자리를 잡아 가며,
5 그리고 너희들이 십계명을 지키고자
하며 또 지키고 살아갈 수 있는 이와
같은 역사를 이루고 있느니라.
6 나 여호와가 내린 십계명을 모든 피조
물 만백성이 도저히 지킬 수 없다 말

하며, 믿음이라는 것을 가르치는 수천
년 역사가 흐르는 동안에 그 종교 지
도자들이요, 그 밑에서 배우는 나의
피조물 만백성이 인간은 십계명을 지
킬 수 없으며 도저히 그와 같이 행할
수 없다 말하여 그들이 그저 사는 대
로 살다가 인간이기 때문에 죄의 용서
를 빌며 재물을 저희들의 성전에 바치
고 가면,
7 나 여호와는 공의의 하나님이요, 사랑
의 하나님이라 하여, 그를 다 용서한
다 저희들이 말하나니, 그러나 너희들
은 어찌 생각하느냐?
8 이는 도저히 용서받을 수 없으며, 이
를 지키지 아니하면 구원을 얻을 수
없으며, 그러나 이 십계명은 차 한 잔
마시는 것보다 더 간단하고 편안한 길
이라 너희들이 말하며 그리 지킬 수
있다 말하지 않더냐, 선지자야!
9 그와 같이 모든 피조물 만백성이 어렵
고 지킬 수 없으며 갈 수 없다는 그 길
을 너희들은 지금 가고 있지 않으냐?
10 그러니 이제는 너희들이 또 하나 실행
하여야 할 것이 있으니 이를 들어 깊
이 실행하도록 하라.
11 너희들이 착한 것을 행하며, 사악한
것을 버리며, 오로지 천사처럼 진리
요, 순리에 따라서 아름다운 일을 행
하며 살아가는 것 또한 너희들이 말하
듯이 차 한 잔 마시는 것보다 더 쉽다
는 것을 이제 알아야 할 것이며,
12 그와 같은 마음 모두를 지켜 가는 너
의 제자들이 되어야 할 것이니라, 선
지자야! 이를 너의 제자들에게 일깨
워 주라.
13 너희들은 남들이 감히 지킬 수 없는
그 십계명을, 그것을 지키고 가는 길
이 차 한 잔 마시는 것보다 더 간단하
고 쉬운 길이라고 너희 마음속에 자리
잡으며, 그를 위하여 너희들이 몸부림
치고 지금 가고 있지 않은가?
14 이제는 너희들 마음자리에 이리 전하
라, '세상에서 악한 짓을 하지 아니하
고 선한 일을 하는 것 또한 차 한 잔
마시는 것보다 더 쉬운 일이거늘, 어
찌하여 우리가 그 길을 못 가고 있는
가?' 하는 것을.
15 그리하여 너희들은 그리 갈 것이라 생
각하며 그리 지킨다 생각하라.
16 이는 또한 어디에 있느냐, 마음에 달
렸기 때문이 아니더냐?
17 너희들의 마음자리 하나 굳건히 결심
하면 되는 것을, 그것으로써 결심하지
못하여 너희가 악한 일을 행하며, 선
한 일을 행하지 아니하여 하늘에 못
오르는 그와 같은 너희들의 형국이 이
루어져서는 아니 될 것이니라.
18 이제 너의 제자들에게 일러 말하기를,
이 세상의 모든 선한 일을 행하는 것
또한 차 한 잔 마시는 것보다 쉬운 일
이라 생각하며, 그리 생각하고 너희들
이 살아가며 실천하면 또한 그리 변하
여질 것이고 그리될 것이니,
19 이 세상을 살아가면서 선한 것만을 행
하는 것이 차 한 잔 마시는 것보다 더
쉽다는 그와 같은 깨우침을 나의 피조
물 만백성에게 심어 주고 그들을 깨우
쳐 주어야 할 것이 아니더냐?
20 이제는 제1의 덕목이 무엇이더냐?
21 너희들로 하여금 십계명을 지키고 살

수 있다 하며, 그를 지키지 아니하면
살 수 없다는 너의 제자들, 그 몇 명의
힘이 온 세상을 다 덮어 감이니라.
22 '십계명은 하나님께서 내린 영혼의 구
원의 생명이요, 양식이요, 그리하여
그를 지키고 살 수 있어야만 하며, 또
한 우리는 지키고 살 수 있다.' 그리
말하는 것을 보고 너희들의 형제가 그
를 따라 지키는 것이 홍수가 일듯이
그와 같이 늘어날 것이니라.
23 그다음에 너희들의 제2의 덕목이 무
엇이더냐?
24 이 세상 살아가면서 악한 것을 보지
않으며 악한 것을 행하지 아니하고
'선행을 하는 것은 차 한 잔 마시는 것
보다 더 쉬운 것'이라.
25 이제 너희들은 이 덕목을 가지고 나의
피조물 만백성을 일깨워 주어 그들이
마음과 행동이 하나가 되며 이 세상
모두는 나 여호와가 이루고자 하는 새
로운 낙원을 이루는데 못 갈 것이 없
으며 못 이룰 것이 없으며 너희들이
이루지 못할 것이 없다는 그와 같은
자세로써 그들에게 깨우쳐 주어야 할
것이니라.

2,076 번째 하나님 말씀

2002년 3월 21일 09시 30분

1 사랑하는 선지자야!
2 "네, 여호와 하나님! 말씀하옵소서."
3 너희들의 육신의 관계에 맺어진 자식
과 그 부모 사이에도 그 자식이 곱게
자라 너희들이 사는 세상에서 필요로
하는 사람으로 성장하기를 바라는 것
이 너희들의 간곡하고 애절한 마음이
아니던가?
4 곱게 자라는 그 자식이 도둑이요, 사
기 치는 자요, 살인하는 자요, 간음하
는 자요, 방탕한 자로 살며 노는 것을
너희들은 경계하며, 용서 못 할 그와
같은 행동을 단죄하기 위하여, 잘못
가는 자를 바로잡기 위해 너희들은 모
든 심혈을 다 기울여 바로잡아 감이니
라.
5 육신의 인연이요, 백 년도 안 되는 그
삶에 너희들의 자식을 그리 가르치며,
잘못된 친구와 잘못된 사람들과 어울
리는 것을 단죄하기 위하여 너희들은
모든 수단과 방법을 강구하여 그 자식
이 바로 서고 바로 가기를 원하지 아
니하는가?
6 그렇다면 나 여호와의 심정은 어떠하
겠는가?
7 내가 성령으로써 너희들 가슴에 임하
고 있음이니, 너희들이 도둑질하는
자, 간음하는 자, 살인하는 자, 사기
치는 자, 그리고 방탕한 자, 이런 자들
과 너희들이 같이 놀며 그들을 불러들
이는 것을 내가 어찌 용서할 수 있으
며 그를 바라볼 수 있겠는가?
8 그와 같은 너희들의 형국으로써 살아
가고자, 그와 같은 행동으로써 그 사
악한 무리와 같이 너희들이 어울려 놀
며 생활하고자 한다 하면,
9 나 여호와의 바라보는 그 마음이 얼마
나 아플 것인가를 너희들은 과연 생각
해 보았는가?
10 오죽하면 부모가 그리 말하는가?
11 말을 듣지 아니하며 잘못 가는 것을

다스리는 그 부모의 뜻을 따르지 아니
하는 자들에게 말하기를,
12 '네가 정녕 이리 속을 썩이며 내 말을
듣지 아니하고 방탕한 세월로 살아간
다 하면, 이다음에 네가 자식을 낳아
네가 자식을 기를 때 내 마음을 알 것
이며, 자식을 기르는 부모의 마음이
어떤 것인가를 그때 가서 네가 알게
될 것이니,
13 너 또한 자식으로부터 그러한 대우를
받는다 할 때 네가 얼마나 가슴이 아
프고 쓰린가를 그때 가서 알 것이니
라.' 그리하여 책망 섞인 말소리로 그
자식들에게 마지막 말을 하는 것이 아
니더냐?
14 부모에게 효도하는 것도, 바르게 사는
것도, 바르게 가는 길도, 그리고 부모
의 가르침을 듣고 곱게 성장하는 것
도, 이것은 다 너희들의 육신의 부모
가 바라는 것이 아니더냐?
15 육신의 부모의 바람의 뜻을 거역하고
그를 순종하지 아니하고 역행할 때,
너희들은 더 이상 다스릴 수 없을 때
그와 같이 말하느니라.
16 '정녕 네가 부모가 되어 내 마음을 알
것이니라.
17 그러나 네가 부모가 되어 네 부모의
뜻을 알아 효도하려 하면 그 부모는
이 세상에 이미 존재하지 아니하고 너
희들과는 이미 먼 거리에 있게 됨이
니, 그것 또한 너희들이 후회해도 소
용없는 일이라' 그리 깨우쳐 너희들을
다스리며 마지막 사는 것과 같은 그
말을 하지 않느냐?
18 내가 성령으로써 만들어 세상에 내보
낸 너희들이 정녕 내가 지키라 하는
그 뜻을 따르지 아니하며 그 계명을
지키지 아니하며 살아온다면, 그 모습
을 보는 나 여호와의 마음이 얼마나
아프겠는가?
19 너희들은 너희들의 부모의 말을 듣지
아니하며 그 뜻을 따르지 아니하며 그
를 순종하지 아니하여 너희들이 어른
이 되어 그것을 알았을 때,
20 이미 죽은 너희 부모 앞에 가 너희들
은 눈물로 회개하고 참회하며 또한 그
무덤 앞에 가서 너희들은 통곡하는 눈
물로써 사죄할 수 있는 길이 있을 것
이니라.
21 또한, 그것으로써 너희들은 끝일 것이
며, 너희가 반성하여 아름답게 살아간
다 하면, 그와 같은 죄를 사죄하는 마
음으로써 너희들이 세상사 모두에게
사랑을 베풀며 살아간다 하면, 그것으
로써 너희들은 마음의 위안이라도 할
수 있으며 너희들을 달랠 수 있는 길
이 거기에 있을 것이니라.
22 그러나 나의 영의 세계요, 하늘에 오
르는 길은 그와 같지 아니함이니, 너
희들이 어찌하여야 하겠는가?
23 너희들은 내가 지키라 하는 계명을 지
키지 아니하며, 내가 지키라는 그 뜻
을 지키지 아니하고 순종하지 아니하
며, 사악한 무리와 너희들이 더불어
어울려 그들과 생활하고 그들과 살다
가 죽어 내 앞에 온다 하면,
24 너희들은 영원히 사는 세상에서 지옥
불에 가 그 죄의 대가를 치러야 할 것
이며, 다시 구원을 받으며 다시 살아
영원히 나에게 이르는 낙원에 오를 수

있는 길이 너희들에게 없음이니, 이와
같은 것이 너희들의 육신의 삶의 그
생활과 하늘에 오르는 길이 다름이니
라.
25 이제는 사랑하는 피조물 만백성 너희
들은 알아야 할 것이니라.
26 너희들의 부모의 마음을 몰라 그 마음
을 따르지 못하여 부모가 죽은 다음에
너희들이 무덤 앞에 가 눈물을 흘리며
회개하고 통곡해도 이미 때가 늦으니
라.
27 그러나 육의 삶에서는 통곡하고 후회
의 눈물을 흘릴 수 있으며, 또한 너희
들이 이웃에게 사랑을 베풀며 그 아름
다운 마음을 그리 전하고 살 수 있으
며 너희들의 생명이 살아 있는 동안에
그와 같은 역사를 이룰 수 있으나,
28 하늘에 올라와 성령의 심판을 받는 너
희들은 그러한 기회가 없음이니 이를
너희들이 깨달아야 할 것이며,
29 백 년사 육의 삶에서 너희들이 그 부
모의 뜻을 따르지 아니하고 너희들이
어른이 되어 삶을 영위할 때, 그리고
너희들이 자식을 낳으며 가정을 이루
었을 때 후회하며 통곡하듯이,
30 나 여호와의 뜻을 따르지 아니하고 너
희들이 순종하지 아니하며 나의 계명
을 따르지 아니하고 지키지 아니하고
사는 자, 그리고 사악한 무리와 더불
어 살아가고자 하는 너희들은 정녕 어
찌 되는가?
31 후회하고 통곡하고 눈물을 흘리며 아
무리 너희들이 몸부림쳐도 돌이킬 수
없으며 돌아갈 수 없는 것이 하늘의
법도이며, 나의 메시지요, 나의 성령
에 따라 살아가지 아니한 자의 그와
같은 결과이니라.
32 이와 같은 이치를 나의 법전을 통하여
오늘 너희들이 이를 읽고 들었다 하
면, 나의 계명에 따라 지키고 살아갈
것을 너희들이 다시 한 번 마음을 굳
건히 하며 길을 가야 할 것이며,
33 내가 너희들을 구원하기 위하여 다시
내리는 나의 성령을 가슴에 안고 정독
하고 깨우쳐 하늘에 오르는 그와 같은
영광을 얻어야 할 것이니 그리 알라.

2,077 번째 하나님 말씀

2002년 3월 21일 11시 10분

1 사랑하는 선지자야!
2 "네, 여호와 하나님! 말씀하옵소서."
3 나의 피조물 만백성이 인간이 이루는
그 기적과 그 역사를 보며 나의 뜻을
통하여 나의 민족으로 하여금 세상을
다 지배하도록 하며 하나로 이루고자
하였음이니,
4 그러나 너희들이 사악한 마음과 욕심
이요, 이를 버리지 못하여 구약 시대
그 위대한 역사와 찬란한 그 기적의
형태를 본 너희들이 어찌 되었던가?
5 너희들은 너희들의 우상을 섬겼으며
나와는 너무도 먼 길로 너희들이 행하
여 갔음이니,
6 그를 위하여 내가 나의 사랑하는 아들
예수를 세상에 내려보내어 그로 하여
금 나의 피조물 만백성 너희들을 구원
하고자 하였음이니, 내가 어찌하였던
가?
7 나의 성령을 대신하여 네가 대신 내려

가듯이 예수가 나의 성령 모두를 받아
그가 내려가 너희들을 구원하고자 하
였음이니라.
8 그러나 너희들은 어찌하였는가?
9 그 사악한 무리의 욕심에 의하여 너희
들이 스스로 나의 아들 예수를 팔았으
며, 그리하여 그가 그 고통스러운 죽
음의 십자가라는 것에 매달려 죽게 하
였음이니,
10 그는 바로 나의 아들 예수의 생명을
끊은 것으로 그리 생각할 것이니라.
11 그리고 단순히 나의 아들의 그 죽음만
을 너희들이 생각할 것이며 그가 죽어
갈 때 얼마나 고통스러움 속에서 죽었
는가 그리 생각할 것이니라.
12 그리고 그가 죽어 가면서 무엇을 원했
으며 그가 왜 죽어 갔는가 하는 것을
나의 선지자를 통하여 너의 제자들은
깨닫고 있으나 나의 피조물 만백성은
이를 깨닫지 못함이니,
13 너희들이 나의 아들 예수를 죽임으로
써 너희들이 예수가 원하는 것을 행하
지 아니하고, 그리고 예수가 너희들에
게 깨닫고 오라 하는 그 길을 깨닫지
아니하여 지금의 형국에 이르렀음이
니,
14 그는 바로 너희들이 예수를 못 박아
죽게 하였음이나, 그 순간에 너희들은
나의 성령을 못 박아 중단하였으며 나
의 성령의 흐름을 막았음이니라.
15 나의 아들 예수에게 너희들이 그와 같
은 사악한 짓을 하지 아니하였다면 많
은 시간 동안 많은 세월에 많은 것을
너희들에게 깨우쳐 주고 일깨워 줄 수
있었을 것이거늘, 나의 성령의 흐름을
너희들이 막아 버리고 부숴 버렸음이
니라.
16 그리고 나의 성령이 세상에 내려가는
것을 너희들이 차단하였으며 이를 막
은 행위를 저지른 것이니라.
17 그리하여 너희들이 깨우침의 흐름을,
흘러가는 너희들의 생명수와 같은 그
강줄기를 막아서 그를 흐르지 못하도
록 한 그와 같은 죄를 저질렀음이니,
18 오늘의 너희들이 저지른 죄가 얼마나
무섭고 너희들이 감히 어떤 행위를 했
는지 알겠는가?
19 그 당시 나의 아들 예수를 그리 고통
스러운 죽음으로써 죽게 한 것은 나의
성령이 지상에 내려가 너희들을 구원
하고자 하는 그 길을 막았으며 거기에
못질하였음이니라.
20 그리하여 너희들의 생명수가 물 흐르
듯이 그 강줄기가 흘러 이 세상을 다
덮었더라면 오늘과 같은 사악한 너희
들은 되지 않았을 것을,
21 그 흐르는 강줄기의 물을 너희들이 막
아 버렸으니 그 밑의 동식물이 어찌
살아갈 수 있겠는가?
22 그리하여 너희들이 제대로 삶을 살지
못하였기 때문에 너희들은 서로 아비
규환 속에 싸우고 찢고 물고 그리고
너희들 자신이 스스로 다 죽어 가는
그와 같은 형국을 이룬 것이 지금이니
라.
23 정녕 너희들이 지금 말세라는 것은 무
엇이던가?
24 너희들이 다 죽음이니라.
25 그리고 너희들이 다 지금 이 세상에
존재하지 않고 말라비틀어져 죽어 간

짐승이요, 그 짐승의 뼈의 형국과 같
으니라.
26 가뭄에 말라 죽은 짐승들의 그 형국과
같이, 나의 사랑하는 피조물 만백성
너희들이 살았다 하니 너희들이 다 죽
은 자이니라.
27 정녕 나하고는 관계없는 사악한 쪽으
로 너희들이 가고 있음이니,
28 그리고 너희들은 나의 흐르는 그 생수
를 막아 너희들이 독소를 마시고 먹고
살았음이니, 너희들이 그 독소처럼 독
하고 사악하게 되었음이니라.
29 나의 생수요, 너희들의 생명수인 나의
성령이 흐르는 것을, 예수를 죽게 함
으로써 하늘에서 내려가는 그 성령의
길을 차단하였으니, 그 뒤는 너희들이
흐르는 그 생수를 막아 놓고 너희들이
먹을 수 없는 그와 같은 물로써 지탱
하고 있음이니, 이와 같은 형국의 역
사가 흘렀음이니라.
30 그러니 너희들이 나의 성령을 먹지 아
니하며, 나의 성령을 너희들이 못 박
아 예수를 죽임으로써 거기서 단절되
어 그를 막는 간악한 짓을 하고,
31 이제는 사악한 속에서 사악한 뜻과 사
악한 말들 속에서 너희들이 살아왔기
때문에 오늘 너희들이 종말의 시대를
이와 같이 이루었음이니라.
32 그리하여 가장 소중한 그 생명까지도
지금 너희들이 그를 다 묵살시켰으며
너희들 스스로 다 죽은 자가 되었느
니라.
33 그리하여 내가 2천 년이라는 역사가
흐른 지금 나로부터 나의 예수를 통하
여 너희들에게 내린 그 성령을 못으로
박아 너희들이 그를 다 부수고 절단했
듯이,
34 그리하여 너희들이 생명수가 흐를 수
없도록 막았던 그 세월을 2천 년 후에
지전 내가 나의 아들 예수를 통하여
너희들에게 전했던 것을 그와 같은 뜻
으로써 나의 선지자를 선택하여 나의
성령을 나의 법전에 기록하여 너희들
에게 내려보냄이니,
35 너희들이 지금 나의 법전이 세상에 나
가는 것을 막으며 나의 선지자를 해하
며 선지자가 이를 기록하지 못하도록
하는 자는 또 바로 무엇이냐?
36 나의 성령이 예수를 통하여 세상에 내
려가는 것을 막고 너희들이 못질하여
그를 절단 냈듯이, 지금 또 나의 성령
을 너희들이 절단 내고자 하는 자들이
니,
37 너희들이 그와 같은 우를 범한다 하면
이 지구상에는 아름다운 역사가 이루
어질 수 없으며, 새로운 시대요, 새로
운 창조요, 새로운 나라가 건설될 수
없다는 것을 너희들은 알아야 할 것이
니라.
38 그리하여 내가 나의 성령을 직접 태워
나의 법전이라 하여 너희들이 태우고
찢어 버려도 존속되며 영원히 너희들
기억 속에 남을 수 있으며 절대 지울
수 없는 그와 같은 완벽한 나의 법전
을 만들어 세상에 길이길이 전하는 것
이 나의 뜻이니라.
39 그리하여 나의 법전이 세상에 나와 전
하여짐으로 인하여 너희들은 아무리
이것을 태우고 찢어 버리려 해도 이를
막을 수 없는 것이 내가 이루고자 하

는 뜻이니라.
40 그리하니 제자 너희들은 들어야 할
것이니라.
41 나의 법전이 세상을 다 덮을 때까지
너희들은 선지자를 통하여 내가 내리
는 이 성령이 중단되도록 그 흐르는
샘을 막는 그런 사악한 자들이 있어서
는 아니 될 것이니, 이것이 너희들이
해야 할 책무임을 알아야 할 것이니
라.
42 지금 내가 나의 성령을 태워 그 생명
수를 나의 선지자를 통하여 내려보낸
그것을 너희들이 막고 파괴하여 버린
다 하면 이제는 누구도 이와 같은 역
사를 이룰 수 없으며, 나의 낙원을 이
루는 역사는 이루어질 수 없음이니라.
43 예수를 통하여 내가 내렸던 그 생명수
요, 성령이요, 나의 뜻을 너희들이 풍
비박산을 만들었듯이, 예수를 그리 고
통스럽게 죽게 함으로 모두를 다 단절
시켰듯이,
44 나의 선지자를 가해하며 이를 단절하
는 그 사악한 무리로부터 너희들이 지
키고 보호하여 가는 것이 또한 너희들
의 책무임을 알아야 할 것이니라.
45 나의 법전이 160권이 세상에 나가 이
를 막을 수도 없으며 찢을 수도 없으
며 태울 수도 없어 영원히 흐르는 그
생수의 물을 나의 피조물 만백성이 골
고루 마실 수 있도록 그 대업을 이루
는 것이 너희들이니,
46 이를 이루기 위하여, 예수를 그와 같
이 단죄하여 막았듯이, 나의 선지자를
단죄하여 그를 막으려 하는 자들을 제
자 너희들이 지켜야 할 것이니 이를
명심하여 행하도록 하라.

2,078 번째 하나님 말씀

2002년 3월 21일 01시 10분

1 사랑하는 선지자야!
2 "네, 여호와 하나님! 말씀하옵소서."
3 너희들이 살아가는 속에서 이러한 말
이 있느니라.
4 '길가에 집짓기가 얼마나 어려운지 모
른다.'라는 말이 있음이니, 이는 지나
가는 사람마다 한마디씩 던지고 감이
니 그를 주관하는 자가 줏대 없이 그
말에 흔들린다는 말이니, 그리하여 한
마디씩 참견하는 사람 때문에 번번이
자기의 계획이 흔들린다는 그와 같은
뜻에서 너희들이 그런 말을 하지 아니
하는가?
5 선지자야,
6 내가 나의 성령을 태워 너를 통하여
나의 법전이라 하여 지금 160권의 역
사를 이루고 있는 너에게 많은 나의
피조물 만백성이 저희들이 깨우쳤다
하는 자, 정녕 나로부터 터치받은 자,
그렇지 아니하면 저희들 스스로 환상
에 젖어 저희들이 깨달았다 하는 자,
그들이 네가 법전을 만드는 것과 기타
등등 별 이야기를 다 할 것이며 그리
고 시시비비할 것이니라.
7 그리고 나로부터 성령을 받아서 너에
게 전하라 했다 하여 말하는 자들도
또 있으니, 나의 법전에 대하여 시시
비비하는 그와 같은 그들의 말을 너는
그저 들어주되,
8 그를 네가 기억하여 나의 법전을 이루

는 것 외에 네가 거기에 신경을 써서
도 아니 되며, 그들의 말을 첨부해서
도 아니 되며, 나의 법전을 만드는 것
에 그들의 말을 참고해서도 아니 됨을
네가 알아야 할 것이니라.
9 오로지 너는 내가 내린 그대로 나의
성령을 받아 네가 법전을 기록하여 세
상에 내면 그것으로써 네 직분을 다하
는 것이며, 그 이상 더 아름다운 것도,
더 바라는 것도 없음이니 그리 알아야
할 것이니라, 선지자야!
10 길가에 집 짓는 자, 지나가는 자마다
한마디씩 하니 그 말이 옳은 듯하고
도움이 되는 듯하나 그는 기본 질서를
파괴함이요, 그 근본의 짓고자 하는
사람의 뜻을 모르고 함이니 이는 아무
꼴도 되지 아니함이니라.
11 더욱이 나의 성령을 태워 내가 너에게
내려보내며 네가 받아 기록하여 나의
법전이라 하여 세상에 내는, 나의 피
조물 만백성을 구하기 위하여 하는 것
은 아무도 개입할 수도 없으며, 저희
들이 터치할 수도 없으며, 시시비비를
할 수도 없으며, 너보다 더 높이 받은
자 없음이니 그리 알라.
12 그들이 다 높이 받았다 하며 저희들의
깨달음이 높다 너에게 말할 것이니,
너는 그들의 말에 귀 기울이지 말라.
13 오로지 이 세상 피조물 만백성을 구하
기 위하여 나의 뜻을 전하며 나의 성
령을 기록하여 천 년의 역사에 걸쳐서
이 지구상에 악을 제거하며 오로지 선
만을 남길 수 있는 나의 그 뜻을 시행
하는 자는 너 한 사람뿐이며, 선지자
라 명하여 나의 성령을 받아 기록하는
자 너 하나뿐이니,
14 네가 이것저것 그들이 나로부터 대명
을 받았으며, 또 나로부터 메시지를
받았다 하여, 또 나로부터 무엇을 들
었다 하여 그들이 말하는 것을, 네가
그들의 말을 다 들어는 주되 네가 그
를 가지고 나의 법전을 만드는 데 생
각을 첨부해서도 아니 됨이니, 이를
깊이 명심하여야 할 것이니라.
15 그들은 다 깨달음이 너를 따라올 수도
없으며, 너와 같이 내가 직접 명하는
것도 아니며, 내가 너처럼 다스려 가
고자 하는 것도 아님이니, 그들은 저
희들의 생각이요, 저희들의 환상에 젖
어 있음이니라.
16 이를 너는 잊지 말고 명심하여 시행하
여야 할 것이니, 이를 착오 없이 그리
행하라.
17 이 세상에 나의 피조물 만백성을 구하
는 길은 내가 예수를 통하여 너희들을
구하는 메시지를 전하였으며 예수의
이름으로써 기도하는 자 거둬들였듯
이,
18 지금은 나의 성령을 통하여 나의 피조
물 만백성을 구하고자 하여 너 한 사
람을 통하여 지금 법전을 만들어 세상
에 전함이니, 이보다 더 위대하고 방
대한 사업이 어디 있겠는가?
19 그곳에 와 지나가는 자가 한마디씩 말
할 때 네가 그 말에 귀를 기울이면 아
니 됨이니 이를 명심하여야 할 것이
니라.
20 오로지 내가 명한 대로만 너는 기록하
여 세상에 내면 될 것이니, 그들의 시
시비비에 말려들지 말라.

21 누구도 너의 경지를 따를 수 없으며,
누구도 너보다 더 나에게 가까운 자가
없으며, 누구도 날짜와 시간을 기록하
여 성령을 직접 받아 기록하는 자가
없음이니라.
22 그들은 스스로 저희들의 환상이며, 저
희들의 생각이며, 저희들의 잘못된 그
성령으로 하여금 착각 속에 살아 있음
이니라.
23 그리고 또한 내가 터치한 자, 그들은
다 나의 배를 만들어 띄우는 데 일부
분의 맡은 바 소임이요, 재료요, 부품
으로 쓰고자 하여 내가 터치한 자들이
니,
24 그들이 정녕 그 배를 만들며 그 배를
운행하는 것이 무엇이며, 어찌 가며
그 목적지가 어딘지도 모르고 있음이
니, 그들의 행함에 네가 좌우되지 말
라.
25 오로지 네 소신껏 지금과 같이 변함없
이 나의 법전을 세상에 만들어 냈을
때 역사가 이루어질 것이니,
26 누구의 말도 듣지 말아야 할 것이며,
누구도 너보다 더 받은 자, 더 깨달음
이 높은 자, 나에게 가까이 와 있는 자
가 없음이니라.
27 이를 명심하여 시행하라.

2,079 번째 하나님 말씀

2002년 3월 21일 01시 45분

1 사랑하는 선지자야!
2 "네, 여호와 하나님! 말씀하옵소서."
3 나의 피조물 만백성이 네 앞에 와 말
하느니라.
4 누구는 몇십 년 동안 어떠한 방법으로
써 기도했으며, 그 모두를 기도만을
위해 그가 살았으며, 시련과 고통을
겪으면서 그는 기도에 임하였다 하였
으니, 그리하여 그는 세상사를 다 통
달하였으며 나 여호와로부터 부름을
받았으며 나 여호와로부터 은혜를 받
은 자라 그리 말하는 자가 수없이 있
음이니라.
5 그러나 이는 다 저희들의 생각인 것이
지 나 여호와는 아무런 인연도 관계도
없음을 알라.
6 그가 기도하든, 눈보라 속에서 기도하
든, 비바람 치는 속에서 기도하든, 그
리고 그가 밤잠을 안 자고 기도하든,
그가 어떠한 상태에서 어떠한 생각으
로써 어떠한 마음 자세로써 기도를 드
리느냐 하는 그것이 나에게는 중요할
뿐이며,
7 그가 제 생각 자체를 가지고 제가 무
엇을 얻고자, 제가 무엇을 깨닫고자,
무엇을 남들보다 성취하고자 하는 그
러한 생각으로써 기도를 드린다 하면,
8 그는 비바람 속이 아니라 눈보라 속에
서 그가 목숨을 잃어 가며 기도한다
해도 나하고는 아무런 관계가 없으며,
내가 그에게 어떤 것도 명하지 아니함
을 알아야 할 것이니라.
9 기도하는 자세와 기도하는 마음과 그
가 행하는 것이 무엇이며, 그가 뜻하
는 것이 내가 너희들에게 지키라는 계
명을 지키고 나의 율법을 지키고자 기
도하고 경배한다면 반드시 내가 그를
일깨워 줄 것이며 그에게 지혜를 줄
것이며 그에게 임무를 줄 것이니라.

10 그러나 그들이 나의 십계명을 지키는
데 소홀히 하며 나의 계명을 지키는
데 바로 지키지 못하면서 나에게 기도
를 천 날 만 날 한다 해도 나는 그와
아무런 상관이 없음이니라.
11 불 위에서 기도하든, 물 위에서 기도
하든, 얼음 위에서 기도하든, 그가 생
각하고 있는 그 자세가 중요함이니,
12 그가 나와는 정녕 관계도 없는 것을
생각하며 관계도 없는 그와 같은 길을
가고자 하여 나에게 기도하고 경배한
다 하면 내가 그를 듣지 아니함이니라.
13 너희들은 지금 나로부터 많은 것을 터
치받았다는 자들이 수없이 있으며, 일
부분이 나에게 깨달음을 얻었다 하는
자 또 많이 있음이니,
14 내가 선지자를 통하여 나의 피조물 만
백성을 구하는 나의 법전을 세상에 전
하기 위하여 많은 백성을 터치하여 놓
았으며, 그들에게 임무를 주어 그들이
지금 나의 법전이 세상에 나와 저희들
의 임무를 수행하기를 기다리고 있음
이니라.
15 그러나 그렇지 아니한 자들 또한 저희
들이 나로부터 메시지를 받았으며 나
로부터 구원을 받았으며 나로부터 부
름을 받았다 하는 자들이 있으니,
16 그들은 저희들의 믿음을, 저희들의 성
령을 다시 한 번 그들의 가슴에 안고
깨우쳐 봐야 할 것이니,
17 그들에게 저희들의 착각이요, 저의 환
상이요, 제가 원하는 그 속에서 그와
같은 형태가 이루어져 온 것이니, 그
형국을 갖고 나 여호와의 이름을 빙자
하지 말라, 나의 이름을 팔지 말라 그
리 이르라.
18 정녕 내가 지금 이 세상을 이루고자
하는 것은 새로운 시대와 새로운 나의
나라를 건설하기 위하여, 내가 지금
나의 선지자를 통하여 이 모두를 나의
피조물 만백성을 구하고자 하여 전함
이니,
19 이는 내가 나의 아들 예수를 통하여
이루고자 했던 그 뜻을 지금 선지자를
통하여 너희들이 듣고 읽고 보아 깨우
치기 쉬우며 이해하기 쉬우며 너희들
이 누구나 다 받아들일 수 있으며 나
의 뜻이 어디에 있는가 하는 것을 너
희들이 스스로 깨달을 수 있도록 가장
쉬운 방법으로써 내가 풀이를 하여 너
희들에게 내려보냄이니,
20 이것만이 나의 피조물 만백성을 구하
는 길이며, 이 길만이 나의 성령이요,
나의 뜻임을 너희들이 깨우쳐야 할 것
이니라.
21 이제 너희들이 지금까지 살아오면서
잘못 살아왔음을 스스로 시인할 때가
되었으며, 너희들이 믿음을 잘못 왔음
을 깨달아야 할 것이니라.
22 너희들은 세상에 나오는 이 법전을 읽
고 그 속에서 스스로 깨달음을 얻었을
때 구원을 받을 것이며, 이를 정녕 사
탄이요, 이단이라 말하는 자는 구원을
받을 수 없을 것이니, 이와 같이 내가
너희들에게 오늘 간곡히 전하니,
23 나의 성령이 오로지 너희들을 구하는
길이며, 천 년의 역사 속에서 나의 피
조물들을 이 지상에 선한 자 존속하며
천사와 같은 자들만이 이 낙원에서 나
의 은혜와 은총 속에서 살아가는 그

새로운 세상을 만들고자 하는 나의 뜻
이 여기에 다 실려 있음이니, 그 외에
는 나의 뜻이 아니요, 나의 생각이 아
님을 너희들이 알아야 할 것이니라.
24 잘못하는 저희들의 성령이요, 잘못 깨
달으면서 스스로 자기 착각에서, 자기
망상에서 그와 같은 행위를 하는 자들
이 수없이 있음이니, 그들은 아님을
너희들은 알아야 할 것이니라.
25 이를 바로 구분하지 못한다 하면, 너
의 제자들까지 쓰러지며, 너의 제자들
까지 무너지며, 네가 나의 성령을 받
아 법전을 기록하는 이 자체까지도 그
들은 무너뜨리려 할 것이니,
26 그와 같이 그들이 너에게 공격하며 너
에게 반론하며 너에게 갑론을박하며
나의 법전에 대하여 시시비비를 거는
것을, 그들은 다 자기들이 자기 환상
에서, 자기의 깨달음 속에서, 자기가
자기 스스로 얻은 그 잘못된 성령 속
에서 나의 이 법전을 구분하며 나의
법전에 시시비비하고자 함이니,
27 너는 그들의 음성을 들어 너 스스로
소화를 하되 그를 가지고 나의 법전을
시시비비하는 그들의 그 뜻에 절대로
네가 귀를 기울여서는 아니 되며, 너
의 제자들 또한 그래서는 아니 될 것
이라는 것을 그들에게 확실히 일깨워
주어야 할 것이니라.
28 이제는 나의 법전이 세상에 나가는 부
수가 많아지며 퍼지는 지역이 넓어지
며 온 세상으로 나의 법전이 전해질
때, 천태만상의 사람들이 이를 보고
깨우치고 천태만상으로 생각할 것이
니,
29 이 법전을 태우고자 하는 자 있으며,
버리고자 하는 자 있으며, 이를 받아
쓰는 자를 해하고자 하는 그와 같은
무리가, 점점 강하고 극렬한 자들이
너를 향하여 돌진할 것이니, 이와 같
은 깨달음 또한 너의 제자들이 알아야
할 것이니라.
30 그 반면에 이 법전을 읽고 깨우쳐 이
게 정녕 나 여호와의 뜻이라 하여 너
희들 앞에 와 고개 숙여 나의 법전을
가지고 깨우치기를 바라는 자들이 또
한 인산인해를 이룰 것이니, 이와 같
은 양대 형국의 극과 극으로 그 현상
이 이루어질 것이니라.
31 이때 너의 제자들의 마음이 하나가
되어 너희들이 인의 장막으로서 나의
선지자를 보호하며 나의 법전을 지키
고자 할 때, 천 년의 역사에 걸쳐서 오
로지 너희들과 같은 그 후손들이 이
세상을 지배하며 존속하게 될 것이니,
이 역사를 이루는 데 너희들이 모두를
다 바쳐야 할 것이니라.
32 나의 법전을 읽고 깨우치고 깨달은 나
의 피조물 만백성 너희들은 지금 선지
자가 시작하는 이 성전을 중점으로 너
희들이 겹겹이 인의 장막을 이루면서
나의 뜻을 만백성에게 전하는 데 너희
들이 서서히 영역을 넓혀 가는 그와
같은 형태로써 나가야 할 것이니, 이
를 너희들이 깨달아 시행하는 데 착오
없도록 해야 할 것이니라.

2,080 번째 하나님 말씀

2002년 3월 22일 09시 10분

1 사랑하는 선지자야!
2 "네, 여호와 하나님! 말씀하옵소서."
3 많은 세월 속에 저희들의 믿음이라 하
는 곳에서 몸담아 10년, 20년, 자기들
의 평생을 다 바쳐 가는 그들이 그곳
에서 그가 잘못됨을 깨닫고 나의 법전
을 보고 돌아서는 자, 그들은 다 모세
와 같은 자들이며 또 욥과 같은 자들
임을 알아야 할 것이니라.
4 그들은 그 속에서 잘못 가고 있는 나
의 백성 피조물, 내 사랑하는 그들을
모세처럼 그 지옥 불에서 이끌어 나올
사람들이며, 그들의 생명을 구할 수
있는 자들이기 때문에 그와 같은 역할
을 할 수 있는 자들이니라.
5 그리고 그들은 욥과 같이 인내할 수
있는 자들이니라.
6 그들은 모두를 평생을 바친 것이 잘못
됨을 깨달았으니, 그 또한 거기에 대
한 반감이 가슴에 불을 태우는 것보다
도 더 강렬할 것이며, 자기 자신을 자
책하는 마음이 하늘에 닿을 것과 같은
분노가 겹쳐 있으며, 또 그들은 고집
이 있느니라.
7 그리고 고집이 있기에 정녕 나 여호와
하나님이 있음을 알며, 나로부터 구원
의 길이 무엇인가를 알며, 나에게 오
르는 것을 안다면, 그들은 욥보다도
더 지독하게 그 자신들을 지킬 것이며,
8 이 법전을 안고 깨우침에 대하여 그들
은 자신의 목숨을 바칠 수 있는 그와
같은 마음의 준비가 되어 있음이니,
9 그들이야말로 지금 나의 성전에 와서
너의 제자로서 나의 법전이요, 나의
성령의 뜻을 직접 듣는 그들보다도 더
무서운 자들이며 무섭게 돌진할 자들
이니라.
10 너는 그들을 잘 하나하나 거두어들여
그들이 할 수 있는 길을 인도해 주며,
그들에게 힘을 주며 용기를 심어 줘야
할 것이며,
11 그들이 원하는 곳에는 네가 밤과 낮을
가리지 말고 가서 설법할 것이며, 그
들이 원하는 장소에 가서 그들을 이해
하고 설득하며 그리고 나의 성령을 전
해 주는 데 네가 게을리하지 말아야
할 것이니라.
12 그리하여 그들에게 힘과 용기를 네가
심어 줄 때, 그들이 모세와 같이 지금
보다 더 사악한 그 속에서 나의 백성
을 구출하며 나의 백성을 구하는 용기
를 가지며 그들이 그 역사를 이루어
줄 것이니라.
13 그리고 그들이 저희들에게 핍박하는
그 고통과 시련을 견딜 수 있는 것은
네가 그들을 어루만져 주며, 그들의
마음을 달래 주며, 그들에게 용기를
주며, 나의 성령을 그들에게 직접 심
어 주는 그와 같은 너의 노고가 있지
아니하면 그들이 욥과 같이 견딜 수
있는 그 아집과 고집이 또한 무너짐이
니라.
14 그들이 불과 같이 가고자 하는 그곳에
네가 기름을 부어 주어야 할 것이며,
물을 부어서는 아니 될 것이니,
15 그들이 원하는 것이 작든 크든 네가
나아가 원하는 사람들 앞에 깨우침을

주어야 할 것이니라.
16 이제 그들이 모세보다도 더 강인한 성
격으로 사람의 심장부에 송곳이라는
것의 끝을 꽂듯이, 지금 잘못되어 왔
던 그들의 몸체 속에 그 송곳을 찌르
는 것과 같이 그 심장부로 뛰어들어갈
것이며 그 끝이 무디어지지 아니할 것
이니라.
17 그 끝이 돌과 바위에 부딪혀 그들이
멈추고 쉬는 것이 아니라, 꼿꼿이 서
서 불로 녹이고 바람으로 태워 날려
보내면서 그 심장부를 공격하여 나의
피조물 만백성을 구하는 역사를 이룰
것이니,
18 그들의 길을 받쳐 주는 힘은 오로지
나의 성령의 뜻을 그들에게 깨우쳐 주
며, 네가 그들을 격려하는 것이며, 그
들을 어루만져 주는 길밖에 없음이니
라.
19 이제 모든 것을 스스로 깨우쳐 그들이
자기 직분을 다하며, 하늘로부터 대명
을 받았으며 지시를 받았으며 뜻을 받
았다 하는 자들, 지금 저희들이 믿고
있는 그 종파 속에서 돌아 나온 자들
에 대하여 네가 그들을 선별하여 잘
다스려야 할 것이니라.
20 지금 나로부터 하늘의 뜻을 받았으며
대명을 받아 저희 스스로 무엇을 이루
고자 하였으며, 저희들만이 위대한 자
라 생각하며, 저희들이 이 세상을 다
정화할 것이라 생각했던 자들은 내가
만든 그 배에 대한 저희들의 임무요,
한 부분을 관리하는 것이며,
21 또한, 나아가 지금 잘못 가고 있는 종
교 집단 속에서 직함과 직책을 받아
그 속에 뿌리를 내리고 그저 그것만이
하늘에 오르는 길이라고 맹종했던 자
들이 그 맹종함이 얼마나 추하고 더럽
고 부끄러운 모습인가를 알 때,
22 그 지도자들의 허실을 그들이 드러내
며 그를 갖고 그들이 공격하기 시작함
이니, 너희들이 완벽한 성을 공격할
때도 전쟁에서 그 허점이 보이지 않으
면 적을 무너뜨릴 수 없음이니라.
23 그 허점을 지금 몇십 년 동안 저희들
의 성전에 가 모두를 다 바쳤던 그들
만이 알 수 있음이니,
24 그들이 그 성을 공격하기 위한 인도자
가 될 것이며, 그 성을 무너뜨리는 데
첨병이 되는 것을 너는 알아야 할 것
이니, 그들은 내가 너에게 보내 줌이
니라.
25 내가 너에게 보내 줌이니 그들을 잘
관리하고 그들을 잘 다스려야 할 것이
니라.
26 너희들 말에 있지 않으냐?
27 적을 알고 저 자신을 스스로 평가하
며, 적의 능력을 알아 그를 견주고 행
하는 자는 패함이 없다 하지 않았더냐?
28 이제는 그 속에서 그들이 썩고 썩지
않은 부위를 다 알며 30여 년 동안 또
는 평생을 다 바친 그 성곽의 구석구
석을 다 아니, 그들이 어느 곳에서 침
투하면 무너질 것이며 어느 쪽으로 공
격하면 그 성벽이 약할 것인가를 잘
알고 있으며,
29 그들이 또한 너희들이 공격할 때 성문
을 열어 침입할 수 있도록 그와 같이
안내할 자들이니, 그들을 잘 관리하고
써야 할 것이며,

30 그와 같은 임무를 받고 네 앞에 오는
그들에게 그 임무를 주어 확실히 그들
이 성을 무너뜨리는, 그 성곽을 무너
뜨리며 성문을 여는 그와 같은 역할을
충실히 할 수 있도록 그 대명을 그들
에게 각사 일러 줘야 할 것이니 그리
알라.
31 그리고 그들을 불러 네가 나의 성령을
심어 주며, 그들에게 임무를 확실히
내려 주어야 할 것이니 그리하도록 하
라, 선지자야!
32 명하는 자가 확실히 명해야만 받아들
이는 자가 반듯이 받아들이니, 그 성
곽을 무너뜨리고자 하나 외부에서 너
희들과 내통이 정확하지 아니하며 그
와 같은 지침과 지시와 시간과 때를
정확하게 알려 주지 아니하면 그 굳건
히 닫혀 있는 그 성문을 열 수 없으니,
33 모든 것이 시와 때가 있음이니, 그리
고 명령하는 자는 명령할 때가 있으며
받아들이는 자도 받아들일 때가 있음
이니,
34 명령하는 자가 확실히 그때와 시간과
장소를 맞추어 명했을 때 그들이 내통
하여 그 성을 무너뜨리는 역사를 이룸
이니, 이는 죽어 가는 나의 피조물 만
백성을 구하는 것이니라.
35 전쟁터에서 너희들이 전쟁놀이를 하
는 것이 아니라 죽어 가는 나의 피조
물 만백성을 구하는 전사로서 그들이
활동할 것이니,
36 그들에게 힘과 용기와 명령을 정확히
내리는 네가 되어야 할 것이니, 너 자
신이 게을러서는 아니 되며 너 자신이
나태해서는 아니 되는 것이니 그리 알
라, 선지자야!

2,081 번째 하나님 말씀

2002년 3월 22일 10시 10분

1 사랑하는 선지자야!
2 "네, 여호와 하나님! 말씀하옵소서."
3 비바람 속에서 천 년을 기도해도, 눈
보라 속에서 백 년을 기도해도, 얼음
속에서 제가 제 인생을 다 바쳐 기도
하며 불바다와 같은 그 뜨거움 속에서
10년이 아니라 20년을 기도한다 하여
도,
4 다른 생각을 하며 잡생각을 하며 하는
그 기도는 아무런 가치가 없으며 나와
관계가 없다 말하였음이니라.
5 이를 네가 시행하지 못하며 실천하지
못한다 하면 너의 제자들 또한 그를
따를 수 없으며 그를 생각할 수 없음
이니라.
6 내가 너에게 이르기를, 너희들이 나쁜
생각을 하면 그와 같은 나쁜 사람을
가슴으로 불러들인다 하였음이니,
7 너희들이 기도하면서 다른 생각을 하
며, 구원받고자 하는 생각을 하며, 얻
고자 하는 생각을 하며, 육신이 편하
고자 하는 생각을 번갯불처럼 스쳐 가
는 그 순간에 한다 해도 그 기도는 나
하고는 관계가 없음을 알라.
8 그와 같은 마음의 자세로 드리는 기도
는 나와 아무런 관계도 없으며, 그것
은 너희들 스스로 생각하는 것이거늘,
9 그렇다면 너희들이 10년, 20년, 평생
을 기도드렸을 때 과연 나에게 기도드
리는 그 순간에 아무런 생각도 없이

오로지 구원의 길이요, 나 여호와를
경배하며 나 여호와가 존재함을 믿으
며 나로부터 너희들이 죽어 와 심판을
받으며 모든 것은 나의 주관하에 이루
어진다는 그 생각에서 너희들이 기도
만 했는가를 생각해 보라.
10 너희들이 10년이 아니라 20년, 30년,
너희 평생을 다 너희들이 믿는 종교
집단이요, 나의 성전에 와 기도한다
하더라도 그 기도 속에 너희들이 기도
하는 순간에 번갯불이 스쳐 가는 것보
다도 더 짧은 순간에 무엇인가를 너희
들이 딴생각을 하고 나에게 기도를 올
린다 하면,
11 그는 너희들의 머리가 비어 있음이며,
너희들의 생각이 나에게 와 있지 아니
하며, 너희 성령이 나를 향하여 오고
있지 아니함이니,
12 그와 같은 기도는 나와는 아무런 관계
가 없다 하였음이니, 그러니 너희들이
나에게 기도를 드린 것이 과연 몇 번
이나 된다 생각하는가?
13 너희들은 가슴에 손을 얹고 생각해 봐
야 할 것이니라.
14 과연 너희들이 나에게 기도를 하며 나
에게 경배를 하며 무엇을 원하고 얻고
자, 그리고 너희들이 딴생각을 하지
아니하고 오로지 나에게 기도하는 그
속에 정신이 한 곳에만 집중되어 다른
계산과 생각이 없이 기도를 드리는 것
이 과연 몇 번이나 되었으며, 며칠 동
안이나, 몇 초 동안이나 나에게 그리
기도를 드렸는가?
15 너희들이 기도를 드리면서 다른 생각
을 한다 하면 그는 나와 아무런 관계
가 없다 하였으니, 평생을 너희들이
나에게 기도한 자도 나와는 아무런 관
계가 없는 그와 같은 기도를 드리며
믿음을 향하여 오지 아니하였는가 생
각해 보라.
16 그러하니 나에게 구원을 받을 자 없다
말함이 여기 있음이니라.
17 단 1초에 너희들이 기도를 드린다 해
도 아무런 잡념 없이, 아무런 생각 없
이 나에게 기도하고 경배하는 그것만
이 나에게 들림이니, 내가 너희들에게
무어라 말하였느냐?
18 '여호와 하나님! 저의 죄를 용서하여
주옵소서. 하나님의 뜻에 따라 살겠사
옵나이다. 그리고 모두는 하나님께서
주신 은혜와 은총이며, 감사합니다.'
그저 그리 기도하라 하였음이니라.
19 내가 너희들을 구원하고자 하여 이 기
도 방법을 가르쳐 주었음이니, 어찌하
여 너희들은 깊은 생각을 하지 못하고
딴생각만을 하는가?
20 너희들이 '하나님! 저의 죄를 용서하
여 주옵소서. 하나님! 감사합니다.' 하
는 이 순간에도 너희들이 딴생각을 할
수 있음이니, 그저 그런 생각을 하지
아니하는 기도만 내가 받아들인다 하
였음이니,
21 내가 너를 사랑하며 너의 제자들을 사
랑함이니, 너희들의 기도 소리를 내가
듣고자 하여 그리 너희들에게 내가 하
늘의 비밀을 가르쳐 주었거늘, 너희들
머릿속에 생각하는 그런 기도를 하지
말라.
22 너희들이 잡생각을 하며 너희 육신의
즐거움과 안일과 무엇을 추구하고자

하는 그와 같은 생각이 수없이 너희
머릿속에 스쳐 가면서 그 기도를 하
니, 그 기도는 파도 소리만큼도 들리
지 아니한다 하였던 뜻이 여기에 있느
니라.
23 그러하니 너희들이 평생을 나에게 기
도했던들 그 기도가 나와 무슨 관계가
있는가?
24 나와는 아무런 인연이 없는 것이니라.
25 이제는 너희들이 나의 뜻을 알겠는가?
26 내가 너희들에게 모두 나의 성령을 받
아들여 너희들이 선한 쪽으로 생각하
며, 아름다운 쪽으로 생각하며, 그리
하여 너희들을 변화시켜 개혁하고 또
고쳐 나가 너희들이 아름다운 그 길을
향하여 달려오는 것이 내가 이루고자
하는 아름다운 낙원을 이룰 수 있는
길이라 하였거늘,
27 너희들은 하나를 들으면 그저 그것으
로써 너희 가슴에 묻어 두며 또 나아
가서 그를 실천하지 않고 행하지 않는
너희들이 되어 있음이니 이를 어찌해
야 하겠는가?
28 너희들은 내가 성령의 한 뜻을 너희들
에게 전해 줬을 때 너희들은 그것을
좋은 쪽으로, 아름다운 쪽으로 열 가
지 백 가지를 생각해서 깨달음을 얻어
야 하거늘,
29 내가 160권의 성령으로써 법전을 세
상에 내보내 그를 통달한다 해도 그보
다 더한 뜻과 더한 깊음이 너희들의
생활 속에 부딪히는 것이 있을 것이
니, 그때마다 아름답고 좋은 쪽으로
생각하고 살아가야 하는 것이 아니던
가?
30 내가 너희에게 하늘의 이치와 하늘의
비밀을 선지자를 통하여 알려 줌이니,
너희들이 기도하는 것은 지은 죄를 더
는 것과 감사하다는 그 말뜻과 그 행
함만을 생각하라.
31 내가 너희들의 기도를 정녕 듣고 싶으
며, 너희들이 나에게 경배하는 그 기
도를 들으며 너희들의 음성이 나에게
들려 내가 너희들을 구원하는 여호와
가 되고자 하며, 너희들이 나로부터
구원을 받는 아들과 딸이 되게 하기
위하여 내가 그와 같은 기도 법을 가
르쳐 주었거늘,
32 이를 안송하지 않고 딴생각을 지금노
하는 자들이 너의 제자들 속에 있음이
니,
33 나의 피조물 만백성, 하늘에 오르고자
하는 그들을 잘못 가르치는 종교 지도
자 앞에서 배우고 따라가는 자들이 어
찌 제대로 기도를 한 번이나 하였겠는
가?
34 너희들은 나를 향하여 정좌하고 십계
명을 외우고, 십계명을 외우는 속에
너희들의 마음을 다스리며, 그리고 십
계명을 지키겠다는 그 일념과 각오만
을 다시 새기며, 너희들이 십계명이
끝나면서 '하나님! 저의 죄를 용서해
주옵소서. 이 모두는 하나님의 뜻이
며, 하나님, 감사합니다.' 그저 그 기도
만 하라.
35 그 순간에 너희들이 번갯불처럼 스쳐
가는 인간의 사악한 생각이 떠오름이
니 이를 지우고 하는 기도만이 내가
들을 수 있음이니라.
36 이와 같은 나의 뜻을 알았다 하면 너

희들은 오늘 이후부터 기도를 그와 같
이 할 것이며, 아무런 생각도 하지 말
라.
37 십계명을 암송하면서 너희들은 '여호
와 하나님! 저의 죄를 사하여 주옵소
서. 하나님! 감사합니다.' 그 소리만
하고 끝나더라도 그 성령 속에 너희들
이 사악한 자를 불러들이는 그와 같은
마음이 스쳐 감이니,
38 이를 막을 수 있는 자, 그리고 너희들
에게 침투하지 못하게 하는 자, 그 기
도만이 나에게 들림이니, 너희들이 가
슴에 손을 얹고 생각해 보라.
39 수십 년 동안 수천 번 했던 그 기도가
과연 이와 같은 자세에서 올린 기도가
있는가?
40 그렇지 아니하였다면 너희들은 여태
껏 기도를 드리고 나를 경배했던 일이
물거품으로 사라져 갔으며, 하늘의 구
름도 뚫지 못하였음을, 그 이상 들리
지 아니하였음을, 그 이상 메아리가
울리지 아니하였음을 알아야 할 것이
니 그리 행하도록 하라, 선지자야!

2,082 번째 하나님 말씀

2002년 3월 22일 17시 20분

1 사랑하는 선지자야!
2 "네, 여호와 하나님! 말씀하옵소서."
3 오늘의 이 대목을 너의 제자들과 너의
제자들을 통하여 만백성에게 전하여
야 할 것이니라.
4 지금 수천 년 동안 성서라 하여 너희
들이 배워 오며, 하늘에 오르는 길이
라 하여, 그리고 나에게 경배하며 나
에게 기도하는 곳은 아름답고 찬란하
게 짓고 꾸며야 한다 하여 너희들이
대대손손 거두어들인 나의 피조물 만
백성의 피와 같은 그 재물로 성전을
지어 놓고,
5 그 속에서 나의 뜻인 사랑을 실천하며
사랑을 베풀며 나누며 산다는 종교 지
도자들이 그곳에 모여 있음이니, 이는
세상에서 가장 아름다워야 할 곳이
아니던가?
6 그리고 가장 많이 용서하는 곳이 되어
야 할 것이며 가장 사랑과 은혜가 충
만한 곳이며 행복이 그득히 넘치는 곳
이어야 되지 않는가?
7 정녕 너희들이 그와 같은 성전을 나를
위하여 지었으며 나를 위하여 경배한
다 하면, 하늘나라의 천사들이 있는
곳 다음이 어디이겠는가?
8 내가 존재하는 하늘나라, 천사들이 사
는 이 천상 다음에 나의 피조물 만백
성 너희들이 사는 이 지상에서 하늘과
같이 아름답고 사랑을 나누며 너희들
이 행복을 누리며 사는 곳이 어디이더
냐?
9 바로 너희들이 만든 그 성전이어야 되
지 않겠는가?
10 그러기에 너희들이 만든 그 성전에는
언성이 높아도 아니 되며, 시기함이
있어서도 아니 되며, 질투함이 있어서
도 아니 되며, 서로 욕하고 반목함이
있어서는 아니 되지 아니하는가?
11 너희들보다 못한 세상사의 그 세속의
삶을 사는 나의 피조물 만백성이 감히
그곳을 들여다볼 수 없으며 그곳은 상
상할 수 없을 만큼 그와 같이 너희들

이 아름답고 숭고한 삶을 살아가며,
12 너희들이 모여서 이루는 일이 하늘의
뜻이기에 너희들이 하늘과 가장 가까
운 곳이며, 나의 성령이요, 나의 뜻을
들어 행하는 곳이라면 하늘의 뜻과 이
치가 가장 밀접해 있으며 근접해 있는
곳이니,
13 세속에 살아가는 나의 피조물 만백성
이 감히 그 앞에 가서 고개 들 수 없으
며 그 안을 들여다볼 수 없으며 너희
들의 살아가는 그 모습을 자기들과 견
주어 저 자신이 부끄럽고 추한 모습으
로 그 성전 앞에 들어가지 못하며,
14 성전을 지나는 그들이 정녕 믿음의 길
을 가는 너희들 앞에 감히 고개 들 수
없는 그와 같은 아름다운 너희들의 삶
을 영위해야 하지 않는가?
15 그것이 바로 너희들이 정녕 나 여호와
를 향하여 이룩한 그 성전에서 이루어
지는 일이며 벌어지는 일이며 행하여
지는 그와 같은 일이어야 될 것이니라.
16 그러나 그러하지 못하며 항상 터질 수
있는 화산과 같이, 또는 폭발할 수 있
는 그러한 험악한 분위기에서 서로 시
기하고 질투하며, 서로의 의사가 달라
반목하여 언성을 높이는 그와 같은 집
단 속에 있다 하면,
17 그 집단이 그와 같은 형태로 흘러가며
거기 있는 너희들의 그 믿음이 하늘에
오르는 구원을 받았다는 그 사람이 사
는 그곳에서 너희들이 생각할 수 없는
너희들의 재물에 대해서 탐하며, 너희
들의 명성에 대해서 욕심을 내며, 너
희들의 자리다툼에서 욕심을 내며, 너
희들의 지분을 위하여 욕심을 내는 그
와 같은 것이 행하여지고,
18 이 사회의 일반 집단보다도 더 사악하
고 더 간악한 방법으로써 모든 것이
계획되고 실행된다 하면 그것이 바로
무엇이더냐?
19 하늘에서 가장 가까운, 하늘 다음의
지상의 낙원의 집단이요, 성전이라 그
리 말하는 곳이라 너희들이 말할 수
있는가?
20 그와 같이 반목하고 그 험악한 속에
너희들이 거주하며 그와 같은 자들이
그 속에서 생활한다 하면, 이는 바로
이 지상에 양의 가죽을 쓴 늑대의 표
본이며,
21 그리고 가장 사악한 범죄자들이 우글
거리는, 그리고 가장 사악한 범죄를
만들어 내는 그와 같은 집단이라는 것
을 너희가 알아야 할 것이니라.
22 너희들이 정녕 하늘에 오르는 종교 집
단이요, 하늘에 오르는 길이요, 너희
들 말대로 그곳에 가 헌금과 많은 재
물을 바치는 자만이 구원을 받을 수
있으며,
23 그곳에서 나 여호와가 직접 통하고 나
하고 교류하며 나에게 오를 수 있는
그 길이라며 그곳에 모여 있는 자들은
하늘에 올라와 구원을 받았다 하며 또
구원을 받기 위하여 대기하는 너희들
이 아니던가?
24 하늘에 오르는 것은 천사만이 내 옆에
와 거주하며 내 뜻에 따라 시행함이
니, 너희들이 구원을 받았다 함은 그
것이 바로 무엇이더냐?
25 나의 아들 예수의 보혈로써 너희들이
구원을 받았다 그리 말하니 그들은 바

로 무엇이냐? 천사가 되어 있어야 할
것이니라.
26 나로부터 구원을 받아 천사가 되지 아
니한 너희들이 나의 아들 예수의 피로
써 구원을 받았다 하니, 나 여호와로
부터 구원을 받은 자는 하늘에 와 삶
이니, 하늘에 와 사는 자들이 천사밖
에는 존속할 수 없거늘, 그렇다면 너
희들이 천사가 아니더냐?
27 천사라는 자들이 모여 있는 그곳에서
반목하고 시기하고 언성을 높이고 서
로 멱살을 잡으며 서로 밀어붙이며 너
희들의 힘을 겨루기를 전쟁을 방불케
하는 그와 같은 내용의 반목이 계속되
며, 금화와 재물에 따라서 옳고 그르
고 제 앞에 더 놓고 덜 놓는 이와 같은
것으로써 시시비비를 가리는 너희들
의 집단이라면 너희들은 과연 나의 아
들 예수의 피로써 구원을 받은 자더냐?
28 바로 이와 같은 너희들의 잘못됨이 있
음이니 너희들은 정녕 구원을 받지 못
한 자가 아니던가?
29 구원을 받은 자는 천사이니라.
30 너희들이 구원받아 천사가 사는 하늘
나라와 가장 밀접한 곳일 것이며 너희
들 말로써 너희가 천사가 되었음이니,
즉 구원받았다 하면 너희가 천사가 되
었다 말하는 것이 아니던가?
31 그리하여 너희들이 천사가 되었으니
천사가 모여 있는 그 집단이 과연 어
떠한 형태인가 너희들이 생각해 보라.
32 너희들이 천사의 집단이 아니라면 너
희들은 바로 구원받은 자들이 아니며,
천사가 된 자들이 아니며, 너희들은
나의 뜻과는 전혀 반대의 방향에서 지
옥행으로 가 지옥 불에서 아비규환 같
은 전쟁을 치르고 있는 것과 마찬가지
이니라.
33 세속에서 나의 피조물 백성이 살아가
는 일부 소수의 집단만큼도 사랑함이
없으며 용서함이 없으며 서로 양보함
이 없는 그런 곳이 성전이요, 하늘에
오르는 그 종교 집단이 돌아가는 형태
가 그와 같다 하면 너희들 자신이 스
스로 이제 가슴에 손을 얹고 평가할
때가 되었음이니라.
34 그리고 선지자를 따르는 제자 너희들
자신이 이제는 분별할 수 있는 위치에
와 있을 것이니, 과연 어느 것이 하늘
에 오르는 길이며 어느 것이 지옥으로
가는 길인가를 너희들이 알게 될 것이
니,
35 지금 나의 성전에 와 나의 음성을 들
으며 나의 법전을 갖고 공부하며 너희
들처럼 깨우쳐 가고자 하는 그 집단이
아닐 때는, 너희들과 정반대의 현상에
서 이루어지는 그와 같은 집단이라면,
36 어느 집단이 나로부터 선택된 집단이
며 내가 선택한 백성이며 나를 향하여
변하여 오는 나의 진정한 백성이라 말
할 수 있겠는가?
37 이 무섭고 엄연한 차이 앞에서 이제
확실히 너희 자신을 구하여야 할 것이
며,
38 너희들이 서 있는 자리가 어디이며,
너희들이 얼마만큼 소중한 자들이며,
너희들이 행하여야 할 것이 무엇인지,
그리고 너희들이 정녕 나로부터 선택
된 백성이라는 것을 확고히 너희들의
가슴속에 심어야 할 것이니라.

39 다시 한 번 너희들에게 말하나니, 너
희들이 말하는 하늘에 오르는 성전이
요, 재물과 금화를 바치며 하늘에 와
구원을 받으며 나에게 가까이 있으며
가장 가까운 집단이니, 너희들이 천사
의 집단이 아니라면 그것은 사탄의 집
단이며 죄악의 온상이며 죄악의 씨를
뿌리는 그와 같은 곳임을 알아야 할
것이니라.
40 나의 피조물 만백성이 그 성전이라는
곳을 지나가기 위해 너희들의 위대한
삶을 위하여 또 너희들의 숭고한 삶
때문에 그들이 스스로 고개를 숙이고
지나가며 감히 너희를 쳐다볼 수 없는
그와 같은 성전이라면 천사가 사는 곳
이며,
41 나의 피조물 만백성이 너희들이 지어
놓은 성전 앞을 지나가며 사악한 무리
의 집단이라 하여 그들이 존경심이 없
이 그곳에 침을 뱉고 지나가는 나의
백성이 한 명이라도 있다 하면,
42 그와 같이 나의 백성이 행할 수 있도
록 너희들이 그리 보여 주며 그리 살
아왔다 하면 너희들은 정말 사탄이요,
사악한 무리의 집단이라는 것을 잊지
말라.
43 이와 같은 내가 분별하여 내리는 나의
뜻을 나의 사랑하는 선지자의 제자 너
희들은 만백성에게 깨우쳐 그들이 바
로 볼 수 있는 그와 같은 눈을 뜨도록
하는 것이 너희들이 해야 할 책무임을
잊지 말라.

2,083 번째 하나님 말씀

2002년 3월 22일 21시 45분

(강론을 마치며)

1 사랑하는 선지자야!
2 "네, 여호와 하나님! 말씀하옵소서."
3 내가 너의 제자들에게 일러 일깨워 주
었느니라.
4 달리는 마상에서 횃불을 들고 달리는
것같이, 하늘에 오르는 것이 그 횃불
이 꺼지지 아니하도록 보호하고 관리
하는 것과 같은 어려움이 있다 내가
말하였음이니,
5 달리는 마상에서 그 횃불을 보호할 수
있다고 하는 자와 보호할 수 없다고
하는 자, 두 부류가 있음이니,
6 너희들은 보호할 수 있다 하여 그리
보호하고 가는 것이라 내가 말하였음
이니, 그러나 이것을 보호할 수 없다
하는 자는 아예 시도를 할 수 없으며
그가 스스로 포기함이라 내가 말하여
너희들에게 일깨워 주었느니라.
7 지금 나의 피조물 만백성이 하늘에 오
르기 위하여 저희들이 정녕 옳은 길이
며 저희들만이 선택한 길이라 그리 말
하느니라.
8 그러나 너희들은 여기서 깨달아야 할
것이니라.
9 내가 나의 이들 예수를 통하여 나의
성령을 그에게 처음으로 세상에 나를
대신하여 내려보냈으니 그가 무엇을
이루고자 하였던가?
10 그는 바로 사랑을 실천하고자 하였음
이니라.
11 나에게 오르는 길이 사랑이니라.

12 지금 나의 피조물 만백성이 살아가면서 너희들 스스로 가슴에 손을 얹고 생각해 봐야 할 것이니라.

13 과연 사랑이라는 것을 얼마나 실천하고 있으며, 그 사랑의 의미와 그 사랑의 뜻이 무엇인가를 너희들이 깨닫고 있는 것인가?

14 그리고 너희들이 인간사에 살아가며 주고받는 그 사랑만 너희들이 바라보는 것은 아닌가?

15 나 여호와가 너희들에게 베풀고 너희들에게 내리는 그 넓고도 깊은 사랑의 의미와 그 뜻을 아는 것인가?

16 내가 내리는 사랑은 어디까지 너희들을 위해서 내가 인내하며, 내가 베푸는 사랑의 깊이와 넓이는 얼마나 되는가 너희들은 과연 생각해 본 적이 있는가?

17 내가 너희들에게 말하였느니라.

18 나에게 오르고자 하는 나의 피조물 만백성을 인도하고 깨우쳐 하늘에 오르는 그 빛을 볼 수 있도록 하며, 그들의 영혼을 구원받아 나에게 와 같이 하늘의 낙원에서 영원히 살 수 있도록 그 길을 인도하는 종교 지도자들이 과연 사랑의 깊이가 어느 정도 있는가 그들은 알고 있는가?

19 너희들이 나 여호와가 너희들에게 베풀며 내가 너희들에게 이루고자 하는 그 사랑의 폭과 깊이를 모르면서 나에게 오르는 길을 인도한다 하는 그 자체는 바로 무엇을 말하느냐?

20 너희들이 말하는 수박이라는 것의 겉을 핥지도 못하는 그와 같은 형국이니라.

21 너희들이 사랑이라는 것이 어디까지이며, 어디에 끝이 있으며, 어디에 한계가 있으며, 어느 부분까지 사랑이라는 것이 적용되는 것이며, 어느 한계까지 그 사랑이라는 것이 소용되며, 어느 한계까지 사랑이라는 것이 이루어지는 것이며, 그 한계와 끝이 어디 있는가 생각해 보았는가?

22 한번 너희들이 생각해 보라.

23 내가 너희들에게 베풀고자 하는 그 사랑은 끝이 없으며 깊이와 넓이가 끝이 없음이니라.

24 너희들 자신이 존재하며, 너희들 자신이 살아 있으며 너희들의 육신이 존재하는 것을 인식하며 너희들이 사랑을 베푼다는 것은 너희들은 정녕 사랑이라는 것을 모르는 자들이니라.

25 그리고 사랑이 무엇이며 사랑의 베푸는 길이 무엇이며 그 행하는 길이 얼마나 넓고 깊은가 그 자체도 너희들은 모르고 있지 아니한가?

26 너희들의 가슴에 손을 얹고 생각해 봐야 할 것이니라.

27 너희들은 너희 육신이 서로 부닥치고 부닥치는 그 속에서도 너희들이 베풀 수 있는 그 사랑의 한계를 얼마나 실천하고 있는가?

28 내가 나의 선지자를 통하여 너희들에게 말하여 일렀느니라.

29 너희들을 창조해 너희들이 세상에 나가기 전에 내가 너희들의 육신이 살아갈 수 있는 그 모두를 다 주었음이니, 그 은혜에 보답하는 것이 너희들이 나에게 얼마나 넓고 깊은가 그 자체도 한번 생각해 봐야 할 것이 아닌가?

30 내가 너희들에게 다시 한 번 반문하느
니라.
31 너희들이 그 속에서 베풀고 살아가는
것이 너희들의 육에 관계되는 사랑이
니라.
32 그것도 너희들이 과연 얼마나 실천하
는가 생각해 보라.
33 내가 세상에 너희들의 생명을 태어나
게 했으며 너희들에게 먹고살 수 있는
그것을 다 주었으니,
34 나로부터 모든 것을 다 받은 나의 백
성 너희들이 그 속에서 베푸는 사랑을
과연 너희들이 얼마나 실행하고 얼마
나 지키고 있으며, 얼마나 너그러운
마음으로써 이웃을 대하고 있는가 한
번 오늘 너의 제자들부터 가슴에 손을
얹고 생각해 봐야 할 것이니라.
35 너희들 말에 이런 말이 있느니라.
36 '오른뺨을 때리면 왼뺨을 내놓으라.'
하느니라.
37 그것은 너그러운 것이 아니라 그 속에
는 사랑이 있음이니라.
38 그가 너를 때렸을 때 그 손이 아프다
고 생각할 수 있는, 그보다 더 깊이 생
각할 수 있는, 그가 오죽하면 너에게
그 손을 올렸을까 하는 생각, 그가 너
에게 손을 대면서 그가 가슴 아파하는
그와 같은 것을 생각할 수 있는 그 깊
이가 사랑의 기초이니라.
39 사랑은 끝이 없고 그 끝이 보이지 아
니하는 것이니라.
40 너희들이 과연 지금 사랑을 얼마나 베
풀고 얼마나 지키며 살고 있는가를 생
각해 보라.
41 끝이 없고 깊이가 없고 넓이가 없는
나의 사랑을 너희들이 얼마나 지키는
가?
42 그러고도 너희들이 나에게 구원받았
다 말할 수 있으며, 나에게 구원받은
사람이라 말할 수 있으며, 하늘나라에
올라올 수 있는 선택된 자라 그리 말
할 수 있는가?
43 나의 깊고 넓은 사랑에 비한다면 너희
들의 육신에서 살아가며 부닥치는 그
사랑은 천 분의 일도 안 되는 것이니
라.
44 천 분의 일도 안 되는 너희들의 사랑
속에서 너희들의 욕심과 서로 시기 질
투하며 자신을 생각하는 그 속에서 사
랑을 베풀지 못하는 것이 얼마나 많이
있는가?
45 그러면서 천 분의 일도 안 되는 육신
의 삶의 사랑을 가지고 그것도 지키지
못하고 베풀지 못하며 사는 너희들이
나 여호와가 베풀고자 하는 천 가지
만 가지 그 넓고 깊은 사랑을 어찌 깨
달아 볼 수 있는 것인가?
46 오늘부터 너의 제자들에게 이르라.
47 사랑이라는 그 글자를 너희들 가슴속
에 깊이 새기며, 너희들의 손바닥에다
써 가지고 들고 다니는 그와 같은 형
국으로써 그 사랑과 너희들이 생활하
는 것을 비추어 견주어 보도록 하라.
48 그리고 나 여호와가 베푸는 사랑의 끝
과 한계가 어디까지인가를 너희들이
생각해 보며, 나 여호와는 어디까지
너희들을 용서하고 품어 줄 것이며 너
희들을 사랑으로 대할 것인가 한번 생
각해 보라.
49 너희들은 나의 뜻이 사랑이요, 나의

아들 예수를 통하여 너희들이 행하여
하늘에 오르라는 것이 사랑이었거늘,
50 내가 베풀고 예수를 통하여 베풀며 살
라는 그 사랑을 만 분의 일도 지금 시
행하지 못하는 너희들이 어찌하여 하
늘에 구원을 받았으며, 너희들이 선택
된 자이며, 너희들이 남을 평가하며
남에 대한 옳고 그름을 따질 수 있는
것인가?
51 오늘 나의 선지자를 통하여 너희들에
게 전함이니, 너희들은 정녕 참된 사
랑이 무엇인가를 깨우쳐 그 사랑의 실
천함을 너희들이 스스로 깨달아야 할
것이니라.
52 이제 내가 너희들에게 다시 말하나니,
제1단계로서 너희들은 단순히 내가
내린 그 계명을 지킬 수 있다는 자신
과 용기 속에 살아가는 것을 가지고
하늘에 구원을 받은 양, 구원을 받을
것처럼 생각하나,
53 제2단계로서 너희들은 행동함을 그와
같이 행하라 했으니 그를 지킬 것이며,
54 제3단계는 사랑의 의미를 깊이 새기
라.
55 사랑의 의미를 깊이 새기며 그 깊이
새긴 사랑 속에 너희들이 과연 얼마나
실천하고 살아가는가를 거기에 비추
어 너희들이 거울로 삼아야 할 것이
니 그리 알라.
56 그리하여 너희들이 거기서 얻고 깨달
음을 너희 이웃이요, 너희 형제들에게
전하는 그와 같은 역사를 이루도록 하
라.

2,084 번째 하나님 말씀

2002년 3월 23일 02시 10분

1 사랑하는 선지자야!
2 "네, 여호와 하나님! 말씀하옵소서."
3 너희들의 인간사에 살아가는 그 세속
에서도 부모로부터 세상에 나와 너희
들이 어찌 성장하며 어찌 노력하느냐
에 따라서 그 사람의 인생의 살아감이
천태만상으로 변하게 되어 있음이니,
4 어렵고 힘든 그 고비를 인내하고 넘기
며 열심히 노력하는 자, 그는 그것만
큼 거두게 되어 있음이니,
5 그리하여 너희들 인간사 세속에서 남
에게 부끄럽지 않은 삶을 살며 너희들
이 말하는 명예와 자기의 권위요, 그
리고 많은 집단을 거느리며 또는 자기
스스로 부를 누리며 살아가는 자들은
얼마만큼 그 삶 속에서 피나는 노력을
했느냐에 따라서 그 결과가 얻어지는
것이니,
6 거저 이루어지는 것이 하나도 없음을
너희들은 잘 알고 있지 아니한가?
7 인간 육신의 삶 속에서도 너희들이 노
력한 그 대가에 따라서 얻게 되는 것
이 너희들의 삶의 결과이거늘,
8 하늘에 오르는 길이며, 나의 피조물
만백성을 구하는 대업을 맡아 천 년에
걸쳐 이 지구상에 사악한 무리를 다
제거하며 오로지 선한 자만 존재하며
낙원을 이루고자 하는 그 역사의 출발
점에 서 있는 너희들이,
9 인간이 자기의 욕구를 충족하기 위하
여 노력하는 그만큼도 노력을 경주하
지 아니하고 무엇을 이루고 얻으려 한

다 하면 이는 결코 이룰 수가 없음을
알아야 할 것이니라.
10 선지자 너는 나의 성령을 받아 나의
법전을 만들어 세상에 나의 피조물 만
백성을 구하는 대업을 맡았으며,
11 이 세상에 너 하나를 통하여 나의 성
령을 전하며, 그리고 또한 모든 나의
피조물 만백성의 기도를 네가 있는 이
성전을 통하여 다 내가 다 들으며 거
두어들인다 하였거늘,
12 그와 같은 대임을 맡은 네가 피로하며
어렵고 힘들고 괴롭다는 그와 같은 말
이 네 입에서 나오면 되겠는가?
13 너는 그리 대를 위하여 네가 지금 하
고 있는 일과 나로부터 명받은 것이
얼마나 소중하고 위대한 것인가를 모
르고 어찌하여 네가 스스로 좌절하며
스스로 포기하며 스스로 쓰러지고자
하는가?
14 네가 정녕 인간 세속에서 목표를 세워
그 뜻을 이루기 위하여 노력하는 자보
다 얼마나 더 노력하며 얼마나 더 너
자신이 모두를 헌신하여 바치는가?
15 선지자야, 나의 성령을 받는 자는 수
십억 인구 중에 너 한 사람이니, 네가
수십억 인구 중에 우등생이 되어야만
함이니,
16 너희 인간사에 많은 나의 피조물 만백
성 중에서 만백성의 일인자가 된다는
것이 얼마나 힘들고 어려운 것인가를
네가 알진대,
17 너 자신이 그리 좌절하고 너 스스로
어렵고 힘든 그 길을 포기하고자 하는
그와 같은 마음을 갖고 있다 하면,
18 너는 어찌하여 그와 같은 생각을 할
수 있는가, 그리고 네가 감히 그와 같
은 생각을 할 수 있겠는가?
19 네가 그와 같이 힘들고 어려운 것을
네 입으로 말한다 하면 너를 따르는
너의 제자들 또한 어찌 이를 인내하고
견딜 수 있겠는가?
20 너와 너의 제자들은 마음 자세를 바
로 해야 할 것이니라.
21 인간사의 너희들이 육신의 삶에서 하
나의 목표를 세워 그를 달성하는, 또
그 계획을 이루는 것은 얼마만큼 많은
고통과 인내가 따름으로 인하여 그것
이 얻어지는가?
22 너는 나의 성령을 받아 이 지구상에
단 한 사람인 나로부터 선택된 나의
선지자요,
23 너를 통하여 나가는 이 나의 성령이
법전으로 만들어 세상에 나왔을 때,
나의 피조물 만백성을 구하는 그 영광
을 얻게 되는 그 길을 네가 인도자로
서 가고 있음이니, 너 자신이 한번 너
를 돌이켜 보고 생각하여야 할 것이니,
24 사랑하는 선지자야!
25 "네, 여호와 하나님! 말씀하옵소서."
26 두 번 다시 너 자신이 흔들려서는 안
될 것이니라.
27 그리고 네 마음이 그리 약해져서는 안
될 것이며, 네가 그와 같이 무너져 가
는 모습으로써 서 있어서는 안 될 것
이니,
28 이를 명심하여 내가 너를 통하여 내리
는 이 성령의 위대함과 소중함을 알고
나의 성령을 받아 법전을 만들어 천
년에 걸쳐서 모든 사악한 무리가 지상
에 존재하지 못하며,

29 나 여호와가 에덴동산을 이루고자 하
는 그 기초를 세우며 그 대대손손이
보고 깨우쳐서 그들이 천사로서 변하
여져 가는 이 나의 법전을 만드는 네
가 오늘의 육신의 어렵고 힘듦에 좌절
하며 너 자신이 포기하려 들며 너 자
신이 쓰러지려 하면 아니 되니,
30 너는 오늘 이후 두 번 다시 그와 같은
너의 마음 자세를 가져서는 아니 될
것이니 그리 알라.

2,085 번째 하나님 말씀

2002년 3월 23일 08시 35분

1 사랑하는 선지자야!
2 "네, 여호와 하나님! 말씀하옵소서."
3 나의 피조물 만백성이 하늘에 오르는
길과 나에게 기도하는 그 경배의 길에
서 벗어나 저희들이 스스로 잘못 가는
그 자체는 내가 너에게 일러 말하기를,
4 내가 너희들에게 생명을 주어 한 인격
체로 세상에 내보낸 것보다 더 소중한
것이 없으며, 잘못 가는 미신을 추구
하는 자, 점술가요, 또는 무당이라 하
는 기복 신앙을 믿는 그 모두는 다 너
희들과 똑같은 한 형제이며, 또한 나
여호와의 똑같은 자식이라 말하였느
니라.
5 그들이 걸치고 있는 그 옷의 잘못 입
은 모습을 보고 그들을 이단이요, 사
탄이요, 사악한 무리라 말하지 말라
내가 너희들에게 하였으나, 그들이 가
고 있는 그 근본 자체가 잘 가며 정도
라 하는 것은 아님을 알아야 할 것이
니라.
6 그들이 근본의 가는 길과 그들이 선택
한 길은 잘못되었음이니라.
7 저희들이 내가 흰 옷을 입으라 하였건
만, 검은 옷이요, 파란 옷이요, 저희들
마음대로 걸치고 살아가는 그 형태가
잘하며 그들이 정도를 간다 하는 것은
아닌 것이니라.
8 다만, 그들이 잘못 가고 있으나 그들
이 또한 그 위치에 있어야 하기 때문
에 그들이 오늘의 역경을 겪고 그와
같은 길을 가고 있음이니,
9 그들을 마음으로 너희들이 수용하되
그들의 가는 길이 잘되었다 하는 것은
아님을 알라.
10 그리하여 그들을 바로 세우고 그들이
잘못 입고 있는 그 옷을 내가 원하는
하얀 천사와 같은 옷으로 너희들이 입
혀야 하는 그와 같은 노력이 있어야
하며 그들을 깨우쳐야 한다는 것이니
라.
11 그들도 나의 자식이기에 잘못 걸치고
있는 그 옷을 바로 입히고 바로 깨우
치는 것이 너희들이 해야 할 일이니,
12 너희들이 바로 서고 너희들이 아름다
운 모습으로 가야 하며, 너희들이 천
사와 같은 형태로 변해져 있어야만 그
들이 너희들의 모습을 보고 고개 숙여
순응하며 따라오지 아니하겠는가?
13 그리하여 너희들의 마음과 몸을 다 비
우라 하는 것이 여기에 있음이니라.
14 사랑하는 선지자야!
15 "네, 여호와 하나님! 말씀하옵소서."
16 지금 믿음의 길을 가고 있는 그들이
얼마나 굳어져 있으며 얼마나 강인하
게 결속되어 있던가?

17 그들에게 아무리 너희들이 진실한 모
습을 보이고 정녕 나의 법전이 하늘에
오르는 길이라 해도
18 그들은 여태껏 흘러온 저희들 나름대
로의 규칙이 있으며 또 그들이 행하여
온 순서가 있으며 그들이 지켜야 하
는 그와 같은 여러 가지 조건이 지금
그들의 머릿속과 마음속에 굳어져 있
으니,
19 그를 버리고 그를 타파한다는 것은 얼
마나 어렵고 힘든 것인가를 너희들이
알아야 할 것이니라.
20 그리하여 그 속에서 깨우쳐 온 자들만
이 그 속에 가서 그들을 인도하고 깨
우칠 수 있다 하였음이니, 돌보다 더
굳어진 그들의 마음을 어찌하여야 바
로잡을 수 있겠는가?
21 그리하여 내가 너에게 말하기를, 이
지상에 잘못 가고 있는 그 사악한 무
리가 하나라도 있다 하면 그가 너희들
의 아름다운 마음을 다 잠식하여 사악
한 세상으로 만든다 하였음이니,
22 그들은 돌보다 더 단단하기 때문에 그
들을 변화시키고 그들을 깨뜨리며 무
너뜨리기가 그와 같이 힘듦이니, 그
하나가 깨지지 않을 자가 있다 하면
그가 바로 악의 씨로서 모두를 다 물
들이는 그와 같은 엄청난 짓을 하게
됨이니 그들이 사악한 무리이니라.
23 독버섯보다도 더 무섭게, 그리고 길거
리에 피는 질경이라는 그 질긴 풀보다
도 더 그들의 생명력이 무서움이니라.
24 그리하여 저희들이 사악한 무리를 세
상에 전하는 그 일에 그들의 그 사악
함은 말할 수 없음이니라.
25 그리하여 천사와 같이 아름다운 그들
이 다시 그 무리에 물들어 그들에게
먹히게 됨이니, 그리하여 완전히 그
사악한 무리를 뿌리조차 없이 해야
하는 것이 너희들이 해야 하는 대명
이라 함이 여기에 있는 것이니라.
26 지금 이 세상을 덮고 있는 잘못 가고
있는 나의 피조물 만백성이 그것이 정
녕 저희들이 하늘에 오르는 길이요,
구원을 받았다는 그 굳은 마음을 무너
뜨리기는 너희들이 빙산을 오르는 것
보다도 더 어려운 그와 같은 역경이
니, 이를 어찌 다스려 나가야 하겠다
생각하는가, 선지자야!
27 나 여호와가 그들에게 나의 성령을 심
어 아름다운 길이요, 아름다운 하늘나
라를 바라보라고 아무리 누군가를 통
해 외쳐도 그들을 바로잡을 수가 없음
이니라.
28 그리하여 나의 아들이 재림하여 그 역
사를 이루는 것도 아니요, 나 여호와
가 직접 내려가 너희들을 구원하는 것
도 아니라 하였음이니라.
29 그저 태우고 또 태워도, 그리고 찢고
또 찢어도 견딜 수 있는 나의 법전만
이 그들과 싸워 그들의 뿌리를 제거하
는 그와 같은 역사를 이룰 수밖에 없
음이니,
30 그리하여 너에게 내가 160권이라는
그 법전을 만들어 도저히 그들이 저항
할 수 없는 그리고 그들이 도저히 거
부할 수 없는 이와 같은 역사의 장을
열고자 함이니라.
31 그리하여 이것을 전하는 너희들의 그
자세가 곧고 발라야 함이니, 그들이

나의 160권의 법전 앞에 그 스스로 머
리를 휘두르며 저희들이 몸 둘 바를
모를 때 그들을 잡아 건지는 것은 변
화된 너희들의 모습이 낚싯밥이 되게
됨이니, 너희들이 얼마나 소중한가를
알아야 할 것이니라.
32 낚싯밥이 없으면 붕어가 물지 아니함
이니, 바로 너희들이 미끼요, 낚싯밥
이라는 것을 알아야 할 것이니,
33 너희들의 그 자세가 얼마나 소중한가
를 너의 제자들에게 일깨워 주어 바르
고 곧게 성장하는 너희들이 되어야 할
것을 잊지 말라.

2,086 번째 하나님 말씀

2002년 3월 23일 09시 20분

1 사랑하는 선지자야!
2 "네, 여호와 하나님! 말씀하옵소서."
3 너는 너의 제자들을 네가 기적을 이루
는 것으로써 너를 따른 제자들이라 말
하고 남기고 싶은가, 그렇지 않으면
나의 성령의 말씀에 따라 살아왔으며
너를 따른 제자들이라 남기고 싶은가?
4 후세에 너희 후손들이 평하는 것을 어
떤 길을 너는 택하고 싶은가, 선지자
야!
5 몇천 년의 역사가 흐른 다음에 선지자
너를 따른 지금 너의 제자들은 네가
이루는 기적을 보고 따른 제자들이라
그리 기록을 남기고 싶은가,
6 그렇지 않으면 정녕 나의 성령을 보고
그들이 따랐으며, 성령에 따라 그들이
하늘에 오르는 길이요, 나의 피조물
만백성을 구하기 위하여 너를 따른 제
자들이라 남기고 싶은가?
7 너 또한 너의 제자들에게 물어봐야 할
것이니라.
8 너희들이 지금 선지자 너를 따른 것은
선지자가 이루는 기적을 보고 그 기적
을 믿고 따른 선지자의 제자라 하는
그 이름을 후세 대대에 남기고 싶은가,
9 그렇지 않으면 성령의 나의 말씀이라
는 나의 뜻을 보고 깨달아 선지자를
따라 한 시대를 이뤘다는 그 찬란한
빛의 역사에 너희들의 이름이 천년만
년이 흐른 다음에 길이 남기기를 원하
는가 너의 제자들에게 물어보라.
10 그 선택의 권한은 너의 제자들에게 있
음이니라.
11 그러나 여기서 깊이 깨닫고 가야 할
것이 있느니라, 선지자야!
12 구약 시대에 모세가 많은 기적을 이루
었으며 그 역사를 이루었음이니라.
13 그러나 그들은 무엇을 어찌하였던가?
14 그 시대에 사는 사람들이 그 기적이나
역사를 믿지 아니하였으며 그를 거부
하는 우상의 시대를 열었으며 그를 만
들고자 하였음이니, 기적이라는 것이
얼마나 허무한 것이던가?
15 너희들 기억 속에 오래 존재하지 못하
며 너희들의 마음속에 나 여호와가 존
재함을 그들이 깨닫지 못하게 함이니,
16 또한, 예수의 시대에 와서 예수가 기
적을 이루며 그가 목숨을 바쳐 너희들
을 구하고자 했던 그와 같은 시대의
그 역사가, 너희들에게 보여 줬던 모
든 찬란한 나의 은혜의 그 역사의 기
적들이 그 당시에 어떤 결과를 이루었
던가?

17 그 모두는 다 예수의 목숨을 앗아 가
는 그와 같은 형국을 이루었음이니,
기적이요, 너희들이 말하는 그 행위의
믿음이, 너희들이 나의 성령을 보고
믿지 아니하며 기적을 보고 믿는 그
행위 자체가 얼마나 무서운 결과를 초
래했는가 너희들은 지금 생각해 봐야
할 것이 아니던가?
18 그와 같은 세태 속에서 오늘과 같은
이 역사를 이루었음이니, 과연 너의
제자들 또한 기적으로써 지금 너희들
이 나의 아들 선지자를 따랐으며 한
시대에 선지자를 따른 제자로서 영원
히 그 이름을 대대손손 기억에 남기고
싶던가,
19 나의 성령의 뜻에 따라 너희들이 너희
후손들인 너희 자손들을 위하여 한 시
대의 역사를 이루는 그 길을 갔다 기
록하여 남기기를 원하는가?
20 너희들은 여기서 깊이 깨우쳐 너희 스
스로 오늘의 마음을 결정해야 할 것
이며,
21 너희들이 과연 어떤 방법으로써, 어떤
형태로써 선지자를 따라 한 시대 새로
운 역사를 창조하는 나의 그 뜻에 따
라 너희들이 행하여 할 것인가를 확
실히 마음의 자리를 잡아야 할 것이
니라.
22 너희들은 모세의 백성이 어찌하여 그
애굽이라는 나라에서 쫓겨났으며 거
기에서 등을 지고 밀려났을까 하는 것
을 한 번쯤 이 시점에서 생각해 보지
아니할 수 없음이니라.
23 그 모든 기적의 역사를 이루면서 그들
을 이끌어 나온 그 찬란한 나에 대한
능력이요, 그 기적이요, 모세의 권능
에만 너희들이 지금 도취되어 있음이
니, 그들이 결국 왜 나왔겠는가?
24 그 나라가 흉년이라는 것의 긴 세월에
그 민족이 다 멸망되며 그들의 생명이
다 죽어 가게 되고 저희들의 자손의
뿌리가 다 끊어지는, 그리고 많은 세
월의 가뭄에 자신들이 지탱할 수 없으
며 뿔뿔이 헤어지며 목숨을 잃어야 할
그 역사를 모세의 조상이 지혜로써 그
들을 구원하여 주었으며 그들을 살려
주었으며, 그 당시 그들은 모세의 조
상의 지혜에 대하여 감사함을 느끼고
살았을 것이니라.
25 그러나 세월이 흐르면서 그들은 어떤
결과가 되었는가?
26 저희들의 죽어 가는 가뭄의 그 긴 역
사 속에서 저희들의 조상을 구원해 주
었던 모세의 그 조상에 대한 감사함을
잊었으며, 그를 기억하지 않으려 하
며, 그와 같은 형국의 감사함을 알지
못하였기 때문에 그들은 그곳에서 저
희들과 생각과 살아가는 방향이 다르
다 하여 그들을 쫓아냈음이니,
27 지금 너희들이 나의 피조물 만백성을
구하고자 나의 성령을 받아 기록하는
선지자가 너희들에게 기적을 이루며
너희들이 감히 추종할 수 없는 역사를
이룬다 하면 너희들은 어떠한 형국이
생기겠는가?
28 모세가 기적을 이루었던 그 시대와 예
수가 기적을 이룬 그 역사의 시대와
제3의 시대에서 기적을 이루는 시대
로 이어 간다 하면 결국은 어떠한 결
과가 나오겠는가?

29 지금보다 더 사악한 시대가 열어지는
것이니라.
30 그리하여 나의 법전이요, 나의 성령으
로써 너희들을 다스려 가고자 함이니
라.
31 나의 성령이요, 나의 법전이 지금 하
루아침에 이 세상을 덮어 나간다 하
면, 지금 나에게 오르고자 하며 저희
들의 종교 집단에서 몸담고 있는 그들
이 어떠한 결과를 초래하겠는가?
32 저희들이 위협을 받을 때 그는 바로
너희들을 다 이 지상에서 쓸어버리는
그와 같은 사악하고 무도한 짓을 자행
할 것이니라.
33 그들이 모세가 이끌고 온 그 백성이
점점 통치하는 것이 두려웠으며 또 한
쪽에선 그 백성의 조상이 저희들을 구
원해 주었다는 그 감사함을 잊어 가면
서 그들은 생각지 아니하기 때문에 그
와 같은 형국이 이루어지지 아니하였
는가?
34 그와 마찬가지니라.
35 나의 법전이요, 나의 성령이 하루아침
에 너희들이 생각하듯이 퍼져 나간다
하면 지금의 모든 종파는 힘을 합하
여 그 두려움에 의하여 너희들의 그
소집단이요, 나의 법전이 세상에 존재
하지 못하도록 다 거두어 태워 버릴
것이며 찢어 버릴 것이며,
36 선지자를 위시하여 너희들까지도 이
지상에 존재하지 못하는 그와 같은 참
혹한 결과의 형상이 이루어지는 것은
당연한 것이니라.
37 너희들은 지난 역사 속에서만 그와 같
은 만행이 집행되었다 생각해서는 아
니 될 것이니라.
38 나의 아들 예수가 기적을 이루며 너희
들을 구원하고자 했던 그 시대에만 예
수를 팔아 죽이는 그와 같은 잔혹하고
사악한 무리가 있다 생각하지 말라.
39 지금은 나의 피조물의 목숨이요, 생명
까지도 돈으로써, 금화로써 거래하고
사고파는 이와 같은 마지막 종말의 시
대가 와 있으니, 소수의 그들만을 보
지 말라.
40 많은 피조물 만백성의 마음속에 그와
같이 각박하고 사악한 마음의 뿌리들
이 도사리고 있음이니라.
41 육신의 고달프고 힘든 그를 벗어나기
위해서 어떠한 행위도 그들은 두려워
하지 아니하고 시행하고 저지르는 지
금의 형국에 와 있음이니, 너희들은
이를 깨달아야 할 것이니라.
42 너희들은 나의 아들 예수가 죽은 다음
에 나에게 돌아온 그 후로 그 제자들
이 어찌 살아갔는가 그들의 행적을 다
시 한 번 돌이켜 대토론의 장을 만들
어야 할 것이니라.
43 지금 바로 나의 법전이 하루아침에 세
상을 다 덮어 너희들이 편안하고 너희
들이 생각하는 모든 육신의 어려움과
힘듦을 다 들어주며, 너희들이 시작하
는 지상의 낙원을 지금 바로 이룰 수
있도록 그리 만들어 놓는다 하면,
44 그 성전을 이루기도 전에 주춧돌을 놓
은 그 장소는 폐허가 될 것이며 그곳
에 몸담고 있는 너희들의 그 생명 역
시 부지할 수 없음이니,
45 말할 수 없는 처참한 형국으로써 너희
들은 이 세상에서 죽어 가는 삶을 맞

이해야 하는 그와 같은 형국이 아니
된다 누가 말할 수 있는가?
46 그리하면 수천 년의 역사가 흐른 다음
에 오늘의 선지자가 있었으며, 나의
성령이 있었으며, 그를 따르는 제자들
이 있으며, 성전을 짓기 위하여 주춧
돌을 놓았던 그들은 하나의 기억 속에
기억될 것이며, 말로써 전해지는 그와
같은 형국이 될 것이며,
47 너희들의 아름다운 후손들이 그곳에
와 경배하고 참회하는 것이 아니라 그
들을 죽이고 사악한 무리를 이루었던
그들의 후손이 성지순례라 하며 그곳
에 와서 기도하고 경배하는 보순된,
이룰 수 없는 그와 같은 형국이 이루
어지게 될 것이니, 이건 자명한 일이
니라.
48 너희들은 정녕 지금 불꽃같이 일어나
바로 시드는 것을 원하는가, 서서히
지펴 이 세상을 다 태우는 방법을 원
하는가?
49 그리하여 너희들이 참고 인내함이 필
요함이니라.
50 그리고 기다림이 필요함이니라.
51 이 이치를 너희들이 깨닫지 못한다면
나로부터 선택된 백성이 아니니라.
52 이와 같은 형국으로써 너희들이 나의
법전을 전하는 역사를 이루지 못하고
사탄과 같이 불꽃같이 일어나 불꽃이
재가 되는 그와 같은 형국으로 나의
법전을 세상에 전해서는 아니 될 것이
며, 그리 역사를 이룰 수가 없음이니
라.
53 이제 제3의 시대, 마지막 나의 시대는
서서히 물이 흘러 땅을 적시듯이 그와
같은 방법으로 뿌리를 내려가야만 나
의 법전이 세상을 덮으며, 너희들이
존재하며, 내가 이루고자 하는 지상의
낙원, 에덴동산을 너희들 손으로 이룰
수 있는 것이니,
54 이 이치를 너희들이 깨우치고 또 깨우
쳐 너희들이 대토론을 이루어 오늘의
너희들이 가야 할 방향을 잡아야 할
것이니라.
55 너희들이 그 방향을 잡지 아니한다 하
면 나의 법전은 세상을 덮을 수가 없
음이니라.
56 이제는 너희들이 가야 할 길과 너희들
이 어찌 행하여야 할 것인지를 알았
다 하면 너희들끼리 대토론회를 열며
연구하며 선지자와 더불어 너희들이
어찌 가야 하는지를 깨우쳐야 할 것
이니라.
57 지금은 예수의 시대보다도 더 사악한
백성이 되어 있음이니라.
58 도저히 그들이 가고 있는 그 집단에서
돌릴 수 없으며, 그를 등질 수 없으며
그들이 행하는 그 예식을 버릴 수가
없으며 그들이 행하고 있는 그 행사의
순서와 절차까지도 그들은 하나도 버
릴 수가 없는 이와 같은 형국에 이르
러 있으니,
59 그들과 상반되는, 그리고 그들이 도저
히 이해할 수 없는 하늘의 비밀을 그
들에게 내린다 할 때 그들은 어찌하겠
는가?
60 예수를 죽였으며 그 제자들을 쓸어버
리듯이 지금 나의 선지자를 이 지상에
존재하지 못하게 하는 것은 물론이요,
따르는 너희들, 제자들까지도 이 세상

에 존재하지 못하게 할 것이며,
61 그리고 세상의 모든 종파가 힘을 합
쳐 나의 법전을 거두어들이며 태워 버
릴 것이니라.
62 너희들이 생각할 때 나의 법전이 전해
짐을 그들이 거두어들여 지상에서 말
살시킬 수 없다 하나, 너희들은 그리
생각하지 말라.
63 그들의 사악한 힘이요, 그들의 사악한
무리가 존재하기 위해서는 열 번, 백
번도 그들은 다 이를 거두어 버려 이
세상에 존재치 못하도록 씨를 말리려
할 것이니라.
64 그리하고 또 나의 법전을 소유하고 있
는 자들이라 해도 그들이 두려워 세상
에 그를 내놓지 못하며, 그를 일깨우
는, 나의 피조물 만백성의 지표로 삼
을 수 있는 지도자가 없음이니라.
65 지도자가 없는 나의 법전이 존재하면
무엇하며 나의 성령이 세상에 있으면
무엇하는가?
66 그를 전하며 그를 깨우치는 지도자가
없다 하면 그들의 엄포와 그들의 만행
과 그들의 가혹한 행위에 대항하여 아
무도 그를 가지고 나의 뜻이라 하여,
그리고 여호와 하나님의 성령을 자기
가 보관하고 있다 하여 그를 세상에
내보내도 지금의 너희 같은 집단이 아
니 된 그 상태에서 그럴만한 지도자와
용기 있는 자가 없음이요,
67 그가 또한 나왔다 해도 그는 한순간에
세상에서 사라지는 그와 같은 비참한
형국이 된다는 것을 그가 스스로 알고
있으며, 또한 지금의 사악한 무리가
그리 행할 것이니,
68 너희들이 이와 같은 내가 내리는 지금
의 변화되는 그 뜻을 너희들은 토론과
토론으로써 너희들의 마음의 정립을
해야 할 것이니 이를 잊지 말고 시행
하라.

2,087 번째 하나님 말씀

2002년 3월 23일 16시 20분

1 사랑하는 선지자야!
2 "네, 여호와 하나님! 말씀하옵소서."
3 나의 성령을 받아 네가 법전을 기록하
며 또한 너와 너의 제자들이 그 모든
나의 법전이 하늘에서 소낙비가 쏟아
지듯이 이 세상을 다 덮어 주길 바라
며 그와 같은 역사를 이루기를 바라는
마음은 너희들이 잘못되어 있음을 깨
우쳐 할 것이니라.
4 예수가 세상에 나가 나의 뜻을 전할
때 그 시대에 그들은 나의 아들 예수
를 그와 같이 죽게 만들었음이니, 그
는 어떠한 시대의 형국이었던가?
5 그들의 역사며 그들이 말을 전하기 위
해 사람의 입에서 입으로 그를 깨우치
며 전하였음이니,
6 그 나라에서 지금 너희들이 사는 곳까
지 오려면 평생 와도 못 올 그와 같은
시대의 구태의연한 역사 속에서 나의
아들 예수가 나의 성령을 전하고자 했
으며, 또한 그를 반대하는 자들이 그
시대에 그와 같은 역사와 기적을 보면
서도 그를 그와 같이 고통스럽게 죽어
가도록 그리 만든 것이 너희 인간들의
사악한 자세이니라.
7 지금의 너희들 시대가 과연 어찌하던

가?
8 이 온 지구상에 그 모든 역사가 이루
어지는 것을 너희들이 초로 따지면 몇
초 안에 서로 알고 들여다보며 서로
일어나는 상황을 다 볼 수 있는 이와
같은 현시대의 변화가 이루어졌음이
니,
9 한 곳에서 어떠한 역사가 이루어진다
하여 너희들이 옛날처럼 수십 년 간
거쳐서 이쪽에서 저쪽으로 전해지는
그와 같은 시대가 아님이니라.
10 이제는 몇 분이요, 몇 초 안에 모든 것
이 다 전해지는 그와 같은 시대가 되
어 있음이니,
11 너희들은 어찌하여 이 시대의 변함과
종교 지도자들의 그 사악한 심성을 그
리도 모르는가?
12 지금 나의 법전이 내가 말하듯이 소낙
비가 세상을 덮듯이 온 세상을 덮어
나간다 하면 너희들은 그가 덮어 나가
기 전에 어떤 결론이 생기겠는가?
13 너희들이 생각할 때 우선 그들은 수단
과 방법을 가리지 아니하며 선지자부
터 먼저 해할 것이라 생각할 것이니라.
14 그리고 나의 법전이 세상에 나갈 수
없도록 그리 만들 것이라 너희들은 생
각할 것이니라.
15 그러나 이것은 너희들의 계산 착오며
너희들의 우매함임을 너희 자신이 모
르고 있음이니라.
16 지금의 종교 지도자들이요, 세상의 각
종파가 얼마나 방대하며, 그들의 위력
과 그들의 힘이 얼마나 위대한가?
17 어떠한 것도 그 종파들의 힘이나 그
위력 앞에 견딜 수 없으며, 그들에게
항거할 수 없는 그와 같은 소직의 방
대한 힘이 되어 있으니,
18 또한, 너희들이 변하고 전하는 그 모
든 소식이 지금은 초를 다투어 그들에
게 전하여지게 되어 있음이니, 동양의
작은 나라에서 나의 선지자가 전하는
이 법전이 하루아침에 세상에 들끓고
자 나갈 때 그들이 너희 선지자를 해
하며 법전이 못 나가게 하고자 한다는
그런 생각을 하지 말라.
19 그들은 나의 선지자를 지탱치 못하게
할 것이며, 나의 법전을 거두어들임은
물론이요, 제자 너희들까지 온전하지
못하는 이와 같은 처참한 형국에 살아
야 할 것이니라.
20 너희들은 지금 같은 정보의 시대로
변화하지 않은 그 시대에도 예수의 제
자들까지 모두를 다 버리는 그와 같은
험난한 길을 가야 하였음이니,
21 지금은 바로 너희 제자들까지 이 세상
에 존재하지 못하는 그와 같은 형국으
로 만드는 것이 아니라, 동양의 작은
이 나라 자체를 이 지구상에 존속시키
지 아니할 것이며, 너희들의 민족이
요, 너희들의 나라까지도 하루아침에
잿더미로 만들 수 있는 것이 그들의
위력이며 그들이 가지고 있는 형편이
니라.
22 그와 같이 사악한 방법으로써 너희들
민족까지도 존속하지 못하도록 이 지
구상에서 쓸어버릴 수 있는 그와 같은
파괴력을 가지고 있는 것이 지금 잘못
믿어 가고 있는 종교 지도자들이 가지
고 있는 집단의 힘이며, 국가와 국가
간에 그 전쟁이 이루어짐도 너희들은

알지 않는가?
23 종교라는 이념의 관계로 그들이 전쟁
을 수십 년 동안 이루고 있음이니, 그
모두를 다 덮어 두어야 된다 하는 그
러한 나의 선지자가 전하고 있는 성령
으로 나가는 그 법전이 세상에 전해지
며 이것이 있다 생각할 때 그들은 어
찌하겠는가?
24 선지자와 제자 너희들, 너희 자신만을
이 세상에서 제거함이 아니요, 이곳에
있는 민족까지, 그리고 나의 법전이
전해진 그 민족까지 그 모두를 다 이
지구상에서 잿더미로 만들 만한 그와
같은 행위를 하고도 남을 집단이며 그
럴 수 있는 능력을 가지고 있음을 너
희들이 알아야 할 것이니라.
25 너희들이 그와 같은 상대성의 힘과 지
금의 서로 싸우는 모든 그 종교 집단
이 하나가 되어 너희들을 공격할 때
과연 너희들이 얼마나 버티고 견딜 능
력이 있다고 생각하는가?
26 너희들은 말할 것이니라. '전지전능한
여호와 하나님의 뜻으로써 못 이룰 것
이 없으며, 그를 다 통제할 수 있다.'
그리 말할 것이니라.
27 그러나 내가 너희들에게 일찍이 일깨
워 주었느니라.
28 20이라는 그 모두는 너희들이 스스로
만들고 깨우쳐 가야 한다 하였음이니,
나의 아들 예수가 세상에 나와 그가
나의 뜻을 전하던 그 시대는 입으로
써, 입과 입을 통하여 그 뜻이 전하여
지며 성령이 전하여지는 그러한 시대
였음이니,
29 그를 듣고 본 그 시대의 사악한 자들
이 예수에게 행한 것이 그와 같이 포
악하며 그와 같이 잔인무도한 행동을
했으며, 그 제자들까지 차마 눈 뜨고
볼 수 없는 그와 같은 형국으로써 그
들이 당하고 사라져 갔음이니,
30 지금은 1분도 안 되어 모든 것이 다
전해지며 모두가 다 바라보는, 나의
아름다운 이 지구가 한순간의 생활권
에 모두가 돌입해 있는 이 시점에서는
너와 나와 이웃이 없는 그와 같은 형
국이 되어 있음이니라.
31 그리하여 나의 성령이 세상에 나가 지
금까지 저희들이 존속해 온 그 모두를
다 엎으며 그를 다 이 세상에 존재하
지 못하게 할 수 있는 나의 성령이 세
상에 내려왔다 하면,
32 이 세상의 그들이 모두 힘을 다 합쳐
어제의 적이 하나가 되며 10년, 20년
의 종교 전쟁과 뜻을 같이하지 아니하
여 전쟁했던 그 민족까지도 하나가 되
어 그를 받아쓴 선지자요, 그 제자들
을 떠나서 그 민족까지도 공격할 것이
니,
33 너희들의 작은 민족 자체도 버티고 지
탱할 수도 없는 그와 같은 위험한 사
태가 도래함이니라.
34 이와 같은 계획에 나 여호와가 이를
준비하여 하나하나 너희들에게 내려
너희들이 시행할 수 있도록 하고자 함
이니,
35 너희들은 그저 선지자를 통하여 내려
지는 나의 명에 따라 조용히 시행하고
가는 것만이 나의 법전이 세상을 다
덮을 것이며, 그리고 나의 피조물 만
백성이 천 년이라는 세월에 걸쳐 사

악한 무리가 이 지구상에 하나도 남
지 아니하며 그를 뿌리째 제거할 수
있는 역사가 이루어진다는 것을 알아
야 할 것이니라.
36 물이 높은 데서 낮은 데로 서서히 흐
르면서 땅을 적셔 가듯이 그와 같은
방법이 아니면 어떤 형태든 이를 존속
시킬 수 없음이니라.
37 너희들은 말할 것이니라. 나 여호와
하나님의 성령으로써 선지자가 받아
쓴 이 법전이 세상 방방곡곡에 흩어져
있으며 그가 나가 있으니, 이 법전은
영원히 지울 수가 없으며 버릴 수도
없다 그리 말할 것이니라.
38 그러나 그들이 가지고 있으면 무엇하
며 그들이 소장하고 있으면 무엇하겠
는가?
39 나로부터 성령을 받아쓴 나의 선지자
요, 그로부터 깨달음을 받은 제자 너
희들까지, 또는 너희 민족까지도 이
지구상에 잿더미로 만드는 그와 같은
사악한 자들의 방대한 힘 앞에 누가
감히 제가 그와 같은 법전을 들고 있
으며 그와 같은 말씀의 책을 다 가지
고 있다 하여 세상에 그를 내놓을 것
이며,
40 그를 가지고 세상에 나의 피조물 만백
성을 감히 일깨워 하늘로 오르는 길로
인도하며 내가 만들고자 하는 아름다
운 에덴동산의 나라를 창조하고 새로
운 시대를 여는 그 역사를 할 수 있다
생각하는가?
41 나의 선지자요, 나의 종이요, 나의 아
들이 대신하여 그를 이루지도 못함이
니, 자식이 어버이의 유업을 받아 그
가 모든 정열과 모두를 다 바쳐 그 목
숨을 내놓고 이루고자 하는 그와 같은
강인한 자세와 그와 같은 뜻과 그와
같은 이념을 가지고 나설 자 누가 있
는가?
42 아무도 없음이니라.
43 그리하여 너희들이 말하는 나의 법전
이 세상에 전해져 있다 해도 그 법전
의 위력을 과시할 수 없음이니, 그리
고 그가 이 세상에 존재할 수 없으며
그들은 그 모두를 다 거두어 불태워
버릴 것이니라.
44 그들은 그에 대한 상금을 걸어서라도,
그들에게 그걸 하나 바치는 자에게 평
생을 먹고살 수 있는 상금을 내리는
그 조건을 붙여서라도 나의 법전을 모
두 거두어 이 지구상에서 말살할 것이
며, 태워 버릴 것이며, 그 뿌리 자체도
존재하지 못하게 그리 만들 힘과 능력
을 지금의 잘못 가는 집단들이 가지고
있음이니라.
45 그게 바로 사악한 자들의 만행임을 너
희들은 모르는가?
46 너희들은 나의 이 뜻을 깊이 깨우쳐야
할 것이며, 제자 너희들 스스로 행하
여야 할 일과, 너희들이 어찌 가야 할
것이며, 어찌 너희들이 나의 법전을
세상에 전해야 할 것인가를 다시 점검
하고 너희들이 토의하며 합의하고 의
논하여, 그 하나의 뜻을 가르쳐 너희
들이 길을 선택하여 조용히 나의 뜻에
따라 흘러가는 나의 법전의 방향만을
그저 잡아 주는 그와 같은 역할을 해
야 할 것이니라.
47 나약하고 작은 물줄기가 백사장을 흩

러갈 때 너희들이 길을 터 주고 그 물
이 얕은 곳을 찾아 흘러갈 수 있도록
하는 그와 같은 역할만이 너희들이 할
수 있는 길임을 알아야 할 것이니라.
48 그 이상의 행동이나 그 이상 역행을
해서는 나의 법전을 만드는 동양의 이
나라가 존속하지 못한다는 것을 너희
들이 알아야 할 것이니라.

2,088 번째 하나님 말씀

2002년 3월 23일 16시 40분

1 사랑하는 선지자야!
2 "네, 여호와 하나님! 말씀하옵소서."
3 지금 너희 종교 지도자들이 나의 피조
물 만백성을 하늘에 오르는 길로 인
도한다면서 그들이 가르치는 그 형태
가 얼마만큼 나의 심성이요, 나의 뜻
과는 멀게 가르치는 것인지, 그리고
성서의 그 깊은 뜻조차도 깨닫지 못하
고 있음이니,
4 내가 너희들에게 일러 아흔아홉 마리
양 중에 잃어버린 한 마리 양의 그 이
치를 가르쳐 주었음이니, 너희들은 지
금 그리 말하느니라.
5 창공을 나는 새에게도 먹고살 수 있는
것을 주었다 너희들은 그리 말함이니,
그 가르치는 종교 지도자들의 뜻이 어
디 있더냐?
6 새들도 콩을 주워 먹기 위하여 눈밭을
후비고 풀 속을 후비면 그들이 살아갈
수 있다 하였음이니 그리 너희들이 가
르치는 것이니라.
7 그리하여 너희 종교 지도자들이 가르
치기를, 그와 같은 새들도 먹이를 주
었는데 너희 인간들에게 먹이를 주지
아니하겠느냐?
8 그리하여 여호와 하나님께서 너희들
에게 먹이를 주었다 그리 이야기하는
것이니, 종교 지도자가 가르치는 그
뜻의 가르침은 여기에 있음이니라.
9 날짐승도 콩을 주워 먹고 살 수 있듯
이 너희들에게도 다 살 수 있는 것이
있다 그리 말함이니, 인간을 어찌 굶
게, 인간을 죽게 하겠느냐 그런 말씀
이라 그리 너희들은 전하나니, 여기서
너희들이 잘못 가르침을 알아야 할 것
이니라.
10 내가 너희들에게 말하는 뜻은 그와 같
은 것이 아니니라.
11 너희들이 콩을 하나 주워 먹으며 밥
한 끼를 먹을 수 있는 그와 같은 것을
주었다는 것이 아니니라.
12 내가 이 세상을 창조할 때 모두에게
다 먹이를 주었음이니라.
13 짐승들이 살아갈 수 있는 것도, 새들
이 살아갈 수 있는 것도, 사람이 살아
갈 수 있는 것도 내가 모두 다 주었으
니,
14 그들이 먹고살 수 있는 것을 주었다는
것은 내가 최초에 만든 그것을 보고
너희들이 그리 말을 해야 하거늘 너희
들은 그와 같은 큰 뜻을 보지 못하며,
15 내가 이 세상을 창조할 때 날짐승이
요, 들짐승이요, 육식을 하는 동물이
요, 초식을 하는 동물이요, 인간 너희
들까지 다 육신이 이 세상을 살다 죽
어 갈 때까지 살 수 있는 것을 다 주었
음이니 그 뜻을 의미하거늘,
16 너희들은 지금 날짐승이 콩을 하나 주

워 먹는 그와 같은 것을 비유하여 거
기나 이야기하며, 그러기에 인간도 먹
을 것을 주었으니 그리하여 인간인들
어찌하여 먹지 못하고 죽도록 만들었
겠느냐 하는 그러한 작은 뜻으로 비유
하며 가르치고 있음이니,
17 이것이 얼마나 너희들이 어리석은 것
이며, 잘못 가르치는 것이며, 나의 뜻
을 모르는 것인가?
18 창공을 나는 새에게도 먹이를 주었다
는 것은 인간과 똑같이 내가 이 세상
을 창조할 때 창세기에 모든 걸 다 먹
고살 수 있도록 만들어 놓고 너희들을
만들었다는 그와 같은 뜻이거늘,
19 너희들은 그저 날짐승이 눈밭에서 곡
식을 하나 주워 먹고 그들이 일하지
않고 쌓아 놓지 아니하여도 그저 먹고
살 수 있는 것을 다 주었다 그리 말하
니 하물며 인간에게 그와 같은 능력을
주지 않았겠는가 그와 같이 견주어 비
추어 생각하니, 그리하여 그와 같은
방법으로 종교 지도자들이 가르치고
있음이니, 그것이 아니니라.
20 원천적인 너희들이 먹고살 수 있는 것
을 내가 내려 주었다는 그 큰 뜻을 너
희들은 깨달아야 할 것이며, 너의 제
자들에게 그와 같은 이치를 깨우쳐 주
라.
21 작은 것을 보지 말고 큰 것을 보고 나
의 성서를 깨닫는다 하면 너희들이 하
늘에 오르는 길이 무엇인가를 알게 될
것이며,
22 감히 너희들이 잘못 살아온 그 죄를
용서해 주며 너희들의 잘못 살아온 과
거를 용서해 주는 나 여호와며,
23 나의 아들이 그와 같이 역경 속에 죽
어 감이 너희들 자신이 작은 것을 위
하여 존재하지 아니하며, 새로운 역사
와 새로운 시대와 이 지구상에 나의
에덴동산을 만들어 사악한 무리가 하
나도 존재하지 못하며 오로지 천사와
같은 자들이 모여 살아 하늘에서 이
루어진 것같이 이 땅에서 이루어지는
그 역사를 이루기 위하여 나와 나의
아들이 그와 같은 역경을 겪고 갔으며,
24 지금 내가 다시 제3의 시대에 법전을
만들어 너희들에게 내려보내는 것이
그와 같은 뜻이 있음을 알아야 할 것
이니라.
25 그리하여 내가 지금 창공을 나는 새
도 먹이를 주었거늘 인간에게 먹이를
안 주었겠느냐는 그런 생각에 너희 종
교 지도자가 깨우치는 것은 너희들이
말하는 아무것도 모르는 것이며 나의
뜻을 전혀 바라보지 못함이니,
26 오죽 답답하면 너희들이 수박의 겉을
핥지도 못하고 그 속을 익었다 익지
않았다 시시비비를 한다 내가 말하겠
느냐?
27 그것이 아니니라.
28 모든 새요, 짐승이요, 모든 동식물이
요, 이 지구상에 생명을 가지고 있는
모든 미물에게까지도 내가 창조할 때
먹고살 수 있는 것을 충분히 주었다는
그와 같은 뜻이니, 거기에 감사를 드
리며, 나아가 위대하며 전지전능한 나
여호와 하나님의 권능을 너희들이 깨
닫고 내가 존재함을 깨달으며 하늘에
오르게 하고자 하여 내가 가르친 그
뜻이거늘,

29 너희들은 콩 하나 주워 먹는, 너희들
이 밥 한 끼 먹는 그와 같은 것으로써
그리 견주어 보고 가르침이니, 이와
같이 어리석은 종교 지도자들이 무슨
하늘의 뜻을 알며, 하늘에 오르는 길
을 알며, 내가 존재하는 길을 알며, 내
가 무엇을 원하는가를 알고 있겠는가?
30 그리 깨우치지 못하기에 너희들이 감
히 내가 지키고 하늘에 오르라 내린
십계명조차도 지킬 수 없다 그리 말하
며, 그것이 너희들의 성령의 생명이
요, 양식인 것을, 성령이요, 생명의 양
식을 먹지 않고 구원받아 영원히 하늘
에 오를 수 있다 그리 너희들이 지금
떠들어 대고 있음이니,
31 그와 같은 종교 지도자의 세 치 혓바
닥에 놀아나는 나의 피조물 만백성이
그곳에서 잘못됨을 깨닫고 돌아설 수
있도록, 너의 제자들에게 그 이치를
깨우쳐 주기 위하여 내가 오늘 날짐승
에 대한 그 비밀 하나를 또 너희들에
게 내려보내니, 너희들은 이를 깨우쳐
깊이 행하고 깨우쳐 줌을 게을리하지
말라.

2,089 번째 하나님 말씀

2002년 3월 23일 22시 03분

1 사랑하는 선지자야!
2 “네, 여호와 하나님! 말씀하옵소서.”
3 너희들 말에 ‘까마귀 노는 곳에 백로
야 가지 마라.’란 그와 같은 말이 있느
니라.
4 이는 무슨 뜻이더냐?
5 잘못된 집단이요, 잘못된 자가 있는
곳에 바르고 곧은 자가 어울리지 말라
하는 그와 같은 말이니라.
6 지금 나의 피조물 만백성이 누가 옳으
며 누가 그른가 하는 것을 너희들이
어디에 기준을 두어 생각하여야 할 것
인지 혼돈이 오는 그와 같은 시대의
삶을 너희들이 살고 있느니라.
7 이는 모두가 다 사악해졌기 때문에 서
로 믿지를 못하듯이, 누가 사악한 자
며 누가 나로부터 정녕 선택된 자인지
너희들이 구분하지 못함이니,
8 ‘까마귀 노는 곳에 백로야 가지 마라.’
하는 그 말을 누가 할 것이며, 누가 그
와 같은 말을 전하며, 그와 같이 행동
할 수 있는 것을 구분할 수 있는가?
9 너무나 많은 종파가 다 흩어져 있으
며 그 종파들이 다 저희들은 희다 이
야기하니, 과연 그중에 어떠한 것이
흰 것이 있는가?
10 지금 다 검어진 것들이 흰 것이라 소
리 지르고 있으니, 정녕 하얀색으로
변할 수 없으며 보일 수 없는 그와 같
은 형국에 있는 자들이 저희들이 하얗
다 말하며, 하늘에 오르는 길에 진정
한 인도자라 그리 말하고 있음이니,
11 정녕 너희들은 지금 ‘까마귀 노는 곳
에 백로야 가지 마라.’ 하듯이 누가 까
마귀며 누가 하얀 백로인가?
12 이 세상 나의 피조물 만백성이 살아가
는 지금 종교 집단들이 백로와 같은
집단이 없음이니라.
13 그저 다 검은 집단들만이, 지금 검은
종교 지도자들만이, 그리고 검은 종교
의 그 소속된 집단들만이 나의 피조물
만백성을 구하는 길이며, 저희들을 따

르는 자만이 구원을 받는다 지금 그리
말하고 있음이니,
14 차라리 '까마귀 노는 곳에 백로야 가
지 마라.' 할 수 있는 그 하얀 새가 있
다 하면 이는 나의 뿌리요, 내가 이 세
상을 정화하고 바로 세우는 데 하늘과
땅의 교역의 장소로서 그를 쓰련만,
지금은 그와 같은 것이 없음이니,
15 온통 검정 까마귀들로 뒤덮여 있으며
하얀 새인 백로가 한 마리도 없는 그
와 같은 너희들의 삶을 살아왔음이니
라.
16 그 속에서 서로 질시하며 시기하며 질
투하고 싸움하며 언쟁하며, 저희들만
이 오로지 하늘에 오르는 길이라 부르
짖었음이니, 까마귀가 희다 저희들이
소리 지르고 저희들만이 희다는 그와
같은 형국이 지금 이루어졌음이니,
17 내가 2천 년이라는 역사가 흘러오는
그 속에서 지금 너희들의 그와 같은
형국을 바라보고 왔음이니라.
18 이제는 너희들이 더 검어져 그것이 타
버리는 그와 같은 형국을 더 볼 수 없
으며, 너희들이 이제는 더 갈 길이 없
으며, 더 나아갈 길이 없으며, 더 사악
해질 수가 없으며, 더 잔인해질 수가
없어 이는 곧 너희들이 말세에, 종말
에 와 봉착해 있는 이와 같은 형국이
니,
19 너희들은 서로 다 백로와 같이 희다
말하나 나 여호와가 내려다보는 너희
들의 지금 모든 종교 집단들은 다 죽
어 까마귀 떼와 같은 형국이니라.
20 그 역사가 지금까지 흘러왔으며, 이제
는 너희들이 알다시피 너희들의 그 생
명마저도 소중함을 잊어버리니 가장
종말인 이 형국에 이르렀음이니라.
21 그리하여 이를 더 볼 수 없기에 내가
마지막 나의 성령을 태워 나의 법전을
세상에 내려보내니, 이는 까마귀 떼
속에 하얀 새인 백로를 내려보냄과 같
음이니라.
22 그리하여 내가 너희들에게 말하느니,
모든 종교 집단에 속해 있는 자들과
갑론을박하지 말며 시시비비를 하지
말라 함이 여기 있느니라.
23 너희들이 검은 물 주변에 가면 그 검
은 물이 튀어 너희 옷에 묻듯이 이제
내가 모든 까마귀 떼 속에 하나의 하
얀 백로를 내려보냈음이니, 오로지 너
희들이 너희 종족을 번식하는 데 너희
들의 모두를 다할 것이며,
24 너희들이 그들의 새 속에 들어가지 말
며 그들과 어울리지 말라 함이니, 그
리하여 내가 그들에게 너희들이 갑론
을박하고 시시비비하지 말며 너희들
의 직분만을 다하라 가르쳐 일렀음이
니라.
25 지금 너희들이 나의 이 에덴동산에 살
아가는 것이 그와 같은 형국이니,
26 내가 하늘에서 내려다보는 너희들의
살아가는 형태를 지금 말함이니, 이것
이 바로 지금의 너희들이 나의 지구상
에서 살아가는 형태이니라.
27 이는 내가 하늘에서 내려다보는 그와
같은 형국이니, 너희들이 여기에 더
이상 갑론을박하지 말며 이유를 달지
말라.
28 이 세상을 창조했으며 너희들을 창조
한 나 여호와가, 너희들이 몇천 년 동

안 살아오면서 지금에 이른 그 형국이
막바지, 마지막 종말의 시대에 이르렀
음이니,
29 너희들이 정녕 까마귀와 같이 검은 그
와 같은 집단이 되지 아니하였다면 종
말이란 말을 쓸 필요도 없으며 말세라
는 그런 말을 쓸 필요도 없느니라.
30 그러나 정녕 너희들은 더 이상 나아갈
수도 없으며, 더 이상 사악해질 수도
없으며, 더 이상 사탄과 이단 같은 그
역사를 이룰 수 있는 그 길이 없음이
니라.
31 이제 바로 저희들이 종말이요, 마지막
단계에 이르렀음이니, 이를 내가 그대
로 볼 수가 없어 백로의 하얀 새를 한
마리 내려보내어 그 자손으로부터 이
세상을 이어 가고자 하는 그와 같은
어려운 역사를 이루고자 함이니,
32 그 많은 까마귀 떼에 한 마리의 백로
가 시시비비를 한다면 너희들은 그들
의 부리에 찍히고 그 발길에 날려 존
재할 수 없는 그와 같은 형국이 됨이
니라.
33 그리하여 그저 조용히 너희들이 그곳
을 피하여 백로가 그 새끼를 번식하여
그 자손을 번식해 나가듯이, 그들의
생명을 유지하며 그들의 뿌리를 이어
갈 수 있도록 성장하듯이, 지금 나의
법전이 조용히 물 흐르듯이 이 세상을
덮어 가는 그와 같은 역사를 이루는
것에 너희들이 초점을 맞춰야 되며,
34 너희들이 그와 같은 마음의 자세로써
두드리고 또 두드려 나의 법전을 세상
에 전하여, 그 검은 새들이 하얀 새로
변할 수 있도록, 그리고 그 검은 새의
뿌리가 하나도 존재하지 못하도록 그
와 같이 이루고자 하는 것이 나의 뜻
임을 너희들이 깨달아야 할 것이니라.

2,090 번째 하나님 말씀

2002년 3월 24일 07시 03분

1 사랑하는 선지자야!
2 "네, 여호와 하나님! 말씀하옵소서."
3 나의 피조물 만백성을 위하여 내가 그
들이 세상에 태어나 먹고살며 견딜 수
있는 그 모두를 다 내려 주었음이라
말하였느니라.
4 그리하여 너희들이 어찌 살아가느냐
에 따라서 그가 그 자리를 지킬 수 있
으며, 너희들의 노력 여하에 달렸다
하였으며, 너희들이 하늘에 오르는 길
또한 그렇다 일렀느니라.
5 나의 성령을 태워 세상에 내려보내는
나의 법전이, 만백성이 이를 읽고 구
원받는 길이요, 하늘에 오르는 기초
요, 근본이라 말하였으니,
6 이는 나 여호와가 너를 통하여 세상에
법전을 만드는 그와 같은 모든 역사는
나 여호와가 해야 할 몫이라 하였으며,
7 네가 만인으로부터 선지자로서 칭송
을 받으며 대대손손 길이 남을 수 있
는 것은 네 몫이라 하였음이니,
8 이는 네가 뼈를 깎는 고통과 역경의
그 시련을 견디고 이겨 바로 서지 못
한다 하면 네가 스스로 너 자신을 버
리는 그와 같은 무서운 우를 범하게
됨이니라.
9 네가 나의 법전을 받아 열여섯 권을
쓰며 10부에 달하는 160권을 세상에

내보내어 나의 만백성을 구원의 길로
인도한다 하였으나, 내가 너와 너의
제자들에게 일렀느니라.
10 너희들이 하늘에 오르는 길을 다 닦고
그 길을 만들어 너희들이 다시 내려가
나의 사랑하는 피조물 만백성을 인도
할 때, 너희들의 삶이 바르지 못하며
나의 계명을 지키지 아니하며 나의 뜻
에 따라 순종하며 살지 아니하였다면,
너희들은 다시 하늘로 오를 수가 없으
며 너희들이 선택하고 구원한 그 백성
만을 올려보낸다 하였음이니,
11 그때 가서 너희들이 하늘에 오르지 못
하는 너희 자신들의 모습과 너희들의
형태를 생각해 볼 것을, 오늘 너의 제
자들에게 다시 한 번 그와 같은 경종
을 울려 그들이 자세를 바르게 갈 수
있도록 그리 깨우쳐야 할 것이니라.
12 얼마나 너희들이 비참하고 슬픈 결과
며, 나 여호와를 위해 모두를 다 바친
너희 자신이 일순간의 실수로 인하여
그 길의 영광을 얻지 못한다면 이를
어찌하겠는가?
13 이와 같은 대목을 오늘 너의 제자들에
게 다시 한 번 일깨워 줘 그들이 처음
서부터 하루의 삶을 매듭을 짐에 있어
서 남에게 부끄러운 삶이 아니 되도
록, 그리고 자신이 당당하며 밝은 모
습으로 살아가는 너의 제자들이 되도
록 그와 같은 생활의 모습을 보일 수
있는 자들이 되라 이르라.
14 그리하여 1년이요, 10년이요, 너희들
이 죽을 때까지 삶을 그와 같이 살아
야만 너희들이 잘못 가는 나의 피조물
만백성과 차별화되어 하늘에 오르는
길을 볼 수 있음을 알려 주어야 할 것
이니라.
15 오늘 너희들이 내가 원하는 그곳에,
'대전'이라 하는 그 중심 지역에 나의
성전을 하나 앉이니 이 모든 너희들
의 노고에 나 여호와가 기쁨이며,
16 오늘 너희들이 똑같이 나를 위하여 경
배하며 네가 나의 음성으로써 그들을
가르칠 것이니, 그들이 다 한 형제와
같은 그와 같은 마음의 결속을 오늘
이루도록 하여야 할 것이며,
17 오늘부터 그 지역의 모든 자는 한 사
람이 한 사람씩을 더 구원하는 그와
같은 실천을 이루도록 하며, 그것을
기록에 남기며, 그리고 그들의 이름을
하나하나 그들이 기록하여 누가 누구
를 구원했는가를 기록하여 보존하라
그리 말하라.
18 이제 시작됨이니라.
19 그리고 지금 너를 찾아와 병을 고치는
자, 그리고 네 앞에 와 나의 법전이요,
나의 이 성령이 정녕 나 여호와의 뜻
이라 생각하는 그들에게 이르라.
20 그 주변과 그 가족들로부터 그 길을
깨우치도록 하며, 먼저 그들에게 나의
법전을 전하도록 하며, 그들로 하여금
네가 많은 이를 치료하며 고칠 수 있
는 그와 같은 장소를 만들어 네가 그
곳에 나가 그 많은 백성을 구원하는
역사를 이루기 시작하라, 선지자야!
21 내가 너와 같이할 것이니라.

2,091 번째 하나님 말씀

2002년 3월 24일 07시 15분

1 사랑하는 선지자야!
2 "네, 여호와 하나님! 말씀하옵소서."
3 네가 나의 성령을 받아 세상에 나의 법전을 기록하여 내는 것은 한두 권의 책으로 펴내는 것이 나의 뜻이 아니니라.
4 네가 10부로 나누어진 160권이라는 나의 법전을 세상에 만들어 내어 나의 피조물 만백성을 구하는 역사를 이루는 그 앞에 서 있는 너는,
5 또한 너를 따르며, 그리고 나의 성령의 가르침을 너의 뜻에 따라 움직여 배우며 너를 도와 가고 있는 너의 제자들은 지금 이 세상 속에 살고 있으나, 너희들의 생사가 달린 전쟁터에 나온 장수와 병사라 그리 생각하며 가야 할 것이니,
6 이와 같이 명하는 나의 뜻을 잊어서는 아니 됨을 오늘 너의 제자들에게 일깨워 주라.
7 내가 너희들을 전사라 하였음이니, 전사는 무엇이더냐?
8 그 명을 받아 너희들이 소속된 그 단체를 지키는 것이 너희들의 할 일이니, 나의 전사란 무엇이더냐?
9 나의 성령을 지키며 나의 성령을 전하여 나의 피조물 만백성을 사악한 무리로부터 구원하는 임무를 받고 나의 성령을 전하고 나의 법전을 만들어 전함이니,
10 너는 전쟁에 나온 장수며 너의 제자들 또한 너의 부하들이니라.
11 전쟁터에 나온 장수와 부하들이 적과 마주하여 지금 죽고 사는 그 한판의 혈전 앞에 있는 너희들이 거기에 처자식을 생각할 수 있으며 너희들의 편안함을 생각할 수 있겠는가?
12 전쟁터에 나간 장수는 들녘에서 잠을 자며 모든 역경과 고초를 견디며 적과 대치하며 그 적을 물리치는 그 영광을 이루지 아니하면 오로지 죽음만이 있음이 아니던가?
13 이와 같이 한판의 전쟁을 치르기 위하여 준비하고 있는 너희들이 과연 어떠한 마음으로써 나의 성령을 접하며 나의 법전을 세상에 전하며 너희들의 삶을 살아가야 하는가?
14 선지자 너는 지금 전쟁터에 나온 장수며, 너의 명령에 따라 움직이는 수많은 장졸이 죽고 사는 그와 같은 야전의 전쟁터에 적과 대치하고 있으니,
15 언제 한판의 일전이 벌어져 너희들이 죽느냐 사느냐 하는 그와 같은 형국에 서 있는 자세에 네가 지금 와 있음을 알아야 할 것이며, 너의 제자들이 그리 깨우쳐 너희들이 있는 위치를 알아야 할 것이니라.
16 전쟁터에 나와 있는 그가 저의 처자식을 생각하며 부귀와 영화와 재물을 생각하며 명예를 생각한다 하면,
17 그 전쟁에 참석한 모든 병사는 스스로 죽음의 길을 택하며 그 길밖에는 갈 수가 없음을 너희는 알아야 할 것이니라.
18 오로지 목전에 있는 그 전쟁에서 어찌 이기느냐 하는 그것 외에 딴생각을 한다 하면 그런 너희들은 무너져 그 전

쟁터에서 너희 생명을 잃게 됨이니라.
19 사랑하는 선지자 너와 너를 따르는 제
자들은 전쟁터에 나와 있는 장수요,
병졸이라 생각하여 항상 어느 시기에
어느 쪽에서 적이 너희들을 기습하며
너희들을 몰살하고자 그 노도와 같은
힘을 밀고 들어올지 모르는 그를 경계
하고 바라보며 지키고 있는 그와 같은
눈으로써, 마음으로써 너희들의 자세
가 바로 서지 아니하면 아니 됨을 알
아야 할 것이니라.
20 너희들 인간사의 전쟁터에 나온 장수
와 병졸도 그와 같은 긴장을 풀지 않
는 생활에서 살아야 하거늘,
21 나의 피조물 만백성을 천 년에 걸쳐
수억, 수십억의 그 인구를 구원하여야
할 너희들은 지금 잘못 가고 있는 종
교 지도자들, 그 수많은 백성과 싸워
야 하며 그들과 대치하고 있음이니,
22 너희들보다 열배 백배 더 강하고 무서
운 적들과 대치하고 있는 너희들이 어
떠한 경계 태세를 해야만 될 것이며
어떠한 전투를 해야만 승리할 수 있는
가?
23 한 명이 천 명, 만 명, 그보다 더 많은
병사를 이겨야 하는 것이 지금 너희
들이 대치하고 있는 적과의 상황이니
라.
24 그러한 상황에서 과연 너희들이 얼마
나 마음을 단결하며, 마음이 일치단결
하여서 하나가 되어 그들과 싸울 수
있으며, 너희들이 싸워서 이겨야 할
그 전쟁이 얼마나 무서운가를, 그리고
얼마나 힘겹고 어려운 전쟁인가를 너
희들이 돌이켜 봐야 할 것이니,
25 지금 바로 너희들이 대치하고 있는 형
국이 그러하거늘, 한 사람이 천 명, 만
명을 이겨도 다 이길 수 없는 그들과
대치하고 있는 너희들이 오로지 잘못
하면 죽음밖에 없음이니, 그 죽음의
직전에 서 있는 너희들이 어찌하여야
하겠는가?
26 너희들이 그 상태에서 너희들의 처자
식을 생각하며, 여인을 생각하며, 금
은보화를 생각하며, 따뜻한 방에서 잠
자는 것을 생각하며, 호의호식하는 것
을 생각하고 있다면 그 병졸은 일 대
일로 싸워도 이길 수 없는 그와 같은
형국이 되느니라, 선지자야!
27 오늘 너의 제자들에게 지금 너희들이
나의 전사로서 준비하고 있는 것이 이
것이며, 너희들을 따르는 많은 백성이
정예의 그 깃발 아래 나의 피조물 만
백성의 장졸이 모여들기 전까지는 너
희들은 마상 앞에 있는 등불과 같은
것이거늘, 어찌하여 너희들이 그 자세
를 모르는가?
28 오늘 너의 제자들에게 이와 같은 너희
들의 위치며 너희들이 처해 있는 그
환경과 그 뜻과 그리고 너희들 앞에
이루어지는 역사의 변함을 일깨워 주
어야 할 것이니 그리 알라, 선지자야!

2,092 번째 하나님 말씀

2002년 3월 24일 07시 50분

1 사랑하는 선지자야!
2 "네, 여호와 하나님! 말씀하옵소서."
3 지금 이 세상 나의 피조물 만백성이
저희들이 어느 길을 가는지도 모르며,

어떻게 흘러가고 있는 것인지도 모르며, 저희들이 지금 숭배하는 그 종교의 기초요, 근본이 어디 있으며, 저희들의 믿음의 길이 어디로 가는지도 모르는 그들이 무어라 말하느냐?
4 마지막 시대에 적그리스도가 온다 그리 말하느니라.
5 과연 누가 적그리스도인가?
6 나 여호와 창조주가 지키라 명한 나의 십계명과 나의 율법을 지키고 어렵고 힘든 그 인생의 삶의 길에 살아가고자 하는 자가 적그리스도인가,
7 내가 명한 것은 너무나 어렵고 힘들어 잘못된 가르침이요, 잘못된 명령이라 생각하며 이는 인간의 육신을 가진 자로서 지킬 수 없다 말하며 그와 같이 단상에 서서 나의 피조물 만백성을 가르치고 지도하는 자들이 적그리스도인가?
8 너희들은 이 이치를 깨우쳐야 할 것이니라.
9 이 세상 많은 나의 피조물 만백성이 수천수만 가지 우상을 섬기며, 저희들을 구원해 줄 신이라 하여 그를 받들고 따르는 것이 너희들 상식으로써는 생각할 수 없는 그와 같은 많은 것을 경배하고 따르며, 그를 나에게 오르는 길이며 저희들의 구원의 길이라 하여 그리 매달려 가는 것이며,
10 그곳에 가 모두를 다 바치며 살아가는 나의 피조물 만백성의 그 숫자와 가짓수를 너희들이 알아본다면, 그 참담함을 너희들 자신이 이해하지 못할 것이며, 그 숫자와 방법 또한 너희들 자신이 이해하지 못할 것이니라.
11 지금 나에게 오르고자 하여 바른길이며 바른 정통의 믿음으로써 구원을 받았다 하며, 구원을 받을 수 있는 자신이 있다 하며, 구원의 길을 가고 있다는 그들이 지금 하고 있는 행위가 정녕 내가 원하는 길이 아니라면 그는 어떠한 길을 가고 있는 것인가?
12 지금 나의 피조물 만백성이 마지막 시대에 적그리스도가 온다 하였음은 이는 흑백의 논리를 반듯이 하고자 하는 그와 같은 너희들의 뜻임이니,
13 여기에는 모두를 다 적그리스도라 하여 너희들이 적으로 만들며 오로지 너희들만이 완전한 믿음의 길을 가고 있는 나의 백성이라 하여 너희들이 울타리요, 너희들의 결속을 다지고자 하는 그와 같은 생각에서 그와 같은 말을 하는가 하면,
14 이제는 백이냐 흑이냐 하는 것을 확실히 너희들이 구분하여야 할 때가 왔음을, 너희들이 또한 너희들 자신이 모르면서 그를 나의 피조물 만백성에게 말하며 그를 알려 주고 있는 것임을 알아야 할 것이니라.
15 이제는 너희들이 흑백의 논리를 반듯이 구분하여야 하며, 그와 같은 이치에서 어떠한 것이 일어서 나의 피조물 만백성을 정녕 구하는 길이며 그가 구할 것인가 구분이 될 때가 왔음이니, 이것이 바로 너희들이 말하는 종말이요, 마지막 시대라 말하는 것이니라.
16 이제는 피할 수가 없으며 돌아갈 수도 없음이니, 나의 성령이, 나의 뜻이 세상에 내려가 나의 음성으로써 나의 피조물 만백성을 구하고자 지금 제3의

시대가 시작하였음이니,
17 지금 내가 나의 성령을 선지자를 통하
여 160권의 법전에 담아 세상에 내보
내 나의 피조물 만백성이 나의 성령이
요, 나의 뜻이요, 나의 음성을 들어 그
들이 바로 서서 간다 하면 그들은 백
기가 아니던가?
18 그렇다면 그와 같은 길을 가지 않는
자는 붉은 기이니라.
19 정녕 너희들 말대로 지금의 믿음의 길
이 너희들 마음속에 한 점의 부끄러움
이 있으며, 잘못 가고 있으며, 잘못 깨
우침이며, 성서의 뜻대로 살아가지 못
하는 자가 기도하며 가르치며 그리고
단상에 서서 설교하고 가르치는 자들
이 성서의 기준에 의하여 그 길을 가
지 못하며 그 뜻을 알지 못하여 잘못
가르친다 하면 너희들은 어찌 생각하
는가?
20 이제는 흰 기요, 붉은 기요 하는 그와
같은 가림을 확실히 해야 할 때가 왔
으며 이제 시작되었음을 너희들은 알
아야 할 것이니라.
21 그러니 나의 성령으로써 내가 태워 내
려보낸, 나의 선지자를 통하여 지금
기록해 나가는 법전이 정녕 하얀 기의
뜻이 아니라 하면 지금 믿어 온 그들
이 하얀 기일 것이며 나의 성령이 붉
은 기가 될 것이니,
22 이제는 붉은 기와 흰 기가 부딪쳐서
옳고 그름을 구분하여 하나만이 세상
에 존재하는 그와 같은 역사가 이루어
지는 시대가 이루어짐이니, 이제 서로
한판의 결전이 시작되고 있음이니라.
23 그러나 지금 내가 내리는 성령을 들어
나의 법전을 세상에 전하는 나의 피조
물 만백성은 백 명도 되지 않는 너희
들 제자와 너뿐이며, 그와 반대의 길
을 가고 있는 그들은 이 지구를 다 덮
고 이끄는 방대하고 위대한 위력과 재
력과 모든 능력을 갖춰 가진 자들이
니,
24 그들과 너희들이 지금 견주어 서 있는
그와 같은 형국이 되어 있음이니, 그
러나 이는 반드시 누가 적그리스도이
며 누가 흰 기인가를 구분해야 하며,
한판의 승부가 벌어지는 것은 필연인
것이니,
25 이와 같이 너희들을 공격하고 너희들
을 탓하며 너희들을 지상에서 짓이기
려 하는 그 힘이, 지금의 그 조직이 얼
마나 방대하고 위대한가를 너의 제자
들과 너희들은 깨달아야 할 것이며,
26 너희들과 대적하고 있는 그들이 어떠
한 사람들인가를, 또 어떠한 조직을
가지고 있으며, 어떠한 믿음을 가지고
있는 자들인가를 너희들은 확실히 봐
야 할 것이며, 똑바로 읽어야 할 것이
며, 똑바로 그들의 내부를 알아야 할
것이니라.
27 이 엄청난 극에서 극으로 서 있는 너
희들의 그 위치에서 너희들이 그들을
이기고 바로 세우기 위해 어찌 가야
하는 것인가 하는 이것은 너희들이 판
단해서 알아야 할 것이니라.
28 내가 말했듯이 전쟁터에서 수만 대 일
로 싸워야 하는 너희들의 자세가 어
떠해야 할 것인가? 그리고 마음가짐
이 어떠해야 할 것인가?
29 백 명도 안 되는 너의 제자들과 이 세

상을 덮고 있는 잘못 가고 있는 종교
집단들과 붉고 흰 것을 구분하는 그와
같은 일전이 지금 시작하고 있음이니,
30 이는 바로 적을 알아야 할 것이며, 적
의 심장부를 알아야 할 것이며, 적의
약점과 단점과 취약점을 알아야 할
것이니,
31 그리하여 거기에 대비하여 너희들이
너희 자세를 바로 갖춰야 할 것이니,
이는 바로 너희들은 더 이상 말할 것
이 없느니라.
32 나의 십계명을 바로 지키고 살며 나의
법전의 내용 그대로 바르고 곧게 살아
가는 것만이 너희들이 전쟁터에서 승
리할 수 있는 길이니라.
33 그를 채택하지 아니한다면 너희들도
다 그들과 똑같은 자로 전락하게 됨이
니, 너희들은 스스로 물이 되어 녹아
없어지는 그와 같은 결과가 될 것이니,
34 너희들이 나의 십계명을 지키며, 나의
법전을 지키며, 내가 선지자를 통하여
내린 그 명령을 얼마만큼 바르게 따르
느냐에 따라서 너희들의 위치가 승리
냐 패배냐 하는 것이 달렸다는 것을
너의 제자들에게 반드시 일깨워 줘야
할 것이니라, 선지자야!

2,093 번째 하나님 말씀

2002년 3월 24일 12시 23분

(강론을 마치며)

1 사랑하는 선지자야!
2 "네, 여호와 하나님! 말씀하옵소서."
3 너의 제자들에게 이르라.
4 지금 나의 피조물 만백성이 구원의 길
을 오르며 나에게 오르고자 평생을 바
쳐 기도하고 살아가는 그들의 생활 형
태를 너희들은 어찌 보는가?
5 지금 나에게 오르겠다 하며 성서를 가
지고 자기들의 모든 시간과 모두를 다
바쳐 저희들이 구원을 받았다 하며 나
의 아들 예수의 피로써 구원을 받았다
그리 말하는 자들이 살아가는 형태가
어찌 이루어지는 것인가?
6 그리고 그들은 금화와 은화와 재물을
십일조요, 각종 헌금이요, 저희들이
명분을 붙여 바치고 그 명칭에 따라서
저희들이 금화와 은화를 주고 그를 삼
이니, 내가 그리 행하지 말라 하였으
며 그것이 나와는 아무런 관계도 없다
말하였으니, 그 뜻이 여기에 있음이니
라, 선지자야!
7 내 사랑하는 선지자의 제자 너희들은
들어야 할 것이니라.
8 너희들이 남의 세금이라는 것을 거짓
하여 떼어먹으며 남을 속여서 번 돈이
며, 남에게 거짓 하여 번 돈이며, 남의
건물이요, 집이라는 것을 너희들이 만
들어 주면서 부정으로 번 돈이요, 너
희들이 완전하게 정상적으로 이루지
아니한 그 재물을 가지고 너희들 성전
에 가서 바치며 기도하느니라.
9 이리하여 이를 헌금이라 하여 내며,
그를 내면서 너희들이 나에게 축복을
받기를 원하고 그리함이니, 이게 어찌
있을 수 있는 일이던가?
10 잘못된 방법이요, 정도가 아니요, 내
가 원하는 삶이 아닌 방법에서 너희들
이 거두어들인 그 재물의 일부를 너희
들이 잘못 가르치는 종교 지도자 앞에

바치면서,
11 너희들은 그것을 나에게 바치며 영광
된 일이라 하며, 너희들은 역사를 이
루었으며, 나 여호와에게 찬란한 그
일익을 담당하며, 내가 새로운 역사를
이루고자 하는 거기에 너희들이 동침
하는 자로 착각하고 있음이니라.
12 내가 너의 제자들에게 이르니, 불법적
인 방법으로 취득한 그 재물의 일부를
너희들이 갖다 바치면서 그를 가지고
나에게 영광된 일을 너희들이 하는 것
처럼 착각하며,
13 그것이 나로부터 영화요, 복을 받으
며, 너희들이 구원을 받으며, 그리고
너희들에게 축복이 있을 것이라 그리
기도하고 나에게 경배하니, 이를 너희
들은 어찌 생각하는가?
14 너희들이 십일조를 바치며 헌금을 바
치며, 그것이 너희들이 남을 속였으며
남에게 거짓을 했으며 너희들이 바쳐
야 할 돈을 갖다 속여서 모은 돈이며,
남을 속이고 남을 기만하여 정도가 아
닌 것으로써 번 돈의 일부를 떼어서
너희들이 바치면서 너희들이 위대한
역사라며, 나에게 경배하며, 나를 기
쁘게 하며, 내가 너희들이 하늘에 오
르기 위하여 지키라는 그 길에 올 수
있는 것이라며,
15 그리고 더럽고 추한 그 재물로써, 도
둑질하며 강도질하여 번 그 재물의 일
부를 바치면서 너희들이 나에게 경배
하며, 그를 하늘에 많이 쌓아 놓는 자
가 하늘에 오를 수 있다 함이니, 이는
어떤 것이냐?
16 도적질하여 바치는 그 재물을 받아들
인 나 여호와라 그리 나 여호와를 욕
함이요, 나를 너희들이 그리하여 너희
자손 대대 그 자식들에게 가르침이니,
그를 보고 큰 너희 후손들이 어찌 알
겠는가?
17 아비가 도적질하여 그 돈의 일부를 떼
어 놓고 내 성전이라는 곳에 와 기도
하며 축복을 사며 그 돈을 바치면 하
늘에 올 수 있다는 것을 자식들에게
가르치며, 그를 듣는 아이는 어찌 생
각하는가?
18 그러면 그가 무어라 생각하겠는가?
19 도적질하여 바치는 재물을 거두어들
인 것이 여호와 하나님이요, 내가 너
희들에게 그와 같이 비치는 그와 같
은 망령된 짓을 하지 말라 이르라.
20 나는 너희들이 그리 갖다 바치며 그리
경배함을, 너희들이 하늘에 오르는 길
을 산다 하여 그리 너희들이 경배하는
그 소리를 나는 듣지 아니하며,
21 '네가 누구더냐? 나는 너를 모르느니
라.' 이리 받아치며 내가 그리 대답하
며, '너는 나의 귀를 더럽히지 아니하
며 네 그 더럽고 추한 목소리가 하늘
에 들리지 않도록 그리하라. 네가 누
군지 나는 모르느니라.' 내가 그리 대
답하고 있음을 나의 피조물 만백성 그
들에게 너의 제자들이 일깨워 줘야 할
것이니라.
22 너희들이 남을 속인 그 재물을, 그것
도 일부를 바치면서 구원을 받으며 하
늘에 오르는 길을 열며 하늘에 그걸
쌓아 놓음으로 인하여 구원을 받는다
는 그러한 형태로써 나를 경배하고 믿
어 지금의 잘못 가는 종교 지도자들이

요, 또 그가 옳다 하여 그를 따르며 시
행하는 나의 피조물 만백성이 그리 가
고 있음이니, 그들에게 이르라.
23 '나는 네가 누군지 모른다.' 내가 그리
대답한다 그리 일깨워 주라.
24 그들은 나의 재물을 잘못 씀이니라.
25 내가 어찌하여 더럽고 추하며 도둑질
한 그 재물을 거둬들인다 하는가?
26 너희 인간사의 부모도 자식이 잘못하
여 벌어 온 그것을 꺼리며 받지 않는
부모가 있거늘,
27 전지전능한 나 여호와요, 세상 모두를
다 창조하였으며 공의의 하나님이라
하며, 너희들에게 베푸는 하나님이라
는 것을 누구보다도 잘 알고 있는 너
희들이 그 더럽고 추한 방법으로 번
재물의 일부를 바침으로, 그 대가로
내가 너희들의 창고에 그득히 쌓아 준
다 그리 말하며 그리 가르치고 있음이
니, 이를 어찌해야 하겠는가?
28 그리하여 그는 부딪치는 파도 소리만
큼도 들리지 않으며 지나가는 강아지
가 짖는 소리만큼도 나에게 들리지 아
니하며, 나와 아무런 관계가 없다 말
한 뜻이 여기에 있음이니, 내 사랑하
는 나의 선지자의 제자 너희들은 이를
만백성에게 깨우쳐야 할 것이니라.
29 내가 너희를 사랑하노라.
30 너희들은 정녕 그와 같은 방법으로써
나에게 경배하며 나에게 바치는 행위
를 하지 말라.
31 너희들이 정녕 그리한다면 내가 에덴
동산에 있는 너희 이름 앞에 가서 '네
가 누구이기에 나에게 이런 사악한 짓
을 하는가?' 하고 반문할 것이니라.
32 너희들의 마음의 그 기도 소리와 그
정성을 내가 듣지 아니할 것이니, 너
희들의 차별화됨이 여기에 있음을 알
라, 사랑하는 나의 백성들아!
33 이제 무서운 적그리스도라는 그 사악
한 무리가 너희들을 통째로 밀어붙일
때, 너희들이 견딜 수 있는 것은 무엇
이더냐?
34 너희들은 나에게 무조건 너희들의 힘
이 되어 주며, 너희들을 지켜 주며, 너
희들을 받쳐 주는 나 여호와라 말하지
말라.
35 너희들의 마음이 얼마나 비어 있으며,
너희들이 십계명을 얼마나 지키며, 너
희들이 나의 뜻에 살아가는 생활을 정
녕 얼마만큼 아름답고 곱게 하느냐에
따라서 그 능력만큼 나의 성령이 너희
들을 받쳐 줌이니 이 뜻을 너희들이
알겠는가?
36 너희들이 하얀 천사가 되었을 때 어떠
한 힘으로써도 너희들을 무너뜨리지
못할 것이며 너희를 짓밟지 못할 것이
니라.
37 그러나 너희들의 마음과 행함이 잘못
되어 있으며, 나의 성령으로써 너희들
마음에 그득히 충만하지 아니하고 너
희들이 거짓 하는 마음이요, 남을 속
이려는 마음이요, 시기하는 마음이요,
질투하는 마음이 너희들의 마음속에
자리 잡고 있다 하면,
38 너희를 몰아붙이는 그 태풍에 너희 스
스로 견딜 수 없을 것이니, 너희들은
나를 원망하지 말라.
39 이제 너희들이 나의 이 간곡한 뜻을
알았다 하면 너희들이 살과 뼈를 붙여

지금 잘못 가고 있는 나의 피조물 만
백성을 구원하라.
40 나는 너희들이 깨끗한 너희들의 금화
와 은화를 바쳐도 그것이 필요 없음이
니라.
41 받을 이유가 없음이니라.
42 오로지 너희들이 나의 십계명을 지키
고 살겠다는 그 애절한 기도만이 나에
게 은혜요, 내가 가장 기쁨이요, 너희
들이 나에게 바치는 영광이라 하였거
늘,
43 너희들은 육신에서 필요한 그 재물을
가지고 나에게 그를 사려 하며, 내 마
음이 거기에 있다 말하며, 그 더럽고
추한 것으로써 하늘에 그득히 쌓아 놓
아야만 된다 하며, 어찌하여 너희 지
상에 그 오염되고 더러운, 지금 사람
의 목숨을 죽여 가는 그같이 사악한
종말도 부족하여 하늘까지도 그 모두
를 오염시키려 하는가?
44 너희들이 과연 나의 하늘나라에 그걸
로 오염을 시킬 수 있으며 이 하늘나
라를 더럽힐 수 있다 생각하는가?
45 사악한 무리가 그리 행하는 것이니,
그들이 더러운 재물을 하늘에다 바치
고자 함은
46 저희들이 이 지상에서 그 사악한 독소
를 더 이상 건드릴 수 없어 하늘에까
지 그를 뻗치고자 하며, 하늘나라까지
도, 천사들까지도 무너뜨리고자 하는
사악한 자들의 그 사악한 음성이라는
것을 너의 제자들은 나의 피조물 만백
성에게 일깨워 주는 데 게을리하지 말
라 그리 깨우쳐 주라, 선지자야!

2,094 번째 하나님 말씀

2002년 3월 25일 08시 25분

1 사랑하는 선지자야!
2 "네, 여호와 하나님! 말씀하옵소서."
3 내가 너의 제자들에게 일러 깨우쳐 주
었느니라.
4 학생이라는 사람이 당당히 시험을 봐
야 할 것이며, 그리하여 제 실력으로
세상사 인생을 살아가는 방법을 터득
하며, 자기의 기준에 맞춰, 자기 능력
에 맞춰 자기 방향을 잡아 살아가는
것이 곧 나로부터 그가 받아 가지고
나온 특권이며 그에 따른 재질이니라.
5 그러나 그가 남의 시험지를 보고 답을
베껴 많은 점수를 맞았을 때 그 학생
은 무어라 말한다 했더냐?
6 지금 잘못 가는 그 종교 집단 속에 있
는 자는 그리 말하느니라.
7 이는 나 여호와 하나님의 은혜라 하여
나에게 경배를 드리며 기도하는 그와
같은 흉악무도한 생각과 행동을 하는
것이 그들이라 내가 말하였으니,
8 이제 나의 피조물 만백성 그들을 위하
여 너희들이 해야 할 일이 있음이니라.
9 지금 내가 불로 써 내린 십계명을 지
키고 행하는 자만이 하늘에 오를 수
있는 길이요, 나에게 오를 수 있다 하
였음이니,
10 그를 지키지 아니하고 지킬 수 없다
하는 사람은 바로 어떠한 사람이더냐?
11 남의 시험지를 보고 그저 적어 넣는
자와 똑같은 자며, 그와 같은 것으로
써 영광을 얻고자 하는 자와 같음이니
라.

12 제가 한 번의 시험지에서 남의 답을
보고 속여 점수를 받아 그 어떠한 어
려움을 모면할지 모르나,
13 그는 결국 그 실력에 의하여 제 스스
로 파멸의 길을 가게 되는 것이 어쩔
수 없는 현실임을 알아야 할 것이니
라.
14 비록 너희들이 지금 육신의 삶을 위하
여 부귀와 영화를 누리며 권세를 얻었
다 자랑하나, 정녕 그는 정답을 모르
고 인생을 살아가는 자니,
15 그가 결국 죽어 내 앞에 왔을 때는 얼
마나 자기의 잘못 살아옴을 후회하고
통곡하게 되는 것인가를 너희들은 알
게 될 것이니라.
16 이제는 너의 제자들이 나가 이르라.
17 십계명을 지키지 않으며 나의 율법을
지키지 않는 자는 정녕 정답을 씀이
아니요, 남의 답을 보고 기록하는 자
며 오답을 가지고 정답이라 소리를 지
르려 하니,
18 그 채점관 앞에 갈 날이 머지않았음이
니 어느 것이 정답이며 오답이라 하는
것이 그 시험관 앞에 가면 판별 날 것
이거늘, 그 머지않은 시간 앞에 제가
정답이라고 아무리 외치고 소리친들
그게 무슨 소용이 있는가?
19 남들이 들을지는 모르나 그것은 정답
이 아니니라.
20 지금 내가 말하는 십계명을 지키지 아
니하며 나의 율법을 따르지 아니하는
자, 너희들이 살아가는 것이 하늘에
오르는 길이요, 나로부터 구원을 받는
길이라고 아무리 외치고 소리 질러도,
21 너희들의 그 세 치 혓바닥으로써 외치
는 유창한 말을 나의 피조물 만백성
이 믿고 속을지는 모르나, 너희들이
채점관 앞에 서는 날이 머지않았듯이
죽어 내 앞에 와 나로부터 심판받을
날이 머지않았으니, 그때는 너희들이
알게 될 것이나 이미 때는 늦은 것이
니라.
22 그러니 너희들은 나가 가르쳐야 할
것이니라.
23 오답을 갖고 정답이라 소리치는 너희
들의 형제요, 내가 만든 나의 피조물
만백성 그들에게 정답이 무엇인가를
손에 쥐여 주어야 하는 그와 같은 너
희들이 행해야 할 일이 남아 있음을
잊지 말라.
24 이제 내가 너희들에게 다시 오늘의 살
아옴을 잘못 살아왔으며, 그리고 오답
을 가지고 정답이라 소리 지르는 그들
을 위하여 저희들이 죽어 나에게 와
심판받을 때는 구원할 길이 없음이니,
25 그리하여 내가 미리 나의 선지자를 통
하여 나의 성령에 있는 정답을 너희들
에게 내려보내 이를 깨우쳐 정답을 기
록하여 하늘에 오르라 내가 가르치고
있음을 너희들은 알며, 나가서 이를
깨우쳐 주는 것이 너희들이 해야 할
일임을 알라.
26 얼마나 너희들이 가는 길이 아름다운
길이며 너희들이 행하는 길이 소중한
길이더냐?
27 정답을 몰라 그들이 살다가 죽어 와
나에게 심판을 받을 때 그들의 고통스
러움과 그 참담함은 이루 말할 수 없
으니,
28 그를 너희들에게 내가 선지자를 통하

여 정답을 내려 주니 이걸 보고 깨우
쳐 하늘에 오르라 하는 그 일이 얼마
나 아름다운 일인가?
29 이것을 모르고 살아가는 나의 피조물
만백성이요, 그들이 또한 정답을 저희
손에 쥐여 준 것을 오답이라 말하며
저희 것이 정답이라 부르짖는 그 형국
이니, 그들의 어리석음과 우매함을 깨
우쳐 줘야 할 것이니라.
30 그리하여 나의 법전의 뚜껑을 열고 그
들이 깨우칠 수 있는, 그리고 읽어 볼
수 있는 그것까지만 너희들이 인도한
다 해도 너희들이 그를 구원하는 임무
를 다함이니라.
31 어찌해야 하겠는가?
32 너희들 스스로 나의 법전을 읽고 또
읽어 깨우치고 있는 지금 내가 얼마나
주옥같은 나의 뜻을, 하늘에 오르는
그 정답을 하나하나 기록하여 주었던
가?
33 저희들이 스스로 풀라 함도 아니니라.
34 저희들이 가서 정답을 찾으라는 것도
아니요, 그저 눈만 뜨고 글자만 안다
면 누구나 읽고 깨우쳐 옳고 그름을
구분할 수 있는 가장 편안한 나의 방
법으로써 가장 정확한 정답을 저희들
에게 주었음이니, 그를 지키고 오라
함이니라.
35 너희들이 노력하고 풀라 함도 아니니
라.
36 정답을 내가 주었으니 그 순서만 그저
기록하면 그가 100점이요, 그리하여
하늘에 오르는 구원의 길을 얻을 수
있고, 너희들이 평생 하늘에 오르려
갈구하던 그 소원을 이룰 수 있는 정
답을 내가 내려보내 그저 그 순서만
적으면 될 것을, 어찌하여 그를 보지
아니하는가?
37 내가 너희들에게 그 시험지의 정답을
순번을 매겨서 내려보냈거늘, 그 순번
을 그저 옮겨 쓰면 되는 것을 어찌하
여 그것도 하지 아니하고 이리도 우매
한 길을 가는가?
38 내가 날짜와 시간별로 기록하여 나의
성령을 나의 선지자를 통하여 내려보
냈으니, 저희들이 하나만 선택하여 그
를 읽고 깨우친다면 바로 그것이 정답
을 옮겨 쓰는 것이며, 거기서 구원의
길을 얻어 하늘에 오르는 영광을 얻건
만,
39 어찌하여 그 번호 한 번 쓰는 것까지
도 그리도 저희들이 인색하며 아집을
부리고 고집을 부리고 있는가?
40 나의 선지자의 사랑하는 제자 너희들
은 그들을 일깨워 줘야 할 것이니라.
41 그들이 지금 어디로 가고 있느냐?
42 내가 저희들의 생명을 내보내 그 생명
줄이 걸려 있는 고리를 지금 감아 가
고 있거늘, 그가 감아져 제가 나에게
올 날이 머지않은 것이 지금 너희들의
형제가 살아 있는 현 시국이니라.
43 그들이 나에게 끝까지 오기 전에 그들
에게 나의 법전을 손에 들려 주어 깨
우치라 이름이니, 이것이 너희들이 해
야 할 일이니라.
44 그들이 얼마나 불쌍하고 가련하던가?
45 너희 형제들이 지옥 불로 가서 영원히
그 고통 속에 살게 되니, 그들에게 나
의 법전을 전해 주어 그들이 깨우쳐
구원을 받는 일을 하는 것이 너희들의

역사임이니,
46 그가 나의 법전을 읽고 깨우쳐 하늘에
와 나에게 심판받을 때 영광의 자리에
올랐을 때 그가 너에게 얼마나 감사하
며 그 은혜에 감사하겠는가?
47 그가 보답할 길이 없어 몸 둘 바를 모
를 것이니, 그와 같은 깨우침을 너희
들이 그들에게 베풀어 너희들로 하여
금 많은 나의 피조물 만백성이 구원을
받는 그 업적을 길이 남기도록 하라.

2,095 번째 하나님 말씀

2002년 3월 25일 13시 05분

1 사랑하는 선지자야!
2 "네, 여호와 하나님! 말씀하옵소서."
3 내가 너의 제자들에게 이리 일렀느니
라.
4 너희들이 타고 달리는 차로 60킬로미
터라는 속력으로 가라 하는 그 지점에
서 60킬로미터의 속력으로 가면 그에
게 불행한 일이 닥친다 해도 크나큰
불행이 닥치지 아니함이니,
5 저희들이 지키라 하는 그 법을 위반하
고 과속이라는 무리한 속력으로 달리
다 사고를 내 불행한 일이 닥쳤을 때
그들은 스스로 저희들이 불행을 자초
함을 깨닫지 못하며 나 여호와를 원망
함이니라.
6 그리고 저희들이 따르고 숭배한다는
그 종교에 대해서 그들은 또 원망하느
니라.
7 제가 평소에 열심히 믿고 살아왔거늘
어찌 이와 같은 불행한 일이 생기는가
그리 그들은 또 생각을 하느니라.
8 그리 그들이 착각 속에서 살아가고 있
음이니, 내가 너희들에게 지키라는 것
을 지키고 살면 하늘에 오르는 것이
가장 편안하며 간단한 길이고 즐거운
길이라 내가 너희들에게 수차 말해 주
었으나 그를 지키지 아니하여 그와 같
은 불행한 일이 생긴다 하였음이니라.
9 너는 너의 제자들에게 일러 일깨워야
할 것이니라.
10 너희들이 나를 향하여 믿음이라 하는
것도 그 순리와 너희들이 달리는 그
능력을 알고 조절할 줄 알아야 하며,
너희들의 한계를 알고 믿는 자만이 구
원을 받을 수 있는 것이며 나 여호와
를 욕되게 하지 아니한다는 것을 깨우
쳐 줘야 할 것이니라.
11 너의 제자들이요, 지금 믿고 있는 그
들이 어찌 가는가 한번 돌이켜 보라
그리 너의 제자들에게 이르라.
12 너희들이 말하는 성전이라는 곳에 가
서 천 원을 낼 능력밖에 되지 않는 자
가 만 원이요, 십만 원을 넣는다면 그
것은 무엇이더냐?
13 천 원을 벗어난 나머지는 다 나 여호
와를 욕되게 하는 것이며 내 앞에 죄
를 짓는다는 것을 너희들이 깨달아야
할 것이니라.
14 어찌하여 제 능력을 벗어나서 나를 따
르며 나를 경배하는 것이 너희들은 하
늘에 오르는 길이요, 믿음의 길이라
그리 생각하는가?
15 나에게 너희들이 기도하고 경배하며
너희들의 죄를 빌며 살아가는 것으로
써 너희들은 다 구원을 받을 수 있다
하였음이니,

16 너희들이 광적으로 믿는 것, 광신도처
럼 믿는 것, 그리고 너희들이 만든 성
전에 가서 시간과 노동력과 그 모두를
바치며 가정을 다 뒤로 한 채 그리 믿
는다 하면 그것은 무엇이더냐?
17 그것은 나를 욕되게 함이며, 너희들이
나의 존재함을 믿지 않으려 함이니,
18 그리하여 너희들로 하여금 주변에서
원성을 듣는 그런 행위를 함이니, 그
것이 바로 나 여호와를 욕되게 하는
믿음인 것이니라.
19 믿음도 제자리를 지키며, 제 능력에
따라서, 제 한계에 따라서, 제가 할 수
있는 그 생활의 범주 내에서 믿음을
지키는 것이 온전한 믿음이라는 것을
너희들이 알아야 할 것이니라.
20 생업을 포기하며 생활을 저버리며 너
희들 생각대로 구심점이 없이 광적으
로 믿는 것만이 구원을 받는다 하여
모두를 다 성전에 바치는 것이 나에게
바치는 것인 양 그리 믿음을 가는 자,
그리 제 능력 이상을 바치고 능력 이
상의 행위를 하는 것은 다 너희들의
죄로서 너희들이 돌려받아야 한다는
것을 알아야 할 것이니라.
21 주일을 지키는 자, 또 기도하는 자, 이
러한 모든 시간을 너희들의 생활의 안
정과 너희들의 가정의 안정과 너희들
이 살아가는 인간 세계에서 실수하지
아니하는 완벽하고 단단한 자리를 지
킨 다음에 나에게 경배하는 그와 같은
시간을 할애해도 되는 것이니,
22 다만 너희들이 특별한 시간을 내며 특
별한 모두를 다 바쳐야만 구원을 받는
다는 그런 생각을 저버리라.
23 너희들이 분수에 맞는 행동을 하는 것
이 나 여호와를 욕되게 하지 아니하
며, 나에게 오를 수 있으며, 그 기도만
이 내가 받아들이게 되어 있음을 알아
야 할 것이니,
24 기본의 도리 속에서 그저 너희들이 나
에게 경배하며 나에게 기도하면 되는
것을, 너희들의 모두를 다 저버리고
생활을 저버린 채 너희들의 손으로 만
든 그 성전에 가서 미친 자처럼 그리
그곳에 매달리며 그곳에 봉사하고 헌
신하고자 하는 제 분수를 모르고 사는
자는 그 분수를 모르고 행동하는 것만
큼 죄가 너희들에게 돌아감이니,
25 그러니 너희들이 그만큼 나를 욕되게
하는 것이며, 나 여호와를 향하여 너
희들이 잘못 가고 있음을 알아야 할
것이니라.
26 나를 정녕 너희들이 욕되게 하지 말라.
27 너희들이 분수를 알아서 너희들이 지
킬 수 있는 그 한계에서 믿음을 가지
는 것이 나를 향하는 것임을 알아야
할 것이니라.
28 행함을 너의 제자들 또한 그리 가르쳐
야 할 것이니라.
29 광적이요, 광란적인 면으로써 모두를
다 저버리며 너희들의 생활까지 포기
하면서 나에게 매달리는 그와 같은 믿
음을 갖지 말라 하라.
30 그는 아닌 것이니라.
31 내가 선택해 쓰는 자는 내가 씀이니라.
32 내가 다스리고자 하면 내가 다스려 씀
이며, 내가 임무를 주고자 하면 내가
임무를 주어 쓰고자 함이니, 내가 그
에게 능력을 다 주어 다스림이니라.

33 너희들은 그저 무조건 광적으로 모두
를 다 바치며 모두를 저버리는 그와
같은 믿음을 믿지 말라.
34 그를 너의 제자들에게 가르치라.
35 자기의 능력을 알아 조절하고 자기 자
리를 지키는 자가 되어야 할 것이니
라.
36 너희들이 먼 길을 달려와 면류관을 쓰
는 그 마라톤 선수가 저 자신을 조절
하지 못하고 지키지 못하면 그는 쓰러
지며 중도에 포기하게 됨이니, 이와
같은 너희들의 방법으로 믿음을 가지
라는 것이 아니니라.
37 자기 능력과 자기 자리를 지켜 가면서
순리에 따라서 제 생활의 범주에 어긋
나지 않는 그와 같은 믿음으로써 조용
히 깨우쳐 가는 그것이 내가 원하는
믿음이라는 것을 잊지 말도록 너의 제
자들과 나의 피조물 만백성에게 일깨
워 줘야 할 것이니라.

2,096 번째 하나님 말씀

2002년 3월 25일 13시 35분

1 사랑하는 선지자야!
2 "네, 여호와 하나님! 말씀하옵소서."
3 너의 제자들이 지금 인생을 살아가면
서 과연 어떻게 살아가는가?
4 너희들은 너희들 속에 있는 모두를 다
털어놓는 자세로 살아갈 수 있는 자가
있는가? 그리고 그 용기가 있는가?
5 저 자신이 살아가는 그 모두를 털어놓
고 남과 대화할 수 있는 자세와 남들
에게 보여 줄 수 있는 그와 같은 형태
로써 너희들이 살아가는가?
6 그리고 너희들이 살아가는 그 모습을
남에게 당당히 이야기할 수 있는 그와
같은 삶을 살아가는 것이 얼마나 행복
이며 너희들의 즐거움인가를 아는가?
7 나는 너희들에게 말하고자 함이니라.
8 너희들이 나의 법전을 읽고 깨닫고 깨
우치는 그 후부터 너희들이 당당한 모
습으로 살아가며, 남들에게 너희들이
살아가는 그 자세를 말할 수 있는 그
와 같이 아름다운, 그리고 당당한 모
습으로 살아가는 너희들이 되는 것을
나 여호와가 바람이니,
9 너희들은 모두를 다 털어놓고 그와 같
이 대화하며 그와 같이 말하며 속에
있는 모두를 이야기할 수 있는 사람이
있는가? 그리고 너희들이 그리 살아
가고 있는가?
10 이와 같은 이치를 너희들이 한번 돌아
다봐야 할 것이니라.
11 제가 살아가는 그 모습을, 제가 행하
고 있는 그 모두를 남에게 당당히 이
야기할 수 없으며 털어놓을 수 없는
삶을 산다 하면, 그는 지금 살아가고
있는 그 자세가 정녕 잘못되어 있으며,
12 말로는 나의 십계명을 지키며 나의 계
명을 따르며 나의 법전을 지키고 살아
간다 하나 너희들이 그리 말할 수 없
으면 이것들을 다 거역하고 살아감이
니, 그 또한 너희들이 구원을 받을 수
없음을 너희 스스로 알아야 할 것이니
라.
13 이제 나로부터 선택된 백성인 너희들
은 정녕 나로부터 받은 모두를 다 지
키며 그대로 시행하며 살아가는 자라
하면 남들 앞에 당당히 너희들이 살아

가는 모습의 속내를 드러낼 수 있으며 말할 수 있는 그와 같은 자세로 바로 서 있는 사람이 되어야 한다는 것을 잊지 말고 살아가도록 그리해야 할 것이니라.

2,097 번째 하나님 말씀

2002년 3월 25일 16시 50분

1 사랑하는 선지자야!
2 "네, 여호와 하나님! 말씀하옵소서."
3 너는 너의 제자들을 시험하지 말라.
4 나 여호와가 나의 모든 피조물 만백성
을 시험하지 아니하며, 내가 너를 시
험하지 아니하며, 너의 제자들을 시험
하지 아니하며, 나의 피조물 만백성을
시험하지 아니함이니,
5 네가 너의 제자들, 또한 너를 따르는
나의 백성을 시험하지 말라, 선지자야!
6 네가 스스로 나의 뜻을 알아 그의 마
음을 알 것이며, 내가 쓰고자 하는 자,
버리고자 하는 자를 네가 알게 됨이
니,
7 너 스스로 그를 시험하여 네가 선별하
여 구하고 쓰고자 하는 생각을 해서는
아니 되느니라, 선지자야!
8 그와 같이 네가 그를 시험하며 점검하
여 불러 쓴다 하면 이는 나의 뜻이 아
니지 않은가?
9 여기에서 파생되는 어떠한 문제도 네
가 감당할 수 없는 무서운 태풍이 몰
아치며, 너 자신이 쓰러지는 그와 같
은 결과가 되는 것을 잊지 말라, 선지
자야!
10 절대로 너는 나의 피조물 만백성을 시
험하며 점검하며 두드려 보지 말라.
11 그는 네가 나의 뜻을 거역함이며, 내
가 행하지 않는 것을 감히 네가 어찌
행할 수 있으며 너 스스로 그를 쓰고
안 쓸 수 있다 생각하는가?
12 그 모두를 내가 주관하여 내가 필요하
면 그를 쓸 것이며 내가 필요하면 너
에게 그를 보낼 것이니, 너는 정녕 시
험하지 말라.
13 비록 그들이 네 앞에 와 시험한다 해
도 너는 그 시험을 반드시 치러야 할
것이며, 또 그를 네가 스스로 받아넘
겨 그 모두에 대처하고 대항할 수 있
는 진실된 마음으로써 그들이 너에게
하는 그 시험을 너는 치러야 하며 그
를 받을 수 있음이니라.
14 그리고 네가 그들에게 시험을 당할 수
있음이니라.
15 그러나 너는 그들을 시험하면 안 되며
그들을 점검해도 아니 되는 것을 잊지
말라.
16 그로 인하여 벌어지는 태풍보다도 더
무서운 모든 결과는 너 스스로 책임
을 져야 할 것이니,
17 네가 나의 선지자로서 너 자신을 버림
이며, 네가 나의 선지자로서 있기를
거부하는 것이라 그리 네가 알면 될
것이니라.
18 "네, 여호와 하나님!
19 여호와 하나님께서 하시는 그 말씀의
뜻과 그 가르치심을 깊이 깨우쳐 알겠
사옵나이다.
20 인간이기에 더러는 그를 모르며, 인간
이기에 그가 또 불안하오며, 인간이기
에 그를 옆에 두며 그를 가까이 두며,

인간이기에 속에 있는 모두를 털어놓
고 대화할 수 있는가 하는 것을,
21 또 그리고 그에게 여호와 하나님의 그
중책을 맡겼을 때 과연 그를 수행할
능력이 있는 자일 것인가 하는 그와
같은 초조하고 불안한 마음에서 그리
할 수도 있었사오나, 정녕 그러한 일
이 없을 것이오며 그러한 일을 하지
아니하겠사옵나이다.
22 오로지 여호와 하나님께서 선택하시
는 자, 그리고 여호와 하나님께서 쓰
시고자 하는 자, 여호와 하나님께서
그 마음을 제가 다 볼 수 있는 능력을
주실 때 제가 그에 따라 그 직분에 맞
춰 그를 그 자리에 앉혀 제 직분을 다
할 수 있도록 그리 가겠사옵나이다."
23 사랑하는 선지자야!
24 "네, 여호와 하나님! 말씀하옵소서."
25 너의 제자들에게 일러 깨우쳐 줘야 할
것이니라.
26 너희들이 살아가는 육신의 생활에서
너희들이 너희 생활의 소중함이 우선
이요, 그러나 너희들이 나에게 기도하
고 경배하는 그것 또한 중요함이니라.
27 너희들이 항상 마음속에 내가 존재함
을 믿고 나에게 경배한다 하여 너희들
이 하는 사업이요, 너희들의 가정을
이끌어 가며 너희 식솔을 이끌어 가며
너희가 사회생활을 함에 있어서 조금
이라도 경솔하고 또 저 스스로 그를
저버리며 포기하는 그와 같은 인생을
살아서는 아니 되는 것이니라.
28 그건 너희가 나태하고 게으른 탓에서
이루어짐이니 이를 너희들이 깨우쳐
알아야 할 것이니라.
29 너희들이 육신의 삶에 최선을 다하며
너희 가족과 너 자신의 자세를 확실히
하는 것이 제일 급선무며 제1번임을
잊지 말라.
30 그 생활 속에서 항상 나를 잊지 아니
하며 나 여호와가 존재함을 믿으며,
너희들의 눈과 귀와 모두를 다 나에게
고정시켜 항상 기도하고 감사하는 마
음을 잊지 말고 살라 함이니라.
31 너희들의 눈과 코와 입이요, 모두를
나 여호와에게 고정시켜 나를 향하여
너희들이 생활하며 깨닫고 영의 세계
를 구원받으라 함이라 하여
32 너희들이 육신을 게을리하며, 육신을
소홀히 하며, 너희들 자신이 남들과
같이 게으른 삶을 살며, 오로지 나 여
호와를 믿으며 나 여호와에게 모두를
다 바친다 하여 그것으로써 영광을 얻
은 자라 생각하며 그것으로써 너희들
이 축복받은 자라 생각하지 말며, 그
것으로써 너희들은 구원받은 자며 그
것으로써 너희들이 소중하고 위대한
자라 생각하지 말라.
33 너희들이 소중하고 귀한 것은 단순히
나로부터 육신을 받아 세상에 나간 그
것 하나로써, 너희들의 생명이 존재하
는 그것으로써 너희들이 소중함이라
말함이니,
34 너희들의 모든 삶의 생활에서 소홀히
하며 게을리하며 오로지 성전이라는
곳에 가서 너희들이 광란의 짓을 하며
모두를 다 바치는 것이 나에게 구원을
받는다 생각하지 말라.
35 모두를 다 버리고 그저 성전이라는 곳
에 매달려 잘못 가르치는 종교 지도자

앞에 너희들이 맹종하는 것이 구원을
받는다 그리 생각하지 말라.
36 그것은 너희들이 나의 뜻을 역행하며,
나와는 아무런 관계없는 삶을 살아가
는 자들의 자세라는 것을 알고, 그들
이 모른다 하면 그들을 또 깨우쳐 주
어야 할 것이니라.
37 그저 너는 모든 것을 정도에 의하여
살아가며, 질서에 위배되는 것은 나의
뜻이 아니라 하는 것을 너의 제자들에
게 일깨워 줄 것이며,
38 너희들이 너희 주변부터 완벽한 삶을
살아가는 그 속에 항상 나 여호와에게
감사하며 내가 존재함을 잊지 말고 살
라 함이니,
39 너희들이 육신의 삶의 생활 모두를 다
나에게 바치며 너희들이 어렵고 힘든
그 인생의 행로를 살아가라 함이 아니
니, 이는 나의 뜻을 거역함이며 나와
는 아무런 관계도 없음을 일깨워 깨우
쳐 줘야 할 것이니 그리 알라.

2,098 번째 하나님 말씀

2002년 3월 25일 17시 30분

1 사랑하는 선지자야!
2 "네, 여호와 하나님! 말씀하옵소서."
3 수천 년 역사 동안 살아오는 나의 피
조물 만백성이 정녕 나를 향하여 그
믿음의 길을 걸어온 역사가 어찌 흘
러왔던가? 그들은 어찌 살아왔느냐?
4 내가 오늘 나의 선지자를 통하여 너의
제자들에게 이르노니, 너희들은 나의
주옥같은 뜻을 너희 가슴에 깊이 새겨
행하여야 할 것이니라.
5 너희들이 살아가면서 고달프고 힘들
때, 그리고 점점 너희들이 생활 속에
서 스스로 용기를 잃어 가며 쓰러져
갈 때, 그리고 희망을 잃어 갈 때, 희
망마저도 너희들이 저버리며 가고자
할 때, 자신이 쓰러져 갈 때, 모두를
다 포기하며 모두를 견딜 수 없는 상
태에서, 너희들이 지치고 쓰러진 상태
에서 너희들은 어찌해야 할 것인가?
6 그럴 때마다 너희들은 나 여호와에게
진정한 믿음으로써 전진하며 달려오
는 그와 같은 마음 자세를 가져야 할
것이니라.
7 그것만이 너희들이 정녕 구원을 받을
수 있는 길이며, 너희들의 힘들고 어
려운 길에서 구원을 받으며 나에게 오
를 수 있는 용기를 얻게 됨이며, 너희
들은 새로운 삶을 살아갈 수 있는 역
사가 이루어짐을 알아야 할 것이니라.
8 지금 나의 피조물 만백성은 어찌 살아
가는가?
9 그들은 그저 믿음에서 광적인 믿음으
로써 아우성치고 소리치며, 그리고 살
아가는 대로 어울려 살아가며 육신이
죄 속에서 살아가다 저희들이 잘못하
면 그저 그것으로써 기도하고 나에게
용서를 빌면 된다 그리 생각하는 그와
같은 믿음 속에서 살아감이니라.
10 이는 정녕 나의 백성이 살아가는 길이
아니니라.
11 이제 너희들은 내가 너희들에게 명한
대로 슬프고 어려울 때, 그리고 너희
들이 지쳐서 쓰러져 갈 때, 그리고 희
망마저도 잃어 갈 때, 그때 너희들이
나에게 진정한 믿음으로써 다가오는

그 용기가 바로 너희들이 하늘에 오를
수 있는 길을 바라보고 얻게 된다는
것을 잊지 말라.
12 나 여호와가 너희들과 항상 같이하고
있으며, 정녕 너희들이 진정한 마음으
로써 나 여호와를 향하여 달려오고자
할 때 너희들은 쓰러짐도 없으며 희망
을 저버림도 없으며 너희들의 모두를
포기하는 그와 같은 역사는 있을 수
없음이니라.
13 너희들이 나를 향하여 달려오는 그 마
음속에 너희들이 사악한 생각, 육신의
행복, 육신의 부귀와 영화, 그리고 무
엇을 구하고 얻고자 하는 그와 같은
마음을 갖고 달려올 때 정녕 너희들은
인간사 세속에서 살아가는 그 모습에
서 헤어나지 못함이니,
14 너희들이 쓰러지고자 할 때, 그리고
모두를 포기하고자 할 때, 그리고 희
망이 없는 그와 같은 삶 속에서 너희
들이 허덕이게 되느니라.
15 그럴 때마다 사랑하는 나의 선지자의
제자 너희들은 용기를 가져야 할 것이
며, 나 여호와에게 오로지 진정한 믿
음으로써 너희들이 구원을 받기 위하
여 달려올 수 있는 그 용기와 희망을
갖고 살라.
16 그리하면 내가 항상 너희들을 가슴에
안을 것이며, 너희들의 어렵고 힘든
그 고비마다 내가 너희들을 일으켜 세
울 것이니, 이것이 너희들이 남들과
다르다는 것을 잊지 말라.
17 그리고 나의 피조물 만백성 그들에게
일깨워 주라.
18 그들 또한 어렵고 힘들 때 진정한 믿
음으로써 나에게 달려오고자 하는 그
마음만이 구원을 받을 수 있는 길이라
는 것을 그들에게 일깨워 줘 그들이
그와 같이 살아가도록 하라.
19 정녕 너희들이 육신의 삶 속에서 얻고
살 것을 내가 다 주었으며, 이제 너희
들의 영혼의 구원을 받아야 할 그 시
점에 너희들이 와 있으며,
20 오로지 그를 위해 살아가는 너희들이
어찌하여 육의 삶에 의하여 지치고 힘
들어 너희들의 희망마저 버려야 하는
가?
21 육신의 희망과 육신의 고달픔과 육신
의 아픔은 아무것도 아니라 생각하고
살아갈 수 있는 너희들의 용기는 없는
가?
22 그는 너희들이 게을렀으며, 너희들이
노력하지 아니하였으며, 너희들이 내
가 준 그 몫을 하지 아니하였기 때문
에 너희 스스로 파 놓은 것이라 너희
들은 그를 반성하고 깨달을 수는 없겠
는가?
23 그 속에서 너희들이 나에게 영혼의 구
원을 받기 위하여 모두를 다 접어 버
리며, 진정한 믿음의 마음으로써 나를
향하여 불끈 일어서 달려오는 그와 같
은 역사를 이루라.
24 그리하면 너희들에게 모두가 다 이루
어진다는 것을 잊지 말라.

2,099 번째 하나님 말씀

2002년 3월 26일 0시 22분

1 사랑하는 선지자야!
2 "네, 여호와 하나님! 말씀하옵소서."

3 지금 수천 년의 역사가 흐르면서 나의
피조물 만백성이 나에게 구원을 받는
다 하여 지금까지 믿어온 그들의 마음
자세가 과연 어떻다고 너는 생각하는
가?
4 그리고 나의 성령을 지접 들으며 나의
법전을 접하며 깨우치는 너의 제자들
또한 믿음의 형태가 어떻게 가고 있는
가?
5 나의 성령을 나의 선지자를 통하여 직
접 그 음성을 들으며 내가 전하고자
하는 것을 들으며 너희들에게 명하는
것을 들으며 그리고 나의 법전을 읽고
깨우치는 너희들이 그 마음의 자세와
믿음의 자세가 어찌 가고 있으며 너희
들이 어찌 변하여 가고 있는가?
6 그리고 너희들이 과연 얼마나 변해져
있는가를 너의 제자들에게 물어보라.
7 그들이 나의 선지자처럼 직접 나의
뜻을 전하는 것도 아니며, 성서를 가
지고 저희들이 깨우치며 저희들이 마
음대로 해석하고 설명하면서 나의 피
조물 만백성을 깨우치니,
8 그 속에서 배우는 백성이 과연 믿음의
한계가 어디에 있으며 믿음의 방향이
어디에 있으며 나 여호와가 원하는 것
이 무엇인가를 그들이 과연 얼마나 알
겠는가?
9 너희들 자신이 변하는 것을 보면서,너
희들과 견주어 한번 생각해 보라.
10 그러니 지금 어찌해야 하겠는가?
11 너희들의 마음자리가 어디에 와 있는
가를 보면 그들의 마음자리가 과연 어
디에 있으며 어디까지 와 있는가를 너
희들은 알 것이니라.
12 지금 나의 성서를 가지고 가르치는 너
희들은 욥이 살아온 그 인생을 무어라
가르치는가?
13 그가 모든 고통을 인내하고 그리하여
많은 축복을 받았다 그리 너희들은 생
각하며, 그리고 또한 너희들이 인내하
면 그와 같은 축복과 영광을 받게 될
것이라 그리 생각하고 있음이니,
14 과연 너희들이 지금 얼마만큼 인내하
며, 욥과 같이 그 고통과 시련을 너희
들이 과연 견디고 갈 수 있으며, 너희
들 자신이 그와 같은 시련과 고통을
욥과 같이 견딜 수 있다 생각하는가?
15 너희들은 여기서 하나 깨달아야 할 것
이니라.
16 욥의 고통을 너희들은 그럴 것이라 생
각하지 말라.
17 너희들이 살아가는 육의 세상에서 너
희들이 목숨을 거두는 것보다 더한 끝
남이 없음이니, 그것이 바로 너희들의
인생의 종말이 아니던가?
18 너희들은 욥의 고통을 그리 생각할 것
이니라. 그는 이와 같은 고통을 당했
으며 이러한 시련을 겪고 견디었을 것
이니라, 그리고 인간으로서 하나님 나
여호와를 믿기에 그를 견딜 수 있고
너희들도 견딜 수 있을 것이라 생각하
지 아니하는가?
19 그러나 너희들은 여기서 깨달아야 할
것이니라.
20 욥이 정녕 그와 같은 고통과 시련을
겪고 인내한 것은 그가 무덤 속에 묻
혀 죽어 가는 그것만 행하지 아니하였
으며, 그 모두는 죽음 직전까지 그 고
통과 시련을 겪고 견디었음을 너희들

이 알아야 할 것이니라.
21 너희들이 죽음으로써 모든 것이 끝남
이요, 고통도, 슬픔도, 괴로움도 모두
가 다 끝나는 것이 너희들의 죽음이
아니던가?
22 그리고 너희는 한 줌의 흙 속에 무덤
으로 묻혀 가니, 욥이 죽어 무덤에 묻
히는 그것 하나만 체험하지 아니하였
으며 그와 같은 시련을 당하지 아니하
였음이지,
23 그는 바로 죽음의 무덤에 묻히기 직전
까지 그 모두를 다 인내하고 견디었다
는 그의 고통을 너희들이 다시 한 번
생각해 봐야 할 것이며, 그는 죽음만
체험하지 아니하였을 뿐이니라.
24 무덤 속에 묻히는 그 체험만 하지 아
니하였지 그는 모든 고통을 다 체험하
였음이니라.
25 인간으로서는 도저히 견딜 수 없는 그
모든 고통을 체험하였다는 것을 너희
들이 깨달아야 할 것이며,
26 너희들이 정녕 죽음을 체험하기 직전
까지의 너희들의 고통스러운 그 속에
서 믿음의 길을 가고 있는 것이며,
27 지금 나의 성령을 직접 듣는 나의 사
랑하는 선지자의 제자들이요, 그리고
나의 법전을 읽고 깨우치는 너희들이,
정녕 하늘에 오르는 길을 알며, 구원
의 길을 알며, 구원 속에 살아가며 나
여호와의 법도 속에 살아간다 생각하
는 너희들이, 그리고 아무도 지킬 수
없는 그 계명인 십계명을 지키며 나의
율법 속에 살아갈 수 있으며 살아가겠
다 자부하는 너희들이, 과연 너희들의
믿음은 어디까지 와 있는가?
28 너희들도 과연 무덤에 들어가기 직전
까지 너희들의 그 모든 고통과 시련을
인내하며 견딜 수 있다 생각하는가?
29 그렇다면 너희들이 무엇을 더 원하며
무엇을 더 갖고자 하며 어떠한 인간
세속의 생각을 너희들의 머릿속에 그
려야 하는가를 한번 생각해 보라,
30 무덤 속에 들어가는 너희들의 그 심정
과 그 죽어져 가는, 그리고 죽어 너희
들이 무덤 속에 묻히기 직전 바로 그
것까지 그 모든 고통과 인내와 시련을
견딜 수 있는 너희들이 되어 있는가를.
31 그와 같은 믿음을 가진 자가 아니라
하면 정녕 너희들은 하늘에 오르는 그
참뜻을 알 수 없으며 볼 수도 없음을
알아야 할 것이니라.

2,100 번째 하나님 말씀

2002년 3월 26일 01시 25분

1 사랑하는 선지자야!
2 "네, 여호와 하나님! 말씀하옵소서."
3 인간사 세속의 인간관계를 정리하고
끝맺기가 그리도 어렵고 힘들던가?
4 나 여호와로부터 성령을 받아 만백성
을 구하는 대명을 받은 네가 인간관계
의 고리를 정리하며 그를 끊는 데 네
마음속에 지금 어려움이 있고 그리움
이 있다 하면 또 너의 제자들의 그 마
음이 어떠하겠는가?
5 정녕 세속에 사는 너희들이 나의 계명
을 지키고 나의 뜻에 산다는 그 자체
가 너희들이 힘들고 어려움을 나 여호
와가 모름이 아니니라.
6 그리하여 너희들이 고통스럽고 힘들

때, 그리고 너희들이 쓰러지며 무너져
갈 때 나 여호와를 찾으라 함이 아니
었던가?
7 너희들이 정녕 지탱하기 어려운 고통
의 시간이 오거든 나 여호와를 찾으라
하였음이니라.
8 그리고 모두를 다 나를 향하는 마음으
로 너희들의 자리를 다스리라 하였음
이니,
9 너희들이 인간 세속에 사는 그 인간관
계와 인연을 아직도 정리하지 못하였
으며 정리할 수 없는 생활 속에서 허
덕인다 하면 이를 어찌하겠는가?
10 선지자 네가 인간 세계에서 인간 세속
에 대한 이야기요, 인간 생활 속에 귀
를 기울인다 하면 네 마음에 이루는
그 파장을 어찌 다스릴 수 있겠는가?
11 인간 세속의 생각이요, 인간 세속의
삶을 또한 너의 제자들과 더불어 말하
기를, 네가 인간 세속에 살고 희로애
락을 그들과 대화하며 점점 그 시간을
갖는다 하면, 너 자신이 녹아나는 얼
음처럼 무너져 가는 것을 알아야 할
것이니라.
12 네 입에서 나오는 그 모두는 나를 대
신하는 말이기에 아름다우며 나의 법
전의 가르침과 너의 제자들을 육성하
는 그와 같은 단어 외에는 나와서는
아니 될 것이며,
13 네가 지키고 사는 그 자세는 나의 법
전에 있는 그 내용을 벗어나서는 아니
되는 것을 너는 다시 깊이 깨우치며,
이것이 네가 가야 할 길이며 네가 이
뤄야 할 길이라는 것을 알라.
14 그리고 네가 이 모두를 다 지키고 가
지 못함으로 인하여 어렵고 힘든 세속
의 생활 속에서 벗어나지 못하며, 그
들의 유혹에 스스로 넘어져 가며, 때
로는 그들의 방황하는 그 속에서 그
자신을 던져 보고자 하는, 그리고 던
지고 싶어 하는 너의 제자들을 네가
다스려 갈 수 없으며 그들의 마음을
굳건히 세울 수가 없음이니라.
15 그들이 세속의 삶 속에서 나의 십계명
을 지키며 나의 율법을 지키며 인간사
의 얽히고설킨 그 고리 속에서 살아가
고자 하는 그 마음이 얼마나 고통스러
우며 힘이 드는 것인가를 너는 알지
아니하느냐?
16 나로부터 성령을 받으며 미래를 알며
미래에 이루어질 역사를 알며 그리고
너희들이 해야 할 일과 너희들이 이뤄
야 할 것을 아는 너 자신도 지키고 가
기가 그리 힘들다 하면 너의 제자들은
어찌 따라갈 수 있겠는가?
17 네가 무서우리만큼 변해지며 네가 무
서우리만큼 달려갈 때, 너의 제자들이
그 모습을 보고 변하기에 정신이 없으
며 너를 따라붙기에 정신이 없을 때
그들의 마음자리가 정해지며, 나 여호
와를 경배하며 사는 것이 얼마나 위대
한 것인가를 그가 스스로 깨우칠 수
있거늘,
18 네가 느슨해지며 네가 자리를 비우며
네가 마음이 흔들린다 하면, 그들은
정녕 추락하는 새와 같은 형국을 면하
지 못함을 알아야 할 것이니라.
19 내가 말하지 아니하였느냐?
20 지나가는 농부가 남의 과일을 하나 따
먹었을 때 그는 그러려니 한다 하나,

정녕 종교 지도자가 그와 같은 행위를
했을 때 나의 피조물 만백성은 '지도
자도 그러하니 난들 어떠하랴?' 그와
같이 해서 그들이 잘못 가는 죄를 범
하게 되는 것이니,
21 그리하여 지도자는 맑고 깨끗해야 한
다 하였음이니라.
22 지금 너의 제자들은 어찌 가는가?
23 쓰고도 쓴 그 약을 그들은 마다하지
아니하며 지금 소화시키고 그걸 접하
면서 살아감이니, 그들이 언제까지 그
쓴 약만을 가지고 지탱할 수 있으며,
그 쓴 약이 몸에 좋으며 보약이라 하
여 그리고 저희들을 지탱할 수 있는
영양소라 하여 그들이 지켜 갈 수 있
겠는가?
24 이는 네가 변하는 모습이니라.
25 그리고 네가 전진하는 그 모습만을 보
며, 그리고 일찍이 와 나의 법전을 한
줄이라도 더 읽은 자, 나의 성령을 한
마디라도 더 들은 자, 그들이 변해 가
는 모습과 그들이 전진하는 그 모습만
이 나의 피조물 만백성이 그 쓴 약을
마시면서도 그들이 원망하지 아니하
며 지칠 줄 모르며 달려갈 것이니, 이
를 네가 명심해서 행하여야 함을 잊지
말라.
26 인간 세속의 그 관계에 아직도 연연하
는 자 있다면, 그를 끊지 못하여 너희
들이 마음 아픈 것에 울고 있다 하면
이는 잘못되어 있음이니, 이를 너희들
스스로 다스리는 마음자리를 굳혀야
할 것이며,
27 나의 피조물 만백성을 구원하기 위하
여 천 년의 역사의 기틀을 잡는 너희
들이 얼마나 소중하며 너희들의 행동
하나, 언어 하나가 얼마나 위대한 것
인지를,
28 그리고 나의 피조물 만백성을 구하고
구원하지 못하는 그 뜻이 거기에서 이
루어질 수 있다는 것을 너희들이 알아
야 할 것이며, 그리하여 너희들은 하
나가 되어야 할 것이며, 인간 세속에
얽히고설킨 그 모두를 접어 두는 그와
같은 마음 자세로 가야 할 것이니라.
29 그러면서 너희들이 주어진 직분에 최
선을 다할 때, 너희들이 맡은바 직분
에서 너희 스스로 모든 정열을 다 쏟
아 너희 자신을 잘 지켜 갈 때, 이는
육신의 구함이요, 영혼의 구함이 같이
이루어짐이니,
30 그때 내가 너희들을 평가할 것이며 너
희들이 노력한 만큼 내가 너희들에게
상을 내림이니, 그때 너희들이 모든
은혜와 영광을 얻을 수 있음을 알라.
31 너희들이 기초가 흔들리며 기초가 다
져지지 아니하였으며 너희들이 자리
를 잡지 못한 그러한 상태에서 나 여
호와에게 아무것도 너희들은 기대할
수도 없으며, 내가 너희들에게 내려
주지도 아니함을 알아야 할 것이니라.
32 내가 평범한 속에 진리가 있다 말하였
으며, 내가 너희들을 일깨워 말하기
를, 잘못 번 그 금화와 재산을 가지고
나에게 축복을 구하지 말며 나에게 기
도하지 말라 하였듯이,
33 너희들의 마음 자세가 바로 서지 아니
한 상태에서 너희들은 무엇인가 이루
고자 하는 생각을 해서는 아니 될 것
이니 이를 명심하여 행하도록 그리 깨

우쳐 주라.

2,101 번째 하나님 말씀

2002년 3월 26일 08시 10분

1 사랑하는 선지자야!
2 "네, 여호와 하나님! 말씀하옵소서."
3 내가 최초에 아담과 이브를 이 세상에
만들어 남녀의 한 쌍을 만들었음이니,
그리고 그들에게 모든 영화를 다 주며
그리하여 그들에게 내가 지키라 하는
한 가지 계명을 내려 주었으니, 그들
이 그것을 지키지 못하여 그 뒤부터
사악한 씨가 세상에 뿌려지기 시작하
였음이니, 그 사악한 씨가 사악한 씨
를 낳게 되어 오늘에 이와 같이 너희
들이 살아가는 형국이 이루어졌음이
니, 이 얼마나 무서운 현실이던가?
4 나 여호와가 너희들을 세상에 내보내
며 모든 동식물 중에 가장 높은 생각
과 지혜를 주어 너희들이 세상에 태어
났음이니, 내가 너희들에게 내린 그
지혜와 능력은 너희들이 상상할 수 없
음을 알아야 할 것이니라.
5 내가 무어라 말하였던가?
6 사탄과 사악한 무리의 능력을 나 여호
와가 인간인 너희들에게 똑같이 주었
다 하였음이니라.
7 그리하여 너희들이 그들과 싸워 당당
히 이길 수 있는 너희들의 마음자리
하나면 그들이 감히 너희들을 대적할
수 없는 그와 같은 능력을 주었다 하
였으나,
8 너희들은 내가 너희들에게 준 그 지혜
요, 능력을 쓰지 아니하며, 너희 육신
의 편안함을 위하여 너희 스스로 사탄
이요, 사악한 자에게 너희들의 마음이
가 그곳에 고개를 숙여 그들의 지시를
받고 살아가고자 했던 것이니,
9 그리하여 너희들이 내가 준 모든 지혜
와 능력을 다 버리고 살아감이니라.
10 내가 너희들에게 무어라 말하였는가?
11 술을 먹고자 하는 자 계속 술을 먹게
되며, 놀고자 하는 자 계속 놀다 보면
노는 습성이 배이며, 너희들은 습관과
행동이 그리 무섭다 말하였느니라.
12 그리하여 너희들이 지금 계속 사악한
쪽으로 내가 내려 준 너희들의 그 생
각과 지혜를 쓰기 시작하였으며, 또
그 사악한 쪽에서 너희들이 삶의 향락
을 얻다 보니
13
14 그로 인하여 그 자손이 또 그 후손이
이와 같이 지금 내려와 세상이 말세
요, 극악무도한 너희들의 행동을 더
이상 볼 수 없으며 더 이상 사악한 행
동을 할 수 없는 지금의 형국에 이르
렀음이니, 너희들이 얼마나 잘못 살아
왔으며 잘못 변화해 왔는가를 알아야
할 것이니라.
15 너희들은 그리하여 사랑을 베풀며 아
름다운 마음으로써 나의 낙원에서 산
다 하면, 그리고 열심히 너희들이 노
력하며 연구한다면, 너희들은 남의 것
을 시기하지 아니하며 질투하지 아니
하며 도적질하지 아니하며 거짓 하지
아니하고 다 살아갈 수 있도록 내가
모두를 주었다 함을 선지자를 통하여
너희들에게 일깨워 주었으니,
16 그 모두를 준 속에서 너희들이 사악한

마음과 간악한 마음으로써, 그리고 욕
심이라는 그 뿌리가 서서히 너희들의
모든 선하고 아름다운 마음을 지배함
으로 인하여
17 너희들은 과욕이라는 그 자체를 버리
지 못하며, 너희들은 노력하지 아니하
며 일하지 아니하며, 열심히 살아가고
자 하는 생활의 계획을 세우지 아니하
고 그리 방탕한 생활과 게으름 속에서
살아와 각자가 천태만상의 힘들고 어
려운 그 과정을 살아가고 있음이니,
18 이 모두는 다 너희들이 잘못 살아오고
잘못 행해 온 너희들의 죄임을 알아야
할 것이니라.
19 나 여호와가 너희들을 사랑하기에 세
상에 너희들의 생명을 내보내며, 너희
들에게 사탄과 마귀들과 당당히 싸워
이길 수 있는, 생각할 수 없는 그 지혜
와 능력을 주어 세상에 내보냈으니,
그 얼마나 나로부터 은혜를 받은 너희
들이냐?
20 그리하여 너희들이 사랑 속에 살라,
그리하여 사랑을 베풀며 살다 나에게
오르라 그리하였음이니라.
21 그러나 너희들은 사악한 뿌리가 뿌리
를 계속 내려 이 세상을 덮어 가니, 이
를 막기 위하여 내가 모세라 하는 나
의 백성을 통하여 십계명이라는 열 가
지 계명을 지키고 살다 너희들이 나에
게 오를 수 있는 그 길을 바라보라 하
였으나 너희들은 이를 또 버렸음이니
라.
22 그리하여 너희들은 나의 아들이 너희
들을 대신하여 고통을 겪은 그 사실을
그저 흘러가는 이야기로 들으나 그것
은 엄연한 사실이었음이니, 그리하여
도 너희들이 마음을 다스리지 못하였
느니라.
23 그리하여 너희들의 지금 심성이 어디
에 와 있는가?
24 물에 빠져 허덕이며 죽어 가는 그 사
람을 모든 힘을 다하여 구하여 내보내
니, 그는 목숨을 건지자마자 목숨을
건져 준 자에게 자기의 보따리를 내놓
으라 하는 그와 같은 사악한 형국의
마음으로 되어 있음이니,
25 그 생명을 구원해 준 그 감사함만 해
도 너희들이 무엇으로도 다 갚을 수
없거늘, 그 생명을 건져 준 자를 도둑
으로 몰며 사악한 자로 몰아 자기가
가지고 있던 그 보따리를 달라고 그리
억지를 쓰는 그와 같은 형국이니, 지
금 바로 너희들이 어떠한 형국에 와
있느냐?
26 나 여호와로부터 생명을 받아 너희들
이 계명을 지켜 하늘에 오르라 하여
그를 내려보냈건만, 이것은 정녕 지킬
수 없는 길이라 하며 나에게 거역하고
살아가는 것이 피조물 만백성 너희들
이 지금 살아가는 형국이 되었음이니,
이보다 더 험악하고 더 사악한 삶의
길이 어디에 있는가?
27 너희들이 지금 그런 길에 와 있느니라.
28 그리하여 너희들이 잘못 가고 너희들
이 썩어져 가며 지옥 불로 떨어져 그
험악한 너희들의 삶의 재판을 받고 그
벌을 치르는 것이 나 여호와가 보기에
너무나 마음이 아파 너희들을 구원하
고자 하여 내가 이 법전을 내렸다고
수십 번, 수천 번 너희들에게 말을 하

였으나,
29 너희들은 이를 듣지 아니하며 이를 믿
으려 하지 아니함이니, 이를 어찌하여
너희들을 깨우쳐야 하겠는가?
30 너희들의 마음의 사악한 그 끝이 지금
극에 달하였으니, 너희들에게 아무리
좋고 아름다운 생수를 준다 하여도 사
악한 속에서 살아가는 너희들의 마음
을 다스릴 수 없음이니, 너희들이 말
하지 아니하는가?
31 이 세상에 모든 사탄과 악마가 들끓고
있으며 그 모든 악마가 지금 이 세상
을 지배하고 있다 그리 말하며, 너희
들이 만든 성전에 와 기도하고 경배하
면 너희들은 구원을 받을 것이라 그리
말하느니라.
32 정녕 너희들이 너희 성전을 너희 지도
자 자신이 스스로 지었으며, 종교 지
도자 자신이 만든 작든 크든 그 성전
에 와서 너희들이 나의 성경에 따르며
십계명을 지키며 십계명에 따라 기도
하고 경배한다면, 그것이 얼마나 아름
답고 너희들이 정녕 하늘에 오르는 길
의 성전이겠느냐?
33 그러나 너희들은 그와 같은 성전을 지
어 놓고 나의 피조물 만백성으로부터
재물과 금화를 받아들여, 그를 많이
바쳐 하늘에 쌓는 자가 구원을 받는다
하여 그와 같이 너희들은 거래하는 장
사꾼으로 전락하였으며,
34 나의 성령의 뜻을 너희들이 깊이도 모
르면서, 그게 정녕 나에게 오르는 길
의 방법인지 아닌지 그 자체도 모르고
너희들이 지금 나의 성령을 팔아먹으
며 거래하는 중간의 장사꾼으로 전락
하였음이니 이를 어찌하여야 하겠는
가?
35 내가 너희들에게 일렀느니라.
36 과일이 익었는지 안 익었는지도 모르
면서 무조건 익었다고 파는 그와 같은
과일 장수의 심성과 같음이니,
37 그저 팔아 너희들이 금화와 은화를 챙
기면 되는 것이지, 그를 사간 자가 먹
든 못 먹든 그것은 관계없는 방법으로
써 상술을 부리는 자와 무엇이 다르더
냐?
38 너희들이 정녕 나에게 오르는 길이 무
엇인가를 모르면서 재물과 금화와 은
화를 많이 바치는 자 축복받아 구원을
받는다 하여, 너희들은 그를 거둬들여
궁전과 같은 너희들이 말하는 성전이
라 하여 이를 세상에 우후죽순으로,
대나무 순이 나오듯이 열 발짝 가는
곳마다 세우고자 하는 이와 같은 형국
에 이르렀으며, 너희들이 눈을 들어
하늘을 바라보라.
39 나의 아들 예수가 고통 속에 죽어 간
그 십자가가 얼마나 많이 너희들 눈
안에 들어오는가?
40 너희들의 눈에 비치는 그 모습이 얼마
나 많이 있는가?
41 이와 같은 성전을 세상에 짓고 또 지
어 계속 그들은 살아가기 위한 생활의
방법으로써 그와 같은 형국이 이루어
짐이니,
42 지금 종교 지도자라 하여 배우고 나오
는 자, 그들이 나가 더 큰 성전, 더 넓
은 성전, 그리고 더 화려하고 높은 십
자가를 짓기 위하여 저희들이 아귀다
툼으로 경쟁을 하고 있는 이와 같은

시국이니,
43 지금 너희들이 밤하늘에 비치는, 나
여호와를 고문하는 그 불빛이 찬란한
십자가를 세어 보라.
44 열 발짝 안에 하나가 있는 그와 같은
형국이 되어 있음이니라.
45 그런데도 지금 계속 너희들이 살아가
는 생활의 방편으로써 육신의 편안함
과 육신의 안일을 위하여, 너희들이
이 지구상에서는 그 육의 생활에 가장
편안한 직업으로써 그 직업을 택하여
너희들이 지금도 나의 아들이 죽어 간
그 십자가를 계속 세워 놓으려고 노
력하고 있지는 아니한가?
46 그것도 종교 지도자로서 이 세상의
나의 피조물 만백성을 구하는 영광된
길을 가고자 하는 그들이 저희들의 육
신의 편안한 삶과 저희들이 살아가는
그것에 직업으로써, 그리고 그것도 가
장 편안한 직업으로써 그를 선택하여
그 길을 가고자 노력하는 것은 아닌가?
47 정녕 너희들은 그와 같은 심성으로써
오늘도 나의 성전을 짓기 위한 방법으
로써 성서를 배우며 지도자로서 나가
고자 함이니,
48 이와 같이 지금 너희들이 밤에도 비치
는 십자가, 나의 아들이 죽어 간, 내가
보기에 나를 고문하는 그 무서운 십자
가가 열 발짝 안에 있는 것처럼 너희
눈에 보이니,
49 이 지도자가 또 나가 또 하나를 세우
고 또 세우고 또 세운다면 십자가로
이 세상은 내가 가장 고통스러운 나의
땅이요, 내가 내린 지상이 그와 같이
변해 가고 있음이니, 이를 막아야 하
지 않겠느냐?
50 이 세상 어느 민족도 너희들과 같이
호흡하며 살아가는 민족처럼 지금 그
거대한 십자가를 세우려고 발버둥치
며 용트림하는 민족은 없음이니라. 그
리고 그런 백성이 없음이니라.
51 너희들이 사는 조그만 동양의 이 민족
이 사는 땅덩어리만이 그저 시간이 지
나고 하룻밤을 자고 나며 세월이 지나
면 나를 고문하는 그 십자가가 죽순이
나오듯이 이렇게 서 있음이니,
52 내가 선택한 이 동양의 작은 나라가
내가 가장 볼 수 없는 그 고통스러운
십자가로 세상을 덮어 가고 있음이니,
이를 막을 수 있는 것 또한 동양의 이
민족에서 그를 거쳐 가며 그를 거부하
며 나의 지상의 낙원이 온통 십자가로
뒤덮이는 아름다운 나의 이 동산을 막
을 수 있는 것은 나의 성령으로 내려
가는 나의 법전뿐이니,
53 이를 만들어 전하는 네가 얼마나 소중
한 자이며 너를 따르는 너의 제자들이
얼마나 귀한 자들이냐?
54 우후죽순으로 늘어나 나의 아름다운
이 동양의 나라를 다 십자가로 덮으려
는 그 사악한 무리를 중단하게 하며
그들의 십자가를 무너뜨리는 것은 너
희들이 해야 할 몫이니, 우선 그와 같
은 중대한 임무가 너희들에게 있으니,
55 너희들은 이를 막기 위하여 이 작은
동방의 나라의 구석구석에, 내가 선택
한 이 땅에 나의 법전을 전하는 것이
그리 시급함이니라.
56 너희들의 재물이요, 너희들의 노력이
요, 너희들의 시간을 아까워하지 말라.

57 너의 제자들과 너를 따르는 백성에게
나의 이 아픈 가슴을 그대로 전하여
그들이 우후죽순처럼 일어난 그 십자
가를 밟아 뭉개는 그 일에 소홀히 하
지 말라 그리 이르라.
58 너희들이 소홀히 하며 너희들이 비켜
서는 그 순간에 나의 가슴을 찢어지도
록 아프게 하는 그 사악한 십자가라는
그 형체가 하늘을 향하여 더 높이 치
솟고자 하는 그 속에서 일어나는 죽순
과 같은 것을 너희들이 짓이겨 밟아야
할 것이니,
59 그것은 정녕 나의 성령이요, 나의 심
장의 나의 성령을, 나의 모두를 태워
내려보내는 나의 법전, 이것만이 그를
막을 수 있음이니,
60 이를 나의 피조물 만백성에게 전하는
것은 너희들 제자와 이를 읽고 깨우친
자들이 해야 할 일이니, 시간이 없다
함이 여기 있느니라.
61 너희들이 모두를 다 던져 나의 법전을
세상에 덮는 일에 게을리하지 말라,
사랑하는 나의 선택된 백성들아!
62 내가 믿을 자는 너희들뿐이며, 나의
뜻에 따라 일할 자는 너희들뿐이며,
내가 이루고자 하는 그것을 이룰 수
있는 것은 너희들뿐이니 어찌하겠는
가?
63 나의 이 아픈 뜻을 기억하지 말라, 사
랑하는 백성들아!

2,102 번째 하나님 말씀

2002년 3월 26일 08시 50분

1 사랑하는 선지자야!
2 "네, 여호와 하나님! 말씀하옵소서."
3 이 세상이 시커멓게 썩어져 있는 그
속에 하나의 하얀 집단이 있다 하면,
그 하얀 집단이 이 세상에 썩어져 간
그 검은 형태를 하얗게 만들고자 한
다 하면, 또 그들이 그리 만들어야 하
며 그리 가야만 이 나의 낙원, 지구 동
산이 살 수 있다 하면, 그들이 정녕 얼
마나 소중한 나의 백성이며 나에게 얼
마나 소중한 것이던가?
4 지금 너희들이 그러하니라.
5 잘못 가르치고 잘못 가는 종교 지도자
요, 또한 잘못 살아온 부모요, 선배요,
윗사람들의 그 형태에 의하여 너희 자
손이 대대손손 세월이 흐르면서 더 사
악하고 더 험악한 이 지상을 만들고
있다 하면,
6 이를 바로잡으려고 선택된 일부의 사
람들이 이 세상에 지금 살아가고 있다
하면, 그들이 정녕 얼마나 소중한 나
의 백성인가?
7 나의 뜻을 따라가지 않는 나의 피조물
만백성 중에서 내가 명한 것을 지키며
나의 뜻에 따라 살아가고자 하며 내가
이루고자 하는 새로운 세상을 만들고
자 하는 그 뜻에 종사하며 거기에 모
두를 바치는 나의 백성이 소수가 있다
하면, 그 백성이 얼마나 나에게 소중
한 백성이던가?
8 지금 바로 나의 성령을 세상에 내려보
내 그를 읽고 깨우치며 나의 음성을
들어 아름다운 쪽으로 변해 가는 너희
들이야말로 바로 이 검은 세상 속에
하나의 하얀 소수의 집단을 내가 만들
어 내려보냈음이니,

9 나의 대명을 받아 이 썩어져 가는 동
산을 하얗게 만들어야 하는 그 대임
이 너희들에게 있음이니,
10 이는 너희들이 지금 잘못 가고 있는
종교의 모든 종파의 문을 닫게 하며
거미줄을 치게 함이니, 이것이 너희들
이 해야 할 대명이라 내가 너희들에게
일렀느니라.
11 그리하여 나의 아들이 죽어 간, 내가
보기에도 가슴이 찢어지는 그 십자가
들이 부러지고 넘어지며 그곳에 거미
줄을 쳐 그 문을 닫을 수 있도록 하는
것이 너희들의 대명이라 말하였으니,
너희들은 여기서 하나의 대업을 더 이
루어야 함이니라.
12 지금에 있는 잘못 가는 종파들이요,
모든 종교 집단이요, 그리고 믿음이라
하여 잘못 가는 그들을 바로 세워 그
들이 다 문을 닫도록 할 수 있으나,
13 그 문을 닫으면 무엇하며 또 밤하늘을
향하여 나의 가슴이 찢어지도록 울리
는 그 십자가를 너희들이 부러뜨린다
면 무엇하는가?
14 그를 추종하기 위하여 그를 만들고자
하는, 그리 배우고 깨닫는 그 씨앗들
이 계속 세상에 나온다 하면 이를 어
찌 막겠는가?
15 그러니 너희들은 지금 되어 있는 곳에
거미줄을 칠 수 있도록 나의 법전을
세상에 전해야 하며, 너희들이 또 뻗
어 나오는 그 후손이요, 그 씨앗들을
뻗어 나오지 못하도록 나의 법전으로
세상을 다 덮어 눌러야 하는, 위로 되
어 있음을 막으며 밑에서 올라오는 그
를 막아야 함이니,
16 계속 가르치고 또 가르쳐 생산해 내는
잘못 가는 종교 지도자들이 무엇인지
를 알지도 못하며, 하늘의 뜻이 무엇
이며, 내가 이루고자 하는 것이 무엇
이며 나의 뜻이 무엇인지도 모르는 그
들을 계속 양성해 배출하는 그것을 막
아야 하니,
17 너희들이 양손을 다 움직여도 위의 것
을 부수며 아래에서 올라오는 것을 막
기도 힘드나, 그와 같은 역사를 너희
들이 이뤄야 할 것이며,
18 소수의 나의 인원으로서 몇십 억, 그
몇백 배가 되는 그 많은 것들을 무너
뜨리며 막아야 하는 것이 너희들의
대명이니,
19 이와 같은 일을 수행하는 너희들이 무
엇을 생각할 수 있으며 무엇을 주저할
수 있겠는가?
20 그리고 너희들이 무엇을 못 던지며 무
엇을 버릴 수 없는가?
21 너희들의 생명까지도 버릴 각오가 되
어 있어야 하며, 이미 서 있는 것을 무
너뜨리며 또 솟아나는 그 씨를 너희들
이 짓밟아 뭉개야 함이니,
22 여기에 너희들의 생명을 던짐을 소홀
히 해서도 아니 되며 아까워해서도 아
니 되며 두려워해서도 아니 되는 것이
너희들이 이루어야 할 역사니, 너희들
이 무엇이 소중하고 아까운 것이 있는
가?
23 나의 법전을 세상에 전하여 그 나오는
싹을 무너뜨리며 지금 나의 가슴을 울
리고 있는 그 잘못되어 있으며 잘못
가르치고 있는 모든 종파의 문에 거미
줄을 치는 이와 같은 대역사를 이루는

것이 너희들이니,
24 너희들은 두려워하지 말며, 너희들처럼 소중한 자가 없으며, 너희들의 것은 너희들의 것이 아님을 알아야 할 것이니라.
25 이를 사랑하는 너의 세자들에게 나 여호와의 뜻을 전하라.

2,103 번째 하나님 말씀

2002년 3월 26일 10시

1 사랑하는 선지자야!
2 "네, 여호와 하나님! 말씀하옵소서."
3 네가 이제는 아름다움이 무엇이며, 소중함이 무엇이며, 사람이 살아가는 도리가 무엇이며, 하늘이 있고 땅이 있으며, 내가 원하고자 하는 것이 무엇인지, 그리고 나의 피조물 만백성을 위하여 나 여호와가 마지막 제3의 시대를 열어 나의 성령을 다 태워 너에게 전하여 법전을 만드는 그 뜻을 네가 알고 있으며, 이 역사가 어찌 이루어져야 하며 어찌 가야 할 것이라는 것을 네가 잘 알고 있지 아니하더냐?
4 그대로 네가 실행하고 살아가는 것이 가장 소중함을 잊지 말라.
5 네 마음속에서 아름다운 생각, 네 말에서 아름다운 말과 네 가슴에서 아름다운 그 향기가 풍겨 나오는 그와 같은 너로 승화시키고 변해 가며 그리 가는 것이 네가 해야 할 길이니라.
6 네가 도리를 알며 깨우침을 알지 않았더냐?
7 그대로 네가 지키고 살아가는 것만이 너의 제자들이 너를 따라 그리 변화됨이니, 이를 너는 명심해야 하지 아니하겠는가?
8 부모가 잘못 가면서 그 뒷모습을 보고 자라는 자식에게 바로 가라 말하면 되지 아니한다 말하지 아니하였더냐?
9 부모가 잘못 행위를 하면서 자식에게만 바로 가라 그리 소리 지르고 매질을 한다 해도 그 자식이 따라갈 수 없다 내가 너에게 일러 주지 아니하였더냐?
10 그 부모가 바로 서고 바로 갈 때 그 부모의 모습을 바라보고 그 자식은 성장하며 그를 양식으로 삼아 세상에 나가 삶을 영위하는 기초요, 기반이 된다 하였거늘, 바로 그러하니라.
11 너의 제자들이 아무리 깨우치며 아무리 깨달음이 높으며 그들이 기도하고 경배해도 네가 가고 있는 그 선을 넘을 수 없으며 너를 앞질러 갈 수 없음을 선지자야, 네가 알아야 할 것이니라.
12 그리하여 이제는 네가 아름다움이 무엇이요, 살아감이 무엇이요, 살아가는 인간의 도리가 무엇인지를 알지 아니하던가?
13 그대로 너는 시행하고 가야만 될 것이니라.
14 그리하여 네가 그리 감으로 인하여 네 제자들이 그를 보고 따를 것이며, 또한 너의 제자들을 보고 온 나의 피조물 만백성이 법전을 읽어 깨우쳐 그리 가야 함이니, 이를 어찌해야 하는가?
15 처음에 호수에서 흐르는 물은 맑으니라.
16 가면서 그 물이 혼탁해지고 또 혼탁해

지는 그와 같은 것이 높은 곳에서 낮
은 곳으로 흐르는 그 물의 흐름의 형
태가 아니더냐?
17 그러하니 네가 얼마나 철저하게 깨우
치며 철저하게 지키느냐에 따라서 너
의 제자들이 따름이니라.
18 네가 100이라는 것을 시행하고 지켰
을 때 너의 제자들이 90을 시행할 수
있을 것이며, 그를 따르는 백성이 또
80을 따르게 되는 것이니, 이것이 어
찌할 수 없는 현실이니라.
19 그리하여 너의 제자들을 너의 수준으
로 끌어올려야 할 것이며, 너의 제자
들이 또한 너의 제자들을 따르는 그
백성을 저희들의 수준으로 끌어올려
야 하는 이 어렵고 힘든 길이 여기에
있음이니라.
20 그리하여 네가 완벽하게 가야 함이니
라.
21 이제 네가 가는 길을 알며 행하는 길
을 알면 그대로 행하고 실천해 가면
되는 것이니라, 선지자야! 이를 네가
흔들려서는 아니 됨이니라.
22 너 하나가 흔들렸을 때 너의 제자들이
열이 흔들리며, 너의 제자들을 보고
깨우치는 나의 백성이 백이 흔들리게
됨이니, 이는 감당할 수 없으며 이는
일깨워 이룰 수 없음이니라, 선지자야!
23 그리하여 네가 나에게 묵상과 기도를
항상 하여 답을 받아 행동할 것이며,
그리고 항상 너는 기도와 묵상을 잊지
말며 네 마음속에 항상 그를 기억하고
그리 살아가야 할 것이니라.
24 그리고 네 가슴에 가지고 있는 모든
그 진실된 마음과 그 진실된 생각과
네가 깨우쳐 가지고 있는 모든 그 향
기로운 행함을 그대로 행하고 실천해
나가야 할 것이니라, 선지자야! 여기
는 타협이 없으며, 여기는 양보가 없
으며, 여기는 '설마' 하는 기대가 없음
이니라. 너는 그를 알아야 할 것이니
라.
25 네가 깨우치고 깨달은 것을 그리 행하
지 아니할 때 나 여호와가 너를 용서
해 줄 것이라 생각하며 네가 잘못 갔
을 때 나 여호와가 너를 용서해 주고
이번만큼은 너에게 또 기회를 주겠지
하는 그와 같은 생각을 네 머릿속에서
이제는 완전히 지워야 할 것이니라.
26 그 생각을 네가 가지고 생활한다 하면
너의 제자들이 바로 서지 못하고 쓰러
짐을 알아야 할 것이니라.
27 이제는 네가 나의 성령을 받아 기록하
여 법전을 만들어 세상의 나의 백성에
게 전하는 것도 중요하나,
28 네가 행동과 언어로써 모든 모범을 보
이며, 네가 깨닫고 깨달은 그 향기롭
고 아름다운 생각의 삶을 그대로 실천
하여 너의 제자들이 이를 보고 배워
한 점의 부끄러움이 없는 삶을 살 수
있도록 너의 제자들을 완벽하게 네가
이끌어 가고 만들었을 때,
29 그들이 너를 대신하여 나의 피조물 만
백성을 구원할 수 있는 그 역사를 이
룰 수 있음이니라.
30 그리하여 네가 소중함이라 하였느니
라.
31 그리하여 너의 제자들을 달구고 또 달
구어, 심어 주고 또 심어 주어 네가 생
각하고 있는 그 아름다운 향기로움이

네 머릿속에 무럭무럭 피어나는 그 꽃
의 향기를 너의 제자들의 머릿속에 모
두를 던지고 그 생각만을 심어 주어
그들의 머릿속에 아름다운 향기가 피
어오르는 그와 같은 역사를 이루는 것
만이 네가 지금 해야 할 길이니,
32 선지자야! 사랑하는 선지자야!
33 너를 생각하지 말라. 네가 존재하며
살아 있다 생각하지 말라.
34 네가 육의 세계의 모든 인연에 연연한
다 하면 너의 제자들이 쓰러짐이니라.
35 너 혼자 나의 법전을 만들어 나의 성
령을 받아 전한다 해도 나의 피조물
만백성을 구원할 수 없지 아니한가?
36 위에서 흐르듯이 그저 너의 제자들의
깨우침이 너를 닮아서 그리 가야 하
며,
37 그 제자들의 깨우침이 또 나의 피조물
만백성을 그리 깨우칠 수 있도록 그저
밑으로 흘러가는 데 한 점의 오점이
없으며 한 점의 잘못됨이 없으며 그대
로 전해 내려가는 그 역사가 이루어져
야 된다는 것을 알아야 할 것이니라.
38 네가 아름다움을 행하지 아니하며, 너
의 제자들이 너를 닮아 그대로 아름다
움을 행하지 아니하며, 법전을 읽고
깨우친 나의 피조물 만백성 그들이 그
대로 아름다움을 행하지 아니한다면
바로 무엇이냐?
39 이곳에 사탄과 사악한 무리가 접근하
게 되어 있음이니, 그 일을 어찌하겠
는가?
40 내가 이루고자 하는 이 낙원이 이루어
질 수 없으며 새로운 시대가 이루어질
수 없음이니라.
41 너의 제자들은 알아야 할 것이니라.
42 나의 성령 모두를 태워 내려보내는 이
것이 마지막이라 하였음이니라.
43 이 마지막 시대에 너희들이 어떠한 역
경과 고초도 견디고 이겨 나와 나의
피조물 만백성이 하늘에서 이루어진
것같이 이 땅에서 이루어질 수 있는
이 지상의 낙원을 너희들이 만들지 못
한다 하면 이는 영원히 내가 이 지상
을 버려야 하는 그와 같은 아픔이 있
음을 너희들이 잊어서는 안 될 것이며,
44 내가 가장 아름답고 예쁘게 만든 나의
피조물 만백성 너희들과 내가 모든 고
리를 끊어야 하는 그와 같은 무섭고
도 무서운 현실이 도래하게 됨이니,
45 이제는 누구도 나와 나의 피조물 만백
성을 바로잡을 수 있는 길이 없으며
그들을 인도할 수 있는 방법이 없음을
알아야 할 것이니라.
46 나의 성령을 태워 내려보내는 이 법전
이 마지막이요, 이 법전만이 나의 피
조물 만백성에게 이 지상의 낙원을 만
들 수 있는 유일한 나의 가르침이요,
내가 너희들에게 전하는 것을 잊지 말
아야 할 것이니 너희들이 어찌할 것
인가?
47 너희들의 배를 줄이라. 그리고 혁대를
졸라매라.
48 그리고 두 주먹을 불끈 쥐고 너희들이
죽은 자라 생각하라.
49 너희들이 나의 법전을 읽고 깨우치는
데 너희들의 모든 정신을 다 바쳐야
할 것이며,
50 그리고 나의 법전을 세상에 전하는 데
너희들이 육신의 고달픔을 생각하지

말며, 손발이 다 부르트도록 그리 전해 나의 피조물 만백성을 구원의 길로 인도하여, 너희들이 깨우쳐 준 그 많은 백성을 인도하여 하늘에 오르는 그 영광을 잊지 말라 너의 제자들에게 이르라, 선지자야!

51 내가 너를 사랑하는 만큼 너의 제자들을 사랑하니 그리 알라.

52 너희를 사랑하노라, 선지자야!

2,104 번째 하나님 말씀

2002년 3월 26일 17시 25분

1 사랑하는 선지자야!

2 "네, 여호와 하나님! 말씀하옵소서."

3 정녕 네가 나에게 하고 싶은 말이 없는가?

4 "여호와 하나님!

5 저는 정녕 깨달음의 한계와 그 끝과 어디까지 제가 변해 가야 하는 것이며 정녕 어찌 변해 가야 하는 것인지 그것을 모르겠사옵나이다.

6 오로지 제가 아버님께 드릴 수 있는 말씀은 '제 목숨을 바치오리다.' 그 말 밖에는 드릴 말씀이 없습니다.

7 '정녕 저의 모든 것을 제 목숨을 다하여 바치오리다.' 하는 그 말씀 외에는 제가 감히 드릴 말씀이 없사오며, 정녕 제가 어디까지 버티고 견디어 나가야 하며 어디까지 깨우침을 향하여 가야 하는 것인지, 아무런 믿음이 없던 저로서는 정녕 너무나도 힘들고 어려운 길인 것 같사옵나이다."

8 선지자야!

9 "네, 여호와 하나님! 말씀하옵소서."

10 네 목숨을 바치고자 하는 그 마음을 내가 알고 있느니라.

11 그러나 너는 나의 성령을 받아 나의 피조물 만백성을 구하는 대명이 있음이니, 이를 네가 비켜 갈 수도 없으며 네가 이를 버릴 수도 없음을 알라.

12 지금 세상에 나의 피조물 만백성 중에 깨우침이라는 것을 받은 자들이 너를 도와 일어설 때가 머지않았음을 알아야 할 것이니라.

13 지금 내가 이 세상에 하나의 겨자씨를 심었다 하였음이니, 이는 내가 너를 말함이니라.

14 내가 너에게 말하였듯이 인간의 60점이라는 그 세속에서 사는 속에서 그 겨자씨는 자라 60의 점수를 벗어나 하늘로 치솟아 올라야 된다 하는 것을 내가 너에게 일깨워 주었으니,

15 오로지 모두를 깨우쳤다고 하는 자, 그리고 나로부터 터치받았다 하는 자, 그리고 저희들이 성령을 받았다 하는 자들, 그들은 모두 60점을 넘지 못하였으며 그 60의 점수에서 바라보고 있음이니라.

16 내가 너를, 겨자씨를 심어 이제 싹이 터 나오니, 인간 세속의 60점 그 꼭대기에 와 있는 그들이 너를 바라볼 때 너는 아직 어린아이요, 걸음마를 배우지도 못한 그와 같은 자라 생각할 것이니, 너는 그들이 너를 바라보는 것에 개의치 말라.

17 그들은 그 60이라는 숫자에서 더 넘어갈 수가 없으며, 세속의 인간 사회에서 살아가는 것으로는 더 올라갈 수 없음이니라.

18 네가 하나라는 그 숫자에서부터 둘,
셋, 넷, 다섯…, 이와 같이 성장하며 모
두를 접어 두고 60이라는 그 점수를
벗어날 때 그들은 그 점수를 벗어날
수 없음이니라.
19 다만, 지금 네가 성장하는 그 단계에
서 그들이 60점이라는 그 인간의 한
계에서 내려다볼 때, 네가 어리고 약
한 자요, 나의 성령을 제대로 받아 소
화시킬 수 없는 그와 같은 그릇이라
그들이 생각하며, 과연 나 여호와로부
터 네가 받아 견딜 수 있을 것인가를
그들이 생각하지만, 그들은 잘못 계산
하고 있음이니라.
20 너는 계속 성장하여 그 60점이라는
인간 세속을 그저 뚫고 지나갈 것이며
그들은 그곳에서 더 이상 나갈 수가
없음이니, 그 반전되는 세월이 얼마
남지 아니하였음을 알아야 할 것이니
라.
21 네가 나의 성령을 받아 16권을 세상
에 내며 네가 변해 가며, 2부를 내며
네가 또 변하며, 3부를 내며 네가 그
와 같이 말할 수 없는 변화의 역사를
이루며 가게 되어 있음이니, 그들은
제자리에서 그대로 지키고 있으나 너
는 변하여 성장하여 간다는 것을 잊지
말라.
22 내가 말하지 아니하였는가?
23 이 지구를 덮을 만한 기암절벽도 그
돌은 죽은 돌이요, 그 자리를 지키나,
조약돌 같은 그 돌은 성장하는 능력이
있으며 그 돌이 성장함으로 인하여 세
월에 따라 그 지구만 한 모든 기암절
벽을 다 짓이겨 재로 만든다 내가 말
하였음이니,
24 지금 나로부터 선택된 자라 하며 나로
부터 무엇인가를 깨달았다 하며 저희
들이 깊은 산 속에 수련으로써 무엇인
가를 얻었다 말하며, 저희들이 능력을
얻었다 하며, 그리고 저희들만이 나
여호와로부터 구원을 받은 자며, 이
세상에 저희를 능가할 자 없는 자라
그들이 말하느니라.
25 그러나 그들은 저희들이 육신의 세계
에서 내가 내려 준 그 지혜요, 능력의
한계를 벗어나지 못하고 있음을 알라.
26 내가 너희들에게 내려 준 그 능력이
요, 한계는 너희들이 상상을 초월하는
그와 같은 위대한 목적이 있느니라.
27 그리하여 사탄이나 모두와 너희들이
견주어 싸울 수 있는 그와 같은 능력
과 지혜를 주었다 하였음이니, 그를
너희들이 다 활용하지도 못하며 일부
분도 내가 내려 준 그 지혜를 쓰지 못
하고 죽어 나에게 오는 그와 같은 형
국이니라.
28 그리하여 그들이 좀 더 발달하고 좀
더 깨우치며 좀 더 무엇을 알았다 하
여, 그들이 60의 점수인 인간 세속의
한계를 넘지 못하고 있으면서
29 그 60점 속에서 바라다보는 네가 5점,
10점 그와 같이 점수를 받아 커 가는
그와 같은 모습을 어린아이로 보나,
눈 깜짝할 사이에 그들을 지나 네가
올라간다는 것을 그들은 아직 모르고
있음이니라.
30 이는 나로부터 선택된 선지자 너만이
할 수 있는 길이며 너만이 갈 수 있는
길이니, 너는 그리 알아야 할 것이니

라.
31 네가 3부를 세상에 내보낼 때 이제는
그 누구도 너를 대적할 자가 없으며,
너 이상의 기적을 이룰 자가 없으며,
너보다 앞질러 가는 자가 없을 것이
니, 그때까지 너는 계속 전진하며 나
의 법전을 쓰는 데 잠시도 게을리해서
는 아니 될 것이며,
32 1부, 2부의 네가 기록한 그 법전의 내
용대로 살라 하는 대로 네가 그리 실
천하고 살아가는 것 또한 잊지 말아야
할 것이며,
33 너의 제자들 또한 그리 다그쳐 가르쳐
야 할 것이니, 이를 알아 깊이 시행하
도록 그리하라, 선지자야!

2,105 번째 하나님 말씀

2002년 3월 26일 20시 10분

1 사랑하는 선지자야!
2 "네, 여호와 하나님! 말씀하옵소서."
3 지금 나의 피조물 만백성 너희들이 살
아가는 이 세속이 얼마나 험악하고도
험한 현상에서 살아가는가?
4 구약 시대에 살아갔던 백성과 또 신약
시대에 살아갔던 나의 피조물 백성과
지금 제3의 시대에 살아가는 나의 피
조물 만백성 너희들이 살아가는 그 형
태가 얼마나 무섭게 차이가 나는가?
5 그 격차는 너희들이 구약 시대를 겪어
보지 아니하였으며 신약 시대를 겪어
보지 아니하였음이니, 너희들이 지금
의 시대에 살아가는 나의 피조물 만백
성 너희들의 마음 자세를 알 수가 없
을 것이니라.
6 그러나 너희들이 살아오면서 느낀 부
모와 자식 간의 정이요, 형제간의 우
애요, 그와 같은 것들로 너희들이 알
고 어려서 살아오던 그 시대보다 지금
의 몇십 년의 차이도 안 되는 이 시대
가 너무나도 거리가 멀도록 변해져 있
으며 사악하고 두려울 정도로 변화된
이 시점에서 너희들은 과연 무엇을 깨
달아야 하겠는가?
7 그렇다면 2천 년 전의 신약 시대의 백
성은 지금의 너희들보다 얼마나 더 온
유하며 온순했을 것인가?
8 그들은 너희들보다 유한 백성이었느
니라.
9 그리고 윗사람을 알아보며 위를 볼 줄
알며, 어른을 존경하며, 형제지간에
우애가 있으며, 아랫사람을 사랑하는
그와 같은 마음을 가지고 사는 나의
피조물 백성이었느니라.
10 또한, 구약 시대는 그보다도 더 아름
답고 온유한 나의 백성이 그 시대에
살아왔음이니라.
11 그러나 그 구약 시대에 지금보다도 몇
십 배 더 아름답고 선하며 순종하며
사는 나의 피조물 만백성도 그 기적
앞에서 어찌하였는가?
12 그들은 인정치 아니하며 사악한 방법
으로써 사탄을 받들었으며 우상을 저
희들이 만들어 섬겼으며 저희들 앞에
그들을 모시고 살았음이니라.
13 그런가 하면 신약 시대의 그 온유했던
나의 피조물 만백성 그들에게 나의 아
들이 목숨을 바쳐 내가 존재함을 일깨
워 주며 그들로서 기적을 이루어 그들
의 눈을 뜨게 하였으나, 그때의 백성

또한 어찌하였느냐?
14 나의 아들이 그와 같은 핍박과 박해로
써 그를 더 견디지 못하며, 그들로서
최후의 사악한 방법인 그 당시 무엇과
도 바꿀 수 없는 가장 극형인 그 방법
으로써 나의 아들을 숨지게 그리하였
으니 어찌하였던가?
15 그렇다면 지금의 제3의 시대는 구약
이요, 신약의 시대의 그 나의 백성보
다도 열배 백배 더 사악해지며 무서운
지금과 같이, 너희들이 인간을 보기를
두려워하며, 인간을 만나기를 두려워
하며, 인간을 만남으로 경계하며, 인
간을 너희들이 가장 경계하고 적으로
생각하며, 그리고 하시라도 너희들에
게 등을 돌릴 수 있으며 너희들에게
피해를 입힐 수 있는 그와 같은 인간
들의 삶의 세상에 지금 와 있음이니,
16 이때 내가 나의 선지자를 통하여 모든
기적과 역사와 영광을 이룬다 하면 어
찌 되겠는가?
17 신약과 구약의 시대의 그 온유한 백
성도 그들을 핍박하며 우상을 만들었
으며 그와 같이 험악한 행동을 했음이
니, 지금 그보다 열배 백배 더 사악한
나의 피조물 만백성이 살아가는 제3
의 시대에서 기적을 이루며 역사를 이
룬다 하면,
18 그리고 나 여호와로부터 선택된 자가
기적을 이루며 앉은뱅이를 일어서게
하며 병든 자를 고치며 그 기적을 이
룬다 하여 그가 정녕 나 여호와의 선
지자요, 나의 아들이요, 나의 종이라
백일하에 드러날 때 지금의 철옹성보
다도 더 굳어지고 단단한 그 종파들의
믿음이 어찌 그대로 있겠는가?
19 구약과 신약보다도 더 처참하고 더 비
참한 그와 같은 형국이 이루어질 것이
며, 나 여호와의 성령이 다시는 이 세
상에 내려와 저희들에게 핍박하는 일
이 없도록, 그리고 저희들에게 더 이
상의 어떠한 깨우침을 원하지 아니하
며,
20 저희들에게 단죄를 내리며 저희들의
그 추하고 무서운 모습을 백일하에 드
러내는 그와 같은 성령이요, 나 여호
와요, 또 나의 아들이요, 나의 선지자
가 세상에 오는 것을 그들은 두 번 다
시 이 땅에 이루어지지 못하며 영원히
그러한 역사가 이루어지지 못하도록
단죄하여 무섭게 그를 핍박하고 짓밟
을 것이니 너희들은 어찌하여 이와 같
은 것을 깨닫지 못하는가?
21 그리하여 그들이 정녕 이게 여호와요,
나의 뜻인지 아닌지, 또한 정녕 진정
한 선지자인지 아닌지 저희들이 구분
하고 판별하다가 시간이 흘러가며 그
속에서 나의 법전은 세상을 덮어 나가
사악한 무리가 그를 보고 깨닫는 자가
인산인해를 이룰 것이며,
22 그리고 사악한 무리가 새싹처럼 무럭
무럭 자라나는 것을 멈추고 시들어져
가는 그와 같은 대역사를 이루는 것은
오로지 나의 성령이요, 나의 법전이
세상을 물 흐르듯이 덮어 나가는 그
길밖에 없으니,
23 기적으로써, 육의 행동으로써, 육의
모형으로써 보여 주는 그와 같은 기적
만 너희들이 기적이라 생각하지 말라.
24 그 기적에 너희들이 경탄하고 감탄하

였으며, 그리고 너희들에게 이루어지
는 기적이 아니기 때문에, 너희들과는
아무런 관계가 없는 듯했기 때문에 너
희들은 거기에 대해서 반발하며 시기
하고 질투하여 그 기적을 이뤘던 구약
시대에 우상을 만들었으며, 신약 시대
에 나의 아들 예수를 그리 처참히 보
냈음이니,
25 이제 다시 나의 선지자가 그와 같은
기적을 이룬다 할 때, 지금은 얼마나
사악한 방법으로써 단죄할 것인지 너
희들은 알겠는가?
26 그렇다면 너희들은 육신의 보이는 그
기적만을 기적이라 말하지 말라.
27 지금 나의 법전은 나의 성령이 임하였
기에 너희들이 나의 법전을 읽으면 너
희 마음속에 새싹이 나며, 너희들의
마음 자세가 달라지며, 너희들이 생각
하는 것이 달라지며, 악을 쫓아내며
선을 행하는 그와 같은 새싹의 마음이
가슴속에 무럭무럭 자람이니, 그게 더
위대한 기적이라는 걸 너희들은 알아
야 할 것이니라.
28 지금 나의 법전처럼 너희들 가슴에 이
를 접하고 읽고 깨우치는 자가 정녕
하늘에 오르는 길이 무엇이며, 영원히
구원받는 길과 방법이 무엇이며, 인간
이 살아가는 도리가 무엇이며, 인간이
해야 할 도리를 너희들이 나의 법전을
읽고 깨우쳐 매일매일 변해 가듯이 그
와 같이 변해 가는 것이 너희들은 어
떠한 육적인 행동의 기적보다도 열
배, 백 배, 천 배 위대한 기적임을 알
아야 할 것이니라.
29 구약 시대와 신약 시대에 지금 너희들
이 법전을 읽고 깨우쳐 가듯이 이와
같이 성령으로써 너희들을 다스려 왔
다 하면 지금 이와 같이 험악한 시대
는 아니 되었을 것이니라.
30 이제는 너희들의 육신으로써 어떠한
물리적으로 보이는 기적이 아니니라.
31 나의 성령은 너희들이 말하는 나 여호
와의 말씀이라 하였으며, 나의 말이
요, 나의 뜻은 너희들의 가슴속에 그
대로 전해 주는 것이지, 나의 성령이
기적을 이루는 것은 아님이니라.
32 너희 마음속에 깨우치고 변화되는 그
모습이 기적이니, 이것이 너희들이 앉
은뱅이가 일어서며, 눈먼 자를 눈을
뜨게 하며, 병든 자를 고치며, 죽어 가
는 자를 살리는 그와 같은 육적인 기
적보다도 더 위대하고 방대함을 알라.
33 내가 선지자를 통하여 이루는 기적은
그가 몇 사람에, 또 그 제한된 인원에
불과할 것이나, 나의 성령이요, 나의
법전을 읽고 깨우치는 무리는 그 수를
헤아릴 수가 없으며 그 군중을 헤아릴
수 없는 그와 같이 위대한 역사가 이
루어지는 것이니,
34 나의 법전이 얼마나 위대한 기적인가
를 너희들이 알아야 할 것이니라.
35 다만, 너희들이 나에 대한 믿음이 깊
으며 내가 너희들을 구원하고자 하는
자, 내가 선지자를 통하여 너희들에게
기적의 역사를 이루는 것은 그저 너희
들 가슴속에서 새겨 둘 것이며,
36 이것을 누구에게 자랑해서도 아니 될
것이며, 누구에게 보여서도 아니 될
것이며, 누구에게 너희들이 나 여호와
의 능력에 의하여 나의 선지자가 그와

같은 기적의 역사를 이룬다는 것을 말해서도 아니 됨을 너희들이 이리 철저히 가슴에 안고 살아감을 알라.
37 내가 나의 선지자를 통하여 너희들에게 육신의 기적이요, 너희들의 어려움을 이루어 주었을 때, 그를 너희들은 입을 다무는 것으로써 나에게 보답하는 길임을 그리 알라.

2,106 번째 하나님 말씀

2002년 3월 26일 23시 40분

1 사랑하는 선지자야!
2 "네, 여호와 하나님! 말씀하옵소서."
3 너희들이 지금 믿음이라는 그 세계를 살아오면서 너희들끼리 서로 말함이니, 저희들의 집단에 속하지 아니한 자를 이단이요, 사탄이라 그리 말하느니라.
4 여기서 너의 제자들에게 확실히 그를 깨우쳐 주어 그들이 이단이요, 사탄이라는 그 형태를 바로 보고 바로 알도록 하여야 할 것이니라.
5 나의 피조물 만백성을 일깨우고 지도하는 자가 정녕 나로부터 선택된 자라 하면 너희들로부터 재물을 노략질하듯이 거둬들이지 아니함이니라.
6 나의 사랑하는 피조물 만백성에게 내가 내린 그 재물들을 노략질하듯이 거둬들이는 자가 바로 이단이라는 것을 너희들이 알아야 할 것이니라.
7 나의 피조물 만백성으로부터 재물을 노략질하지 아니하며, 그 재물을 거두어들이지 아니하며, 그리하며 나에게 오를 수 있는 나의 뜻을 전하는 자가 바로 정녕 나로부터 선택된 자이며 나에게 대명을 받아 임무를 수행하는 자라 너희들은 알아야 할 것이니라.
8 너희들이 인간이라 계명을 지킬 수 없다는 자와 그리고 지키고 살 수 있다, 살아야 한다는 자들과의 구분을 짓기 전에 정녕 나의 종교 지도자들로서 너희들이 이단이라 하는 자는 바로 이와 같은 행위가 이단이라는 것을 알아야 할 것이니라.
9 나의 피조물 만백성의 재물을 거두어들이며 갖은 방법과 수단을 가리지 아니하고 그들에게 모두를 다, 심지어는 저희들이 할 수 없는 그 직급까지도 팔아먹는 그런 형국으로써 노략질하다시피 하며 나의 재물을 거두어들이는 자가 이단이라는 것을 너희는 알아야 할 것이며, 이를 나의 피조물 만백성에게 깨우쳐 줘야 할 것이니라.
10 정녕 재물을 받아들이지 아니하는 자, 그는 이단이 아니니라.
11 어렵고 힘들게 살아가는 그들의 고통을 돌아다보며, 그들로부터 재물을 거두어들이지 아니하는 자, 그가 바로 나로부터 선택된 자이니라.
12 그리하여 재물을 노략질하듯이 수단과 방법을 가리지 아니하고 거두어들이는 자가 이단이라는 것을 너희들은 오늘 확실히 알고 가야 할 것이니, 그리 알아야만 될 것이니라.
13 지금 나의 종교 지도자들이라 하여 나의 피조물 만백성을 가르치는 그들이 그와 같이 잘못 가르치고 있음을 너희들이 알아야 할 것이니라.
14 그들은 오로지 육의 생활에서 벗어나

지 못하며, 믿음이라는 그 자체도 바
라보지 못하며, 내가 원하는 길이 무
엇인지도 모르고 있는 자들이니라.
15 그리하여 그들이 무어라 하더냐?
16 구하라, 그리하면 구할 것이라 그리
말하며 또 줄 것이라 말하지 아니하더
냐?
17 구하라는 것이 너희들의 믿음의 깊이
를 구하라는 것이며 너희들의 믿음의
깊이를 측정하는 것이라는 것을 너희
들이 알아야 할 것이니라.
18 나를 향하여 너희들이 구원을 받고자
그 믿음의 깊이요, 믿음을 측정하는,
그를 구하라는 것이니라.
19 나에게 향하는 너희들의 믿음을 구하
라는 것이지 재물을 구하라는 것이 아
님을 알아야 할 것이니,
20 이와 같은 이치도 잘 모르고 가르치는
그들 앞에 가서 너희들이 모든 재물을
바치며 또 재물을 바친 만큼 너희들은
축복이요, 은혜를 받고자 또 그리 기
도함이니,
21 또 너희들에게 모든 기도를 함에 있어
서 종교 지도자라 하는 자들이 어찌
말하는가?
22 그저 너희들에게 주십사 하는, '축복
을 주시오, 영광을 주시오, 그리고 소
원하는 것을 들어주십시오.' 하는 그
와 같은 저희들이 만들어 나에게 드리
는 기도는 내가 듣지 아니한다 하였음
이니,
23 이와 같은 나의 뜻을 너희들이 깨우쳐
주고 또 깨우쳐 주어 그들이 머릿속에
심어 듣고 또 들어야 그들이 잘못 가
고 있는 걸 깨달을 것이니라.
24 그리하여 그들에게 반복적인 교육을
시키며 반복적인 가르침을 외치며 그
들에게 반복, 반복 또 복창하도록 하
여 그 머리에 심어 주는 그와 같은 교
육 방법으로써 그들을 깨우쳐 나가야
할 것이니, 선지자야, 그리 알라.

2,107 번째 하나님 말씀

2002년 3월 27일 09시

1 사랑하는 선지자야!
2 "네, 여호와 하나님! 말씀하옵소서."
3 내가 너희들에게 지키고 하늘에 오르
라는 그 계명 중에 '네 부모를 공경하
라.' 함이 있었음이니,
4 수천 년 역사가 흐르는 그동안에 종교
지도자요, 모든 지도자라 나서서 말하
는 자들이 십계명을 다 지키지 아니한
다 해도 그중에서 '네 부모를 공경하
라.'는 그 한 구절만 가르쳤다 해도 오
늘과 같은 험악하고 험악한 시대는 열
어지지 아니하였을 것이거늘,
5 너희들은 낳아 주고 길러 준 부모에게
너희들이 받은 만큼 되돌려주는 그 자
체도 하지 아니하니, 그러한 너희들이
지금의 사악한 형국이 되어 있음이니
라.
6 너희들이 부모에게 공경하며 효성을
하기 전에 너희들이 너희 부모로부터
세상에 태어났으며 세상에 나와 너희
들이 그 부모로부터 그 품 안에 성장
하여 달리고 뛸 수 있는 청년이요, 장
년으로 자라도록 키워 준 그와 같은
감사함을 생각해서 감사함에 대한 보
답이라도 할 수 있는 '네 부모를 공경

하라.'는 그것 하나만 심어 주었다 하
여도
7 오늘처럼 너희들이 형제간에 반목하
며 남의 생명을 파리 목숨만도 못하게
여기는 이와 같은 험악한 말세는 오지
아니하였을 것이니라.
8 너희들은 여기서 깨우쳐야 할 것이니
라.
9 너희들을 길러 주고 품어 준 그 부모
에 대한 고마움도 모르며, 나의 피조
물 만백성 너희들이 말하기를 그 부모
의 은혜를 다 갚을 길이 없다, 그리하
여 목숨을 다해도 부모의 은혜가 넓고
도 깊어 어디에 비할 수 없다는 그와
같은 마음의 자세로 살아오는 너희들
의 시대가 있었음이니, 그 시대만 하
더라도 너희들이 지금같이 이렇게 사
악한 시대는 오지 않았을 것이니라.
10 그러나 지금 종교 지도자들이 그 가르
침을 모르며, 나 여호와의 뜻을 모르
며, 그리하여 너희들이 나의 피조물
만백성을 어찌 이끌어 갔는가?
11 부모의 감사요, 부모의 공경함은 저버
리고 오로지 모두를 다 버리며, 나 여
호와에게 모두를 다 바치는 것만이 하
늘에 오를 수 있는 길이요, 영광된 길
이라 그리 가르쳤으니,
12 너희들은 내가 너희들에게 가르치라
는 그 자체를 거역하며 그와 같은 말
과 행동을 서슴없이 실천하고 행하여
왔음이니, 너희들이 그리 가르친 지금
의 나의 피조물 만백성 너희 자손들은
무어라 말하느냐?
13 부모란 저희 안중에도 없음이니라.
14 심지어는 이리 말하느니라. 저희가 세
상에 태어나고 싶어 부모가 저희들을
태어나게 했는가?
15 부모의 의사와 자유대로 하여 저희들
이 태어난 희생물이라 그리 말하는 사
악한 자들도 있음이니, 이를 어찌 통
탄하지 아니할 수 있는가?
16 너희들이 나의 계명을 거역하며 나의
뜻을 거역하고 너희들이 나의 피조물
만백성을 인도하여 깨우쳐 하늘에 오
른다 하여 그리 잘못 가르친 죄가 오
늘의 그와 같은 험악한 시대가 왔음이
니라.
17 너희들이 나의 피조물 만백성에게 너
희 손으로 지은 그 잘못된 성전에 와
서 경배하고 기도하며 하늘에 오르는
길이 무엇이며 구원을 받는 것이 무엇
이라는 것을 잘못 가르치기 시작하여
18 나의 피조물 만백성이 부모 공경하기
를 그 부모의 은혜는 하늘보다 더 높
으며 바다보다 더 넓다는 이와 같은
심성으로써 부모를 공경하고 살아왔
던 그 시대를 너희들이 말살시켰음이
니라.
19 그리하여 너희들이 정녕 깨우침을 이
끌어 주며, 나 여호와의 사랑을 베풀
며, 하늘에 오르는 길이 있으며, 그리
고 모두는 나 여호와의 은혜며 은총이
요, 너희들이 부모의 육신을 받아 세
상에 나온 것 또한 부모의 은혜라 생
각하지 아니하고,
20 저희 부모가 저희 뜻과는 아무런 관계
가 없이 세상에 태어나도록 만들었으
니, 저희들에 대한 모든 책임은 부모
가 지는 것이 당연한 일이라 그리 반
대 현상에서 그 부모에게 그와 같은

마음을 가지고 살아가는 나의 피조물
만백성이 되어 있음이니,
21 점차 너희들이 세월이 흐르면 그 후
손들은 무어라 말하겠느냐?
22 저희들을 세상에 태어나도록 한 것을
원망하며 그를 저희 부모에게 모두를
다 돌릴 것이며, 그리하여 저희 부모
를 원수와 같이 생각하는 시대가 아니
온다 너희들이 어찌 장담할 수 있겠는
가?
23 이는 너희들이 잘못 가르쳤으며, 너희
들이 나의 뜻을 잘못 전하였으며, 너
희들이 나의 피조물 만백성을 잘못 인
도하였음이니 그리 알라.
24 너희들은 지금 종교 역사의 변한 그
속에서 너무나도 사악한 쪽으로만 변
해져 왔음이니라.
25 너희들이 구약과 신약을 지나 제3의
시대가 열리는 그 뜻은 얼마나 사악하
기 때문에 이와 같은 내 성령을 태워
너희들을 구하고자 마지막 이 법전을
세상에 내려보내는 것인가를 다시 한
번 깨우쳐야 할 것이니라.
26 너희들의 자식들이 그리 변하여 가지
않던가?
27 낳아 주고 길러 주며 먹여 준 그 부모
의 은혜에 대하여 너희들은 하늘보다
높으며 바다보다 넓으며 너희들의 몸
이요, 육신 하나도 부모로부터 받은
것이니 그를 함부로 할 수 없다 하는
부모의 은혜와 공경을 생각하는 시대
가 있었으나,
28 그 시대 속에서 너희들이 세상에 나의
피조물 만백성을 하늘로 이끈다 하는
그와 같은 방법으로써 너희들이 손으
로 지은 그 성전이 우후죽순으로 늘어
나면서 너희 자식들은 무어라 말하느
냐?
29 저희들의 의사와 아무런 관계도 없이
부모의 뜻에 의하여 태어난 것이라 생
각하느니라.
30 그러니 세월이 흘러가면 다음 3단계
에 그들은 뭐라고 또 말할 것 같으냐?
31 그들은 말하느니라. 저희들과는 아무
런 관계도 없이 부모에 의해서 태어난
것이며, 그것은 저희들의 의사와는 아
무런 관계도 없으니, 저희들은 남들처
럼 행복하고 아름다운 세상에 또 육신
의 행복과 재물과 권력을 갖지 못하고
살게 되며 그들을 보고 후회하는 자식
들이 뭐라고 말할 것이냐?
32 왜 저희들을 세상에 태어나게 했느냐
하는, 저희 부모를 원수와 같이 생각
하는 그와 같은 시대가 머지않아 오게
됨이니라.
33 그와 같은 시대가 이루어졌을 때 너희
들의 마음을 돌릴 수 없기 때문이니,
지금이 말세이고 종말이니라.
34 그리하여 너희들이 더 사악해지며 더
간악해지기 전에 너희들의 마음을 잡
고자 하여 내가 유한 세상을 만들라
하였으며, 유한 사람들을 찾아 내가
지금 말하는 나의 법전에 기록되어 있
는 그 뜻과 내용대로 너희들이 살아가
는 그와 같은 시대를 열고자 함이 나
의 뜻이니라.
35 너의 제자들에게 이르라, 선지자야!
36 너희들이 십계명의 하나를 잘못 지킴
으로 인해서 얼마나 무서운 파장과 결
과가 생기며, 너희들이 얼마나 사악한

곳으로 전락되며, 너희들이 하늘에 오
르는 길과는 동떨어진 지옥으로 행하
는 그와 같은 험악한 심성으로 변하는
것인가를 알려 주라.
37 그러니 나의 십계명을 지키고 살 수
없다 말하는 자들, 그리고 모든 계명
을 지킬 수 없다 하여 감히 나의 계명
을 지키고 살 수 없다 말하는 자들이
얼마나 무서운 결과를 초래하며 나의
백성을 사악한 무리로 만들어 가고 있
는가를 오늘 너의 제자들은 깨우쳐야
할 것이니 그리 알라.

2,108 번째 하나님 말씀

2002년 3월 27일 10시

1 사랑하는 선지자야!
2 "네, 여호와 하나님! 말씀하옵소서."
3 너희들 인간사에 살아가면서 잘못된
사람을 보고 짐승만도 못한 인간이라
너희들이 말하느니라.
4 정녕 지금 너희들이 살아가는 이 시대
가 인간이 짐승만도 못한 그와 같은
시대가 돌아왔음이니, 너희들은 어찌
하여야 하겠는가?
5 나 여호와가 이 세상 동식물 중에서
가장 아름답고 예쁜 모습으로 만든 것
이 너희 인간들이며, 감히 동식물이
생각할 수 없는 높은 지혜와 깨달음을
주어 너희들을 만들어 세상에 내보냈
음이니라.
6 그런데 지금의 너희들의 형태가 어찌
되었는가?
7 두꺼비라는 그 미물이 독사에게 먹혀
제가 죽음으로써 그 새끼가 세상에 나
오니, 자기 자신을 던지는 그와 같은
미물만 한 마음도 갖지 못하였다면 너
희들은 어찌해야 하는가?
8 독수리가 날짐승의 새끼를 먹으려 할
때 그 나약한 날짐승이 제 새끼를 보
호하기 위하여 자기 스스로 죽음을 선
택하는 이와 같은 동물들의 형태를 어
찌 보는가?
9 말 못 하는 동물도 자기 새끼를 보호
하기 위하여 맹수에게 갖은 힘을 다하
여 싸우다 지쳐 그 목숨을 잃어 가는
그와 같은 모습을 보고 너희들은 무엇
을 느끼는가?
10 과연 너희들은 그와 같은 마음을 갖고
사는가?
11 너희들은 오늘 깨달아야 할 것이니라.
12 나의 피조물 만백성 너희들이 살아가
기를 구약과 신약의 그 시대에는 부모
의 은혜가 하늘보다 높으며 바다보다
넓다 하였으며, 너희들은 평생을 다하
여도 부모의 은혜를 갚을 길이 없다
말하였으며, 머리카락 하나, 손톱 하
나, 너희 살점 하나도 부모가 준 것이
기 때문에 함부로 할 수 없고 피 한 방
울도 흘릴 수 없다는 그와 같은 마음
을 가지고 살았던 나의 피조물 만백성
이었으나,
13 지금의 종교 지도자들이 이 세상에 나
의 피조물 만백성을 하늘에 구원하며
나에게 오르는 그 영광된 길을 인도하
고 가르친다 하여 지금까지 흘러온 지
금의 세대에 너희들이 어찌 흘러가고
있는가?
14 너희들은 지난날의 부모의 은혜를 그
리 생각하지 아니하며 지금은 무어라

말하는가?
15 너희들은 스스로 너희의 뜻에 의하여
세상에 태어난 것이 아니요, 너희들
부모의 뜻에 의하여 이 세상에 태어났
으니 너희들은 관계가 없다 그리 말하
며, 너희들의 의사에 의하여 태어난
것이 아니고 부모의 의사에 의해서,
자의가 아니고 타의로 태어났으니, 태
어나도록 한 그 책임을 지라 말하는
것이 지금 너희 자식들의 사악한 형태
가 아닌가?
16 이를 너희들은 어찌 봐야 하며 어찌
고쳐 나가야 하겠는가?
17 그뿐이던가? 너희들이 남녀가 살다
헤어져 부부가 이별이라는 것을 할 때
서로 그 자식만큼은 자기의 생명보다
도 더 소중하여 그들을 안고 가는 것
이 너희들의 소망이었으며, 그를 위하
여 너희들은 재산을 포기할 수 있는
그와 같은 어미와 아비의 마음으로써
너희들이 살아갔음이니라.
18 그러나 지금은 어떠하던가?
19 많은 종교 지도자들이 새로운 역사요,
하늘에 오르는 길이요, 하나님의 영광
과 축복을 받는 그 길은 너희들이 손
으로 지은 그 성전에 와 기도하고 경
배하고 재물을 바치는 것뿐이요, 그것
만이 구원의 길에 오를 수 있다 그리
가르친 지금의 시대는 어찌 되었는가?
20 자식과 부모 간에 그 자식을 갖지 아
니하려 하며 부모와 자식 사이도 거래
하는 심성으로 이리 지금 세상이 변해
져 왔음이니, 이 책임을 과연 누가 져
야 할 것인가?
21 나의 십계명 중에 반드시 기록되어 있
음이니라.
22 '네 부모를 공경하라.' 하였음이니, 너
희들이 그 한 가지만 지키도록 나의
피조물 만백성에게 교육하고 가르쳤
다 하면,
23 너희들은 감히 인간이기 때문에 십계
명을 지킬 수 없다 말하나, 그중에서
단 한 가지 '네 부모를 공경하라.'는
그것 하나만이라도 너희들이 계속 가
르쳐 주고 나의 피조물 만백성에게 지
키고 살라 명하였다면 지금과 같은 이
와 같은 시국은 생기지 아니하였을 것
이며, '짐승만도 못한 너희 인간들이
다.' 그러한 말은 너희 스스로 하지 아
니할 것이니라.
24 너희들은 남이 잘못 살아가는 사람에
게 짐승만도 못하다 하나, 너희들이
다 짐승만도 못한 지금의 시대가 되었
으며, 그와 같이 만든 것이 너희들의
책임이며 다 공동의 책임이니, 누가
맞고 틀리다 하는 그것을 너희 입으로
말하지 말라.
25 내가 오늘 선지자를 통하여 너희들에
게 말하여 주었느니라.
26 미물도 제 자식을 위해서 그 모든 생
명을 바치는 것이 그들이 살아가는 형
태며 그들의 아름다운 모습이거늘, 수
천 년의 역사가 흘러오면서 그들의 생
활 형태는 변하지 아니하였느니라.
27 몇천 년 전의 그 짐승도 새끼를 그와
같이 지키고자 하였으며, 두꺼비는 뱀
에게 먹히어 그 새끼들을 존속시킨 것
이 6천 년이라는 역사가 흘러온 지금
에도 그와 같이 흘러가고 있음이니,
28 이는 그 동식물들이 세상에 나갈 때

내가 너희들에게 지키고 살라 함을 그
들은 그대로 지키고 지금까지 순종하
고 살아온 것이니라.
29 그리고 모든 미물은 그리 살아왔느니
라.
30 너희 인간들은 어찌 변하여 왔던가?
31 내가 가장 아름답게 만들어 아주 높은
지혜를 준 너희들은 6천 년이라는 그
역사가 흘러오는 동안에 지금 어찌 되
었느냐?
32 너희 부모를 위하여 목숨을 바치겠다
는 그 마음이 지금은 너희들의 뜻으로
써 세상에 태어난 것이 아니며 부모의
뜻대로 임의대로 태어나게 하였으니,
모든 것을 책임을 져야 할 것이며 그
책임은 부모에게 있다 그리 말하느니,
33 이제는 너희들이 조금 더 지나면 세상
에 태어나게 한 부모를 원수처럼 생각
하는 그 시대가 아니 온다고 할 수 있
겠는가?
34 그러면 너희들은 여기서 하나 깨우쳐
들어야 할 것이 있느니라.
35 모든 동식물은 내가 6천 년 전이요,
이 지구를 만들 때 창조해 그와 같이
만든 그 모습이 그대로 전통이 유지됨
이니, 그들은 오늘과 같이 아름다운
모습으로 사는 것이니라.
36 너희들은 이러한 이야기를 듣지 않았
는가?
37 넉이에 굶주리는 이리요, 늑대도 사람
인 어린아이, 배고파 우는 그 아이에
게 젖을 물려 그를 키웠다는 그와 같
은 동화 속의 이야기를 듣지 못하였는
가?
38 그 미물들은 그와 같은 형태가 몇천
년 전부터, 내가 세상을 창조할 때부
터 지금까지 그대로 유지됨이니,
39 거기는 하늘에 오르게 한다는 종교 지
도자들이 없었기 때문에 그들이 그리
지탱되어 왔다고 어찌하여 너희들은
생각할 수 없겠는가?
40 내가 가장 높은 지혜를 주며 아름답게
만든 너희들은 종교 지도자들이 하늘
에 오르는 길이 무엇이라 하며, 그리
고 내가 지키고 살라 하는 그 십계명
을 인간이기 때문에 지킬 수 없다 하
여 역행으로 끌고 온 너희들의 죄가
오늘의 그와 같은 것이라 생각하지 아
니하는가?
41 정녕 너희들이 종교 지도자가 나의 십
계명을 지키고 살 수 없다 그리 가르
치지 아니하였더라면,
42 지금 짐승들이 수천 년 전에 살아가는
모습과 똑같이 지금에 살아갈 수 있도
록 순응하고 순종하는 것과 같이 나의
피조물 만백성이 그리 살아왔을 것이
니라.
43 이 책임을 너희들이 한번 깨달아야 할
것이니라.
44 종교 지도자라 하여 잘못 가르친 자는
지금 혓바닥으로 땅을 핥고 사는 그
벌로써도 너희 죄를 용서받지 못할 것
이니라.
45 나 여호와가 제3의 시대라 하여 이 어
리석고 못난 한 인간을 선지자라 선택
하여 나의 가슴의 성령을 태워 160권
으로 세상에 내보내는 나의 고통스러
운 심정은 너희들은 어찌하여 생각하
지 못하는가?
46 너희들은 나의 아들 예수가 보혈로써

대신 죽었으니 그것으로써 너희는 은
혜를 받았다 말하면서 그 죽어 가는
자식을 바라보는 부모의 아픈 마음은
생각하지 못하듯이,
47 너희들은 나의 선지자를 통하여 160
권의 법전이 세상에 나가니 이는 사탄
이요, 이단이라고 손가락질하면서,
48 전지전능한 너희 아버지라는 나 여호
와가 이와 같은 수고를 거치지 아니하
여도 될 것을 밤과 낮을 가리지 않고
내가 선지자에게 나의 성령을 내려보
내는 이 어버이의 고통스러운 아픈 마
음의 행위를 너희들 때문에 이런다 생
각하지는 아니하는가?
49 너희들은 여기서 깨달아야 할 것이니
라.
50 오로지 하늘에 오르는 길은 나의 십계
명을 지키며 그에 순응하며 따르는 것
만이 너희들이 구원을 받을 수 있는
길이라 함을,
51 그를 잘못 가르쳤기 때문에 오늘과 같
이 짐승만도 못한 너희들의 변화된 삶
이 사악한 쪽으로 왔음을 알라.
52 나의 계명 중에 열 가지를 다 지키지
않고 한 가지만 지켜 '네 부모를 공경
하라.'는 그 뜻 한 가지만을 너희들이
머릿속에 심어 주었다 하여도 이 세상
은 이와 같이 험악한 시대가 되지는
아니하였을 것을,
53 감히 십계명을 지키지 않고, 그 열 가
지 계명을 지키고 살 수 없다 하여 그
를 저버렸으니, 너희들이 사악한 곳으
로 간 것은 '네 부모를 공경하라.'는
그 하나를 지키지 아니하고 온 오늘의
사악한 것보다도 열 배가 더 사악해지
고 잔인한 너희들의 심성으로 변해
있음을 알라.
54 더 이상 사악한 너희들을 볼 수 없어,
너희들이 더 사악해진다면 내가 너희
를 구원할 수 없기에 내가 오늘 나의
성령을 태우는 이 아픈 가슴을 선지자
를 통하여 법전이라 하여 너희들에게
내려보내니, 이것이 너희들이 심판을
받고 못 받는 기준임을 알라.

2,109 번째 하나님 말씀

2002년 3월 27일 13시

1 사랑하는 선지자야!
2 "네, 여호와 하나님! 말씀하옵소서."
3 너희들이 말하기를 이 세상에 다 도둑
놈들만 우글거리며 짐승만도 못한 것
이 너희 인간들이라 너희가 말함이니,
바로 너희들이 심판하고 결정을 내렸
음이니라.
4 지금 너희들이 살아가는 그 형태의 상
황이요, 너희들의 마음 자세가 과연
짐승만도 못하다고 너희들이 스스로
그리 말함이니,
5 그와 같이 짐승만도 못한 나의 피조물
만백성이라고 너희들이 심판하고 평
했듯이 그와 같은 자 수없이 있으며,
도둑질하고자 하는 자, 이웃 것을 탐
내고자 하는 자, 그러한 자들이 이 세
상을 덮고 있음이니,
6 이 책임을 누가 져야 할 것이며 누가
이를 깨우쳐 나가야 한다 할 수 있겠
는가?
7 너희들 말대로 짐승과 같은 세상의 사
람들이며 그들이 우글거리며 또 도둑

질하는 자와 같은 나의 백성이 우글거
리는 이 시대를 바로잡기 위하여 누군
가는 이를 만든 사람이 책임을 져야
하지 않겠는가?
8 너희들이 그리 말하니 창조주로서 나
여호와는 너희들을 바로잡고 바로 다
스려야 하는 때가 왔다 말함이니라.
9 그리하여 너희들을 바로잡고 바로 다
스리기 위하여 내가 나의 선지자를 통
하여 나의 성령을 태워 내려보냄이니,
10 이는 너희들이 너희들을 평가했듯이
더 이상은 묵과할 수 없는 그와 같은
상황이기에 내가 너희들의 창조주인
어버이로서 너희들을 바로잡고자 이
와 같은 조치를 내림이니,
11 이는 나의 비상의 극단의 조치이며 이
를 내가 취하는 길밖에 없음이니, 너
희들이 나로 하여금 이와 같은 수고로
움의 길을 가도록 만들었음이니 그리
알라.
12 너희들은 들어야 할 것이니라.
13 나의 선지자를 따르는 나의 백성 너희
들은 들어야 할 것이니라.
14 봄이 되면 그 앙상한 가지에서 새순이
나오며 무성했던 여정의 그 여름이 지
나면 가을 앞에 잎이 떨어지고 또 겨
울엔 눈이 쌓이는 그 앙상한 가지의
세월로 지나가니,
15 이것은 너희들이 감히 고치려 하지도
못하며 이를 너희들은 거역할 수 없으
며, 너희 인간의 힘으로써 이는 막을
수도 없으며 너희 뜻대로 할 수 없으
며 그저 너희들은 변하는 대로 순응하
며 살아야 한다는 것이 너희들의 생
각이며 지금의 마음 자세요, 살아가는
형태이거늘,
16 그 내가 만든 자연의 변화되는 모습
앞에 너희들은 그들의 위대함에 감히
거역하지 못하며 너희들이 방향을 바
꾸지 못하며 그와 같은 형태를 바꿀
수 없다는 것을 알기 때문에 봄, 여름,
가을, 겨울의 그 변화되는 상태를 너
희들 마음대로 바꾸며 교정할 수 없음
이니,
17 이를 너희들은 감히 엄두도 내지 못하
며 그를 바꾼다 하는 자가 있다면 그
를 어리석은 백성이며, 제정신이 아닌
인간이라고 말할 것이니라.
18 그러나 너희들은 어찌하여 내가 만든
이 지구상의 변화 속에서 그를 변할
수 없다 그리 말하면서 나의 계명을
너희들은 지키려 아니하며 그는 지킬
수 없다고 말을 하는가?
19 너희들이 말하기를 게라는 것을 가지
고 미꾸라지를 만들며, 독수리라는 것
을 가지고 병아리를 만든다 하며 그와
같이 만들 수 있다, 그와 같이 행한다
하여 말하는 자 있으면 그는 정신이상
자요, 미친 자라며 그 말을 듣지 않을
것이니라.
20 그러나 너희들은 여기서 알아야 할
것이니라.
21 그 모두는 다 내가 만들어 놓았으며
나 여호와가 창조하고 만든 그것을 너
희들이 바꿀 수 없다는 그 위대함 앞
에 너희들은 굴복하고 승복하며 그를
인정하고 살아가면서,
22 어찌하여 내가 직접 불로 써 내린 나
의 계명은 너희들이 지키지 아니하고
살 수 있다 말하고, 인간이기 때문에

그리 지킬 수 없다 말하며, 그는 지킬
수 없다 하여 너희들이 너희 마음대로
세상을 살아가는가?
23 이게 어떠한 형국이라 너희들은 생각
하는가?
24 독수리를 병아리로 만들고자 하는 자
와 똑같으니라.
25 나귀를 소로 만들며 소를 말로 만들겠
다고 자처하는 자들과 조금도 다름이
없음이니, 너희들의 정신 자세요, 너
희들의 생각하는 삶의 형태가 그와 같
이 되어 있느니라.
26 내가 직접 불로 쓴 그 십계명의 위력
과 그를 내가 너희들에게 명함이 얼마
나 더 위대한 것인 줄 아는가?
27 너희들이 봄에 앙상한 가지에서 이파
리가 피는 것을 막을 수 없으며 그를
너희들의 능력으로써는 할 수 없는 나
여호와의 기적이요, 영광의 은혜라 너
희들은 말하며, 여름에 무성한 그 이
파리를 보며 또한 너희들이 그 이파리
의 무성함을 막을 수 없으며 가을에
그 잎이 떨어져 단풍이 되고 또 그 나
뭇잎이 떨어져 앙상한 가지가 남는 그
와 같은 것은 너희들이 인력이나 너희
들의 능력으로써 감히 할 수 없으며
변화시킬 수 없을 것이라고 장담하며
감히 그리 도전하려 하는 자도 없음이
니라.
28 이를 변화시키고 저희 마음대로 조정
할 수 있다 하여 그를 그리 만들겠다
고 하는 자를 너희들은 미친 자라 말
할 것이니,
29 그보다도 더 미친 자요, 더 잘못된 자
가 내가 불로써 너희들이 지키고 하늘
에 와 구원을 받으라 하여 내린 그 계
명을 지킬 수 없다 말하며, 지킬 수 없
기에 다른 방법으로써 너희들은 나의
뜻에 따라야 한다는 자들이 그들보다
더 우매한 자임을 알아야 할 것이니라.
30 여기서 너의 제자들에게 확실히 깨우
쳐 나의 피조물 만백성의 눈과 귀가
열리도록 해야 할 것이니라.
31 계절의 변화를 막을 수 있으며, 바다
를 육지로 만들며, 육지를 바다로 만
든다는 것보다도 더 해괴망측한 너희
들의 행위요, 너희들이 미친 짓을 하
는 것이 무엇인지 아느냐?
32 내가 불로써 바위에 직접 써 내리며
너희들에게 지키고 살라 함이 그 육신
을 구원하고자 함이 아니니라.
33 영원히 사는 나의 나라에 올 수 있는
영혼의 양식인 그 십계명을 너희들이
지킬 수 없다고 말하는 것은 바다를
육지로 만들며 육지를 바다로 만들겠
다고 나서는 그와 같은 자보다도 더
우매하고 몽매한 자라는 것을 알아야
할 것이니라.
34 이와 같은 뜻을 나의 피조물 만백성에
전하여 그들이 바로 깨우칠 수 있도록
그리 전하라, 선지자야! 이것이 너희
들이 해야 할 일이며 이와 같이 엄청
난 오류를 범하며 사는 것이 너희들임
을 알라.

2,110 번째 하나님 말씀

2002년 3월 27일 14시

1 사랑하는 선지자야!
2 "네, 여호와 하나님! 말씀하옵소서."

3 너희들이 나로부터 생명을 받아 세상
에 나감이니, 그보다 더 소중하고 위
대함이 없다 하였음이니라.
4 그리하여 너희들에게 너희 자신의 소
중함을 깨닫고 귀함을 알라 하였으며,
너희들이 같은 형제로서 살아가면서
그들의 겉에 걸친 옷의 색깔을 보고
너희 형제끼리 반목하며 살아가는 그
와 같은 삶을 살지 말라 하였음이니라.
5 믿음의 길을 잘못 가는 자, 미신의 길
을 가는 자, 너희들이 말하는 성황당
에 절하는 자, 그 모두가 다 옷을 잘못
입은 그와 같은 형국이라 내가 너희들
에게 말하였음이니라.
6 그리하여 원천적인 나로부터 태어난
그 근본을 깨달으라 하였음이니, 지금
너희들이 세상사에 살아가면서 누구
의 품 안에서, 누구의 품속에서 살아
가는가?
7 너희들은 내가 만든 나의 지상의 이
낙원에서 나의 뜻에 따라 내가 이루어
놓은 그 속에서 살아가지 아니하는가?
8 너희들이 아무리 방대하고 위대하다
하여도 내가 만든 이 지구의 동산을
벗어나서 살아갈 수 없음을 너희들은
어찌 깨닫지 못하는가?
9 너희들이 살아가는 민족이요, 국가요,
그 단체가 세상을 다 지배하는 듯 넓
다 하여도 그가 어디에 있는가?
10 내가 만든 나의 낙원인 이 지구의 동
산 안에 한 일부분을 차지하고 있음을
잊어서는 안 될 것이니라.
11 그 많은 나라요, 그 많은 민족이 서로
잘났으며 위대하다 하여 너희들이 서
로 남남인 양 그와 같이 반목하며 살
아가며 생활해 나간다 하여도 너희들
의 나라와 민족이라는 그 집단의 단체
가 내가 만든 나의 지구 안에 있으니,
12 과연 그 지구를 벗어나서 너희들이 존
속할 수 있다 생각하는가?
13 그렇다면 너희들은 여기서 깨달아야
할 것이니라.
14 나의 피조물 만백성은 다 한 형제라는
걸 깨달아야 할 것이며,
15 너희들이 아무리 발버둥을 치고 과학
이라는 것의 힘을 얻어 변화와 변천을
하여 너희들 머리로써 역사를 이룬다
하여도 너희들은 내가 만든 이 지구
안에서 벗어날 수 없으며,
16 그곳에서 너희들이 서로 반목하며 힘
을 자랑하고 과시하며 살아가는 그와
같은 이치임을 깨달아야 할 것이니라.
17 너희들이 살아가며 믿고 있는 모든 종
파 또한 어찌하는가?
18 그 수천수만 가지 종파들로서 너희들
이 따르며 숭배하는 모든 종교 집단이
또한 어디 나의 지구를 벗어나서 존속
할 수 있겠는가?
19 모두는 다 나의 지구 안에서 너희들이
반목하며 존재하며 살아가고 있다는
것을 너희들은 어찌 모르는가?
20 그러면서 너희들은 이 지구를 지배하
는 양, 너희들 집단만이 이 지구를 떠
나서 세상을 다 지배하는 것처럼 그와
같은 착각 속에서 살아가니, 너희들이
지금 환상과 착각 속에서 존재함을 잊
지 말라.
21 너희들이 아무리 큰 집단이라 발버둥
쳐도, 아무리 위대한 집단이라 말해도
너희들은 다 나의 영역 안에서 살아가

고 있으며 그곳에서 존재하고 있음을
깨달아야 할 것이니라.
22 그리하여 너희들이 정녕 나에게 오르
는 길에 이제는 눈을 떠야 할 때가 되
지 않았는가?
23 너희들이 지금 눈을 감고 살아가는 그
형국에서 살아감이니라.
24 이와 같은 세상의 이치를 알 때 너희
모든 종파가 다 내 안에 있음을 알라.
25 그리하여 너희들이 정녕 나에게 오르
는 종파요, 그 믿음의 길이 어떤 것인
가를 깨우쳐 눈을 떠야 할 것이니, 지
금도 너희들이 나의 이와 같은 뜻을
받아들이면서도 너희들이 정녕 하늘
에 오르는 길이 무엇인가 눈을 뜨지
못하고,
26 내 손안에 있는, 내가 만든 지구상에
존재하는 너희들의 각종 그 종파만이
위대하고 세상을 다 지배하는 양, 그
리고 구원을 받는 그러한 종파인 양하
니, 그런 어리석은 짓을 하지 말라.
27 너희들은 다 내가 만든 지구 안에서
벗어나지 못하고 있음이니, 이제 그
지구 안에서 사는 너희들이 정녕 하늘
에 오르는 그 믿음이 어떤 것인가를
깨우쳐야 할 것이니라.
28 너희들의 종파만을 위하여 기도하고
경배하는 그와 같은 어리석은 행위를
하지 말라.

부 록

【하나님께서 가르쳐 주신 운동】

천재지변이 일어날 때, 동물이나 미물들은 미리 알고 대피하지만, 인간은 알지 못하고 큰 화를 당합니다. 하나님께서 인간에게 가장 높은 지혜를 주시고 완벽하게 창조해 주셨기에 동물들보다 더 잘 알 수 있지만, 욕심으로 마음이 혼탁해져서 한 치 앞을 보지 못하는 것입니다.

마찬가지로, 인간은 누구나 스스로 필요한 운동을 해서 건강을 지킬 수 있도록 하나님께서 만들어 주셨습니다. 우리의 머리에서 우리 몸에 필요한 동작을 해 달라고 끊임없이 신호를 보내지만, 인간이 혼탁하게 살아서 그 신호를 알아채지 못합니다. 그러니 자연스럽게 자기 몸이 원하는 그 신호를 따라서 운동하는 것이 하나님께서 가르쳐 주신 운동 방법입니다. 바로, 우리의 영이 육을 이끄는 운동입니다.

▶ 하나님 운동법

1. 눈을 감고, 발을 어깨너비로 벌리고 바르게 선다.
2. 몸에 힘을 풀고, 허리를 숙이면서 손과 머리를 아래로 내린다.
3. 허리를 펴고 싶을 때, 천천히 펴면서 하고 싶은 동작을 하면 운동이 시작된다. (사람마다 다르다.)
4. 멈추지 말고, 어떤 동작이든지 자기 몸의 느낌대로 계속 이어서 한다.

▶ 참고 사항

① 눈을 감은 상태로 아무 생각 하지 않고, 자기 몸의 느낌대로 움직입니다.

② 마음을 비우고, 욕심을 버리고, 지난날의 잘못을 반성하면서 몇 차례 시도하다 보면, 자기도 모르게 하고 싶은 동작이 끊임없이 생깁니다.

③ 운동 장소는 방 안이든 운동장이든 관계없으며, 걷거나 달리고 싶을 때는 눈을 떠도 됩니다.

④ 매일 40분 이상, 주 4회 이상, 3개월 이상 하면 음식 조절에 들어갑니다.
- 음식으로 생긴 병은 음식으로 치료하게 되며, 어떤 음식을 먹어야 하는지 스스로 알게 됩니다.
(자기 몸에 필요한 음식만 먹고 싶어집니다.)

⑤ 사랑하는 사람과 함께 운동하면 서로 치료해 주기도 합니다.

⑥ 운동을 하다가 몸의 어느 한 부분을 계속 손으로 자극한다면 그쪽에 이상이 있는 것이니, 의사에게 상담을 받고 적절한 치료를 받으면 됩니다.

⑦ 다이어트 및 기타 건강관리에 효과적입니다.

⑧ 꾸준히 운동하여 영이 맑아지면, 자신의 과거와 미래를 스스로 보게 됩니다.

누구나 스스로 하실 수 있습니다.

간행사

《새로운 성경》은:

· 새로운 성경은, 하나님께서 선량하고 선한 자를 선택하여 십계명을 암송하도록 하시고, 십계명을 암송한 다음에 음성으로써 들려주시는 말씀을 듣고 그대로 카세트테이프에 녹음해서 받아쓴 책입니다.

· 90분짜리 녹음테이프 700여 개에 달하는 말씀으로, 1999년 8월부터 2004년 7월까지 총 160권(권당 288쪽)을 완성하였으며, 그 이후에도 현재까지 계속 말씀을 내려 주고 계십니다.

· 새로운 성경은 "하늘을 두루마리 삼고 바닷물을 먹물 삼아 쓰고 써도 다 못 쓴다"는, 끝없이 방대한 하나님의 말씀이 두루마리로 직접 내려오는 것입니다. 이러한 새로운 성경은 구약과 신약을 폐하려는 것이 아니라 "인봉된 성서의 비유의 뜻"을 상세히 설명하여 완성하고자 하나님께서 직접 내려 주신 말씀입니다.

《새로운 성경》의 구성:

· 제 목: 2013년, 160권 모음집을 발간하면서, 본 도서의 제목을 "하나님! 말씀하옵소서"에서 《새로운 성경》으로 명해 주셨습니다.

· 단행본: 각 권당 288쪽(신국판) 책이 160권까지 시리즈로 출판됩니다.
(모음집은 단행본을 16권씩 묶어서, 총 10부로 구성됩니다.)

《새로운 성경》의 성경적 근거:

· 신약 성경 [요한복음] 16장 13절에 "진리의 성령이 오시면 그가 너희를 모든 진리 가운데로 인도하시리니 그가 자의로 말하지 않고, 오직 듣는 것만을 말하며" 하신 말씀처럼 하나님의 음성을 들은 것만 기록하였으며,

· "장래 일을 너희에게 알리시리라" 하신 말씀과 같이 개인, 나라, 인류의 "장래"일을 하나님께서 알려 주시는 것만 기록하여 책으로 만들었습니다.

《새로운 성경》의 기록 방법:

· 1999년 8월부터 하나님께서 저에게 들려주시는 음성을 기록하였습니다. 처음에는 제가 들은 말씀을 불러 주면 저의 아내가 기록하여, 2000년 1월 29일에 1권 초판이 세상에 나왔습니다. 2000년 4월부터는 주시는 말씀을 받아 녹음기에 기록하기 시작하였습니다.

· 녹음을 시작하면서 하나님의 말씀을 받는 데 가속도가 붙었고, 2001년 5월 3일에 1부(1~16권까지)를 인쇄하여 출판하였으며, 2004년 7월까지 총 160권 분량의 말씀을 받아 기록하였습니다.

하나님께서 저에게 주신 것은:

· 첫째, 만백성을 상대로 내려 주시는 "기도", 둘째, 수시로 내려 주시는 "묵상", 셋째, 개인의 과거, 현재, 미래를 알려 주시는 "개인 기도", 넷째, 개인의 건강을 위해서 내려 주시는 "음식 처방", 다섯째, 하나님께서 가르쳐 주신 "운동"등이 있습니다. 이 중에 첫 번째, "기도"를 책으로 편찬하였습니다. 사람의 생사, 개인의 미래에 관한 천기는 수록하지 말라 하셨습니다.

강론 안내:

· 하나님께서는 지금도 매일 저에게 새로운 하늘의 비밀의 말씀을 내려 주고 계십니다. 수시로 내려 주시는 말씀을 정리해서 제자를 육성하라는 말씀에 따라 매주 강론을 하고 있습니다. 누구나 무료로 들으실 수 있습니다. (book160.com)

《새로운 성경》을 읽는 분들에게 드리는 선물:

· 개인 기도: 개인의 과거, 현재, 미래에 관하여 말씀을 내려 주십니다.

· 음식 처방: 사람은 음식을 먹고살다가 건강을 잃으니, 음식과 운동으로 건강을 되찾는 방법을 알려 드립니다. 단, 하나님이 계심을 믿고, 십계명을 지키겠다고 진실로 서약하는 분들께 알려드립니다.

《새로운 성경》의 은혜와 기적:

· 새로운 성경 전160권은 16권씩 묶어서 총 10부의 모음집으로 구성됩니다. 모음집 한 부를 읽고 깨우치는 자에게 하나님께서 다음과 같은 기적이 있다고 하셨습니다.

· "첫째, 그가 죽어 하늘에 갔을 때 그의 죄를 묻지 아니하며, 구원을 받는 위대한 은혜가 있으며, 둘째, 그의 소원과 소망이 이루어지고, 셋째, 죽은 자(부모, 형제, 자식, 사랑하고 은혜 입은 분)의 이름으로 구입한 책을 읽고 누군가 한 사람이 깨우칠 때, 그 죽은 자가 지옥에서 천국으로 구원을 받게 되며, 넷째, 유산, 중절 수술 등으로 태어나지 못한 아이를 위하여 구입한 책을 보고 한 명이 깨우쳤을 때, 그 아이가 사람으로 다시 한 번 태어나는 은혜를 받는다."

· "새로운 성경"을 3회 이상 정성을 다해 정독하는 자, 성서의 비밀을 알게 되고, 세상의 이치를 알게 되며, 세상을 지배하고 통제할 수 있는 지혜를 다 얻게 된다고 하셨습니다. 이 책은 만백성이 정독하고 이웃에게 전하여, 평생 가슴에 묻은 슬픔과 고통의 짐을 벗고 미래를 위한 힘찬 삶을 살아가도록 하는 책입니다.

끝으로

· 하나님께서는 흰 눈이 세상을 덮듯이 새로운 성경을 온 세상에 전하라고 하셨습니다. 《새로운 성경》을 각국어로 번역해서 온 인류에게 구원의 길을 깨우쳐 주고, 그 수익으로 가난하고 어려운 백성을 구제하여, 만백성의 영과 육을 함께 구원하는 선지자의 임무를 수행하라고 저에게 명하셨습니다.

· 하늘에서 내려 주신 말씀의 보화를 만백성에게 나누어 주는 것이 선지자의 임무라고 하셨습니다. 새로운 성경을 통해서 얻는 재물을 사용할 곳도 하나님께서 일일이 명해 주십니다. 모든 재물은 저의 자의로 쓸 수 없고, 하나님께서 명하시는 대로만 쓰여집니다.

· 어떤 명분으로든 십일조나 각종 헌금을 거두어들이지 말라 하셨으며, 국내뿐 아니라 각국에 성전과 단독 서점을 운영하며, 한국의 많은 젊은이들을 전 세계에 지도자로 내보내라고 하셨습니다.

· 우리는 세계적으로 새로운 성경을 보급하며 어려운 이들을 돕는 역사를 해 나갈 것입니다. 지금까지 비록 몇 명 안 되는 제자들과 함께 이러한 일을 역사했지만, 앞으로도 계속 하나님께서 기뻐하시는 일들을 해 나갈 것입니다. 부족한 저희에게 여러분들의 지혜와 성원을 보내 주시기를 바랍니다. 많은 분들의 참여와 도움을 간절히 기다립니다. 감사합니다.

한국어로 내려온 《새로운 성경》 단행본을 출간하며
2016년 4월 10일

발행인 **김 용 철**

한국어로 내려온

새로운 **성 경** · 2부 · 제27권

지은이 하나님 말씀
대역자 김용철

초판인쇄 1쇄 2006년 12월 12일
재판인쇄 1쇄 2017년 4월 3일

펴낸 곳 도서출판 하얀마음
등록번호 제 10-2107호 (2001년 2월 14일)
주소 서울시 노원구 덕릉로86길 5, 2층
전화번호 02) 313-1114
팩스 02) 393-5554
전자우편 book160@hanmail.net
편집위원 조나영 김미향 이석교
제작지원 민평기 양영아 민대웅 민영주 김도윤 민지영 이현종

도서상담 1600-7527
ISBN 978-89-5875-127-4 (04230)
978-89-5875-100-7 (세 트)

값 10,000원
잘못된 책은 구입하신 곳에서 바꾸어 드립니다.

※이 책은 10부로 제작되며, 각 부 16권씩 총160권으로 구성됩니다.※

1부	**2부**	3부	4부	5부	6부	7부	8부	9부	10부
1권	17권	33권	49권	65권	81권	97권	113권	129권	145권
2권	18권	34권	50권	66권	82권	98권	114권	130권	146권
3권	19권	35권	51권	67권	83권	99권	115권	131권	147권
4권	20권	36권	52권	68권	84권	100권	116권	132권	148권
5권	21권	37권	53권	69권	85권	101권	117권	133권	149권
6권	22권	38권	54권	70권	86권	102권	118권	134권	150권
7권	23권	39권	55권	71권	87권	103권	119권	135권	151권
8권	24권	40권	56권	72권	88권	104권	120권	136권	152권
9권	25권	41권	57권	73권	89권	105권	121권	137권	153권
10권	26권	42권	58권	74권	90권	106권	122권	138권	154권
11권	27권	43권	59권	75권	91권	107권	123권	139권	155권
12권	28권	44권	60권	76권	92권	108권	124권	140권	156권
13권	29권	45권	61권	77권	93권	109권	125권	141권	157권
14권	30권	46권	62권	78권	94권	110권	126권	142권	158권
15권	31권	47권	63권	79권	95권	111권	127권	143권	159권
16권	32권	48권	64권	80권	96권	112권	128권	144권	160권